चलो बनायें
संस्कारित संसार

प्रेरक आलेख

संकलन-सम्पादन
अरुण कुमार जैन

समर्पण

साधना, आराधना, तप, त्याग के प्रखर सूर्य,
प्राणीमात्र के प्रति असीम करुणा रखने वाले, लाखों
गोवंश के संरक्षक, प्रतिभा स्थली, हथकरघा,
पूर्णायु, शांतिधारा के प्रेरक व अपने हर आचरण से
कोटि आदर्श स्थापित करने वाले युगश्रेष्ठ
संत शिरोमणी 108 आचार्यश्री विद्यासागरजी
महाराज के श्रीचरणों में :
जिनकी स्मृतियाँ ही हम सभी को सद्पथ,
लोककल्याण पथ पर चलने को प्रेरक हैं।

चलो बनायें संस्कारित संसार

(निबन्ध संग्रह)

सम्पादक- इंजी. अरुण कुमार जैन

सम्पादन सहयोग- श्रीमती नंदा जैन फरीदाबाद, श्रीमती सुधा जैन विदिशा

श्री मनोज जैन फरीदाबाद

मार्गदर्शक- इंजी. डॉ. सुभाष जैन, फरीदाबाद

© सम्पादक

प्रथम संस्करण 2024

प्रकाशक –

1. जैन इंजीनियरिंग सोसायटी, फरीदाबाद
2. वर्द्धमान महावीर सेवा सोसायटी, फरीदाबाद

मुद्रक-

नोशन प्रेस चैन्नई, एक्सप्रेस पब्लिशिंग

नम्बर-8-3, क्रास स्ट्रीट

तमिलनाडु- 600 004

publish@notionpress.com

Phone Number: +91 44 46315631

आकल्पन-

श्री हेमन्त भोपाळे, उज्जैन

मो. 7879765090

अपनी बात

जीवन के 67 वर्ष पूरे होने को हैं, अतीत में दृष्टि डालने पर गाँव, कस्बे व छोटे शहरों का जीवन सामने आता है, जिसमें शांति, सम्मान, मर्यादा, संस्कार, प्रसन्नता व बहुत सारी सुखद स्मृतियाँ मानस पटल पर आतीं हैं।

घर छोटे थे, हृदय बड़े थे, छोटे से घर में अतिथि सत्कार भी पूरे सम्मान के साथ होता था, सभी मिल जुलकर एक तौलिये से पूरा घर काम चलाता था। एक कपड़े से सभी के परिधान बनते थे। एक ही कमरे में पूरा परिवार सो जाता था, एक ही रसोई घर में लकड़ी व उपलों से 20-25 लोगों का भोजन बनता था। कपड़े धोने का, बर्तन मांजने का व अन्य सभी कार्य हाथ से होते थे, कुँओं से पानी आता था...। समय बदलता गया। धीरे-धीरे छोटे मकान से बहुमंजिली भवन आ गए। लाइट, टी.वी., मोबाइल, स्कूटर, कार, ए.सी. हमारे जीवन का अंग बनते गए। हर वस्तु की गुणवत्ता बढ़ती गई पर संस्कार, मान, मर्यादा, अनुशासन, गरिमा कम होती जा रही है। पहले 3 भाईयों की 3-3 पीढ़ियाँ एक साथ रहती थीं, आज सिर्फ एकल परिवार में एक बच्चा भी कभी-कभी असुविधाजनक सा लगता है। माता-पिता बोझ से लगते हैं, दूरदराज के नाते रिश्तेदार तो बहुत दूर, अपने भाई बहनों के साथ रहने में सहजता नहीं है।

इन विषयों पर हर जगह चर्चा, वार्ता होती है। मन में लगा कि यदि यही बढ़ता रहा तो एक अकेला व्यक्ति एकाकीपन से रहने की नौबत आ जाएगी, जहाँ अवसाद, शून्य व हताशा के बिंब व्यक्ति को आत्मघात करने तक को मजबूर कर देते हैं। साथ ही मौसी, मामा, चाचा, बुआ, ताई, फूफाजी, दीदी, जीजाजी, भाभी, भैया जैसे रिश्ते भी समाप्त हो जाते हैं।

'जैन इंजीनियर्स सोसायटी' देश की एक प्रतिष्ठित संस्था है व लगभग विगत दो दशक से देशभर में हमने सकारात्मक पहल की है। इसी शृंखला में मैंने एक निबंध प्रतियोगिता आयोजित करने का विचार किया, आदरणीय डॉ. इंजीनियर सुभाष जी जैन फरीदाबाद जो 'गुरुजी' के नाम से जाने जाते हैं ने प्रोत्साहित किया व इसकी विज्ञप्ति निकालकर देशभर से प्रविष्टियाँ आमंत्रित कीं। पहले थोड़ा, बाद में बहुत अच्छा रिस्पोंस मिला व हमारे पास 70 से अधिक महानुभावों ने अपने विचार भेजे। इनमें 17 वर्ष की बेटियों से 80 वर्ष तक के महानुभाव, बेटियाँ, बहिनें, वृद्ध सभी ने उत्साह से भाग लिया। पूरे देश से इस प्रतियोगिता में सहभागी मिले। दिल्ली, राजस्थान, गुजरात, उप्र, मध्यप्रदेश, महाराष्ट्र, छत्तीसगढ़, बिहार सभी प्रदेशों से विद्वतजनों ने अपने-अपने निबंध भेजे। उनको श्रीमती सरोज जैन व श्रीमती नंदा जैन, मैंने व भाई मनोज जी जैन ने पढ़ा व संयुक्त राय के आधार पर विजेताओं का चयन किया।

सभी ने अच्छा लिखा विशेष रूप से छोटी बेटियों ने ललितपुर, सागर, दिल्ली, मुंबई, महाराष्ट्र आदि से बहुत अच्छा लिखा। मनीषी साहित्यकारों ने भी हमें अपने विचार भेजें।

मुख्य वक्तव्य यह रहे कि माता-पिता अपनी-अपनी व्यस्तताओं के कारण अपने बच्चों में संस्कार रोपित नहीं कर सके। एकल परिवार, दोनों व्यवसाय/सर्विस में व्यस्त रहे, बच्चे आया या मित्रों के भरोसे एकाकी होते गए या बच्चे टी.वी. मोबाइल, नेट के कारण एक नए संसार में चले गए, जहाँ उनकी खुशी व उनकी इच्छा ही महत्वपूर्ण है। दूसरों की राय व उनका सम्मान मायने नहीं रखता।

एकल परिवार, कान्वेंट शिक्षा, बाहरी चमक-दमक, ग्लैमर, यौन संबंधों की प्रबल चाह, नशे की लत आदि भी कारणों में रहे। पर सुखद तथ्य यह है कि हर कोई माँ का आँचल, दादी-नानी का वात्सल्य, पिता, दादू के लाढ़ दुलार, बुआ, मौसी, मामी के संबंधों की गरिमा को अब भी चाहता है।

हम अपना आत्मवलोकन करें कि क्या-क्या कमी, कहाँ-कहाँ रह गई। एक और महत्वपूर्ण तथ्य या परिवर्तन कि अब बच्चों को पूरी आजादी है, उन्हें डाँटा नहीं जाएगा व किसी भी कार्य के लिए आदेशात्मक स्वर में नहीं बोला जाएगा।

इस विषय में मेरी राय व विश्वास है कि भारतीय सेना, देशभर के सभी शासकीय या व्यक्तिगत कार्यालय, व्यवसायिक प्रतिष्ठान, धार्मिक संस्थान, संसद, विधानसभा, न्यायालय, सड़क, रेल परिवहन, वायु परिवहन, पोलिस, अस्पताल, विद्यालय सभी जगह कार्य अनुशासन, नियम व कर्त्तव्य निर्वहन से चलता है।

यदि सेना में अनुशासन न हो तो सुबह 4 बजे उठ कर कोई भी व्यायाम, रेस, ट्रेकिंग नहीं करेगा, युद्ध अभ्यास ड्रिल नहीं होगी। किसी का सोने का मूड है तो वह सोएगा, परिणाम होगा, सभी की शक्ति व क्षमता समाप्त हो जायेगी व आपका देश दुश्मन के द्वारा हड़प लिया जाएगा। इसी तरह नगरों में यदि पोलिस का भय नहीं होगा तो उद्दंडता, उच्छृंखलता, अपराध, अत्याचार बढ़ जाएगा व सामाजिक अनुशासन नष्ट हो जाएगा। विद्यालयों में यदि अध्यापक, प्राचार्य का भय नहीं हो तो नकल की छूट होगी व बच्चे शिक्षित भी नहीं हो पाएँगे व हर सेवा का स्तर गिर जाएगा।

आज प्रत्यक्ष उदाहरण है इजराइल, भारत में उ.प्र. या असम जहाँ कठोर, न्यायप्रिय मुख्यमंत्री होने से अपराध, उद्दंडता, कामचोरी में गिरावट है व सुशासन चल रहा है। प्रधानमंत्री मोदीजी का काल व उनके पूर्व श्री मनमोहनजी का काल भी इसी का प्रतीक है आज देश हर दिशा में प्रगति कर रहा है व विश्व की तीसरी श्रेष्ठ अर्थव्यवस्था के रूप में हम उभर रहे हैं। कारण सिर्फ अनुशासन, कर्मठता व ईमानदारी से कार्य करना है। पूर्व में भारत में अध्ययन के लिए गुरुकुल व्यवस्था थी, जहाँ राजा, सेवक सभी के बच्चे श्रम, साधना,

आराधना करते थे, गुरुसेवा करते थे। तभी वे बलिष्ठ व श्रेष्ठ नागरिक बनते थे।

आज से 30-40 वर्ष पूर्व तक माता-पिता या बड़ों के आदेश बच्चों को सर्वोपरि होते थे। उन्हें सिनेमा, टीवी या किसी भी गलत आचरण की अनुमति नहीं थी। हमारी पीढ़ी में (1960-70) सभी घर का शुद्ध भोजन खाते थे। कभी 1-2 माह में विशेष कारणोंवश होटलों में खाया जाता था। आज परिस्थितियां ठीक उलट है।

घर की किचन में जोमाटो, स्वीगी से खाना आता है या सभी आयोजन, धार्मिक, सामाजिक आयोजन होटलों में होते हैं। बच्चों पर अनुशासन नहीं है। सुबह व्यायाम, मार्निंग वॉक, मंदिर, आराधना के स्थान पर देर से उठना, फिर मोबाइल, नेट या गेम।

मेरा मानना है कि आज भी जिन परिवारों में बड़ों का सम्मान है, अनुशासन है, अपने धर्म, नैतिक आस्था व आदर्शों के प्रति सम्मान है वे निश्चित रूप से आगे बढ़ेंगे व जहाँ स्खलन है, बिखराव है, शिथिलता है, दो पीढ़ियाँ साथ-साथ मद्यपान, मांसाहार या शिथिलाचार की ओर बढ़ रही हैं वहाँ विनाश को कोई भी रोक नहीं सकता।

ये आलेख आपको एक नया पथ दिखाएँगे। इनमें विद्वान साहित्यकार आशा शैली जी हैं, श्रीमती मीरा जैन हैं, श्री राकेश चक्र जी मुरादाबाद, डॉ. चेतना उपाध्याय अजमेर, श्रीमती रेखा जैन फरीदाबाद, श्रीमती सुधा चौधरी विदिशा जैसी विदुषी, श्री इन्द्रजीत कौशिक बीकानेर, डॉ. शोभा जैन इंदौर, डॉ. अनिता दुबे लखनऊ, श्रीमती आभा झा रायपुर, डॉ. राकेशचंद जी लखनऊ जैसी विभूतियों के अपने विचार हैं, जो देश के प्रतिष्ठित हस्ताक्षर हैं।

नैतिकता श्रेष्ठता, कर्तव्य निर्वहन व अपने गुरु, संस्कार के प्रति समर्पित पूज्य स्वामी निजामृतानंद पुरी जी जैसी मनीषी के आर्शीवचन व प्रशासन के दिव्य शिखर पर दैदीप्यमान देश के श्रेष्ठ प्रशासक श्री सत्यानंद जी मिश्रा ने इसे आशीर्वचन से समृद्ध किया है।

संत शिरोमणि आचार्य श्री विद्यासागरजी महाराज जो साधना, त्याग, तपस्या के अद्वितीय सूर्य हैं व जिनका वियोग हमें 18 फरवरी 2024 को सहना पड़ा व सेवा, प्रेम, करुणा की जीवंत मूर्ति माता अमृतानंदमयीजी देवी जी के दिव्य आशीष हम सभी का पथ आलोकित करें। इसी भावना के साथ

ये आलेख आपकी सेवा में प्रस्तुत है।

❑ अरुण कुमार जैन

❑ ज्योति पर्व 2024

❑ अध्यक्ष जैन इंजीनियर्स सोसायटी, फरीदाबाद

अमृता हॉस्पिटल परिसर,

16, वीनस, मीनाक्षी प्लानेट सिटी,

Sector 88

बागमुगलिया, भोपाल

फरीदाबाद, हरियाणा

arun.k.jain2312@gmail.com

Mo. 7999469175

अभिमत

पाश्चात्य सभ्यता और भौतिकता के बढ़ते आकर्षण ने आज मनुष्य को इतना स्वच्छंद बना दिया है कि वह सब रीति-नीति और मर्यादाओं का उल्लंघन करने में तनिक भी संकोच नहीं करता। संयम, तप, त्याग और नियमित मर्यादित जीवन जीने के लिए प्रसिद्ध भारतीय नागरिक भी आज इन बुराइयों से ग्रस्त होता जा रहा है। ऐसी स्थिति में हमें अपने परिवार, धर्म और गुरुओं से ही सच्चा मार्गदर्शन प्राप्त हो सकता है।

जैन इंजीनियर्स सोसायटी, फरीदाबाद द्वारा ''परिवार, धर्म और संस्कार से भागती युवा पीढ़ी को कैसे संस्कारों से जोड़ा जाये''- विषय पर आयोजित निबंध प्रतियोगिता के माध्यम से प्राप्त सराहनीय आलेखों से भाई श्री अरुण जैन द्वारा यह निबंध संकलन का एक रचनात्मक, उत्कृष्ट एवं सराहनीय कार्य है।

वर्तमान ज्वलन्त एवं गंभीर विषय पर आयोजित इस निबंध प्रतियोगिता में देश के विभिन्न शहरों से लगभग ७०-७५ प्रविष्टियों का आना प्रतियेगिता के आयोजकों के लिए एक सुखद अहसास कराने वाला प्रयास है।

वर्तमान युग भौतिक एवं बौद्धिक विकास का युग है। नूतन/पुरातन अनेक विधाएँ तीव्र गति से विकास पा रही हैं। शिक्षा जगत में नित नए-नए प्रयोग/परीक्षण हो रहे हैं। मानवीय विकास की अनेक संभावनाओं के साथ विश्व इक्कीसवीं सदी में प्रवेश कर रहा है। फिर भी ऐसा लगता है कि सामाजिक सांस्कृतिक एवं शैक्षणिक स्तर पर जो कुछ भी हो रहा है वह पर्याप्त नहीं है। धर्म और संस्कार उपेक्षित हो रहे हैं। कुसंस्कृतियाँ अनेक विकृतियों को जन्म दे रही हैं। इसका मूल कारण है अपने धर्म, संस्कृति और संस्कारों की विस्मृति, उपेक्षा एवं आत्मचिंतन की कमी। जीवन मूल्यों और संस्कारों के मौलिक तत्त्वों की उपेक्षा कर चलने वला समाज कभी भी स्वस्थ समाज नहीं कहला सकता। आज आवश्यकता है प्रत्येक परिवार में धार्मिक, नैतिक, सांस्कृतिक एवं अध्यात्मिक जीवन मूल्यों को स्थापित करने की, और इन जीवन मूल्यों की सुरक्षा के लिए युवा पीढ़ी को धर्म, संस्कृति, परिवार, संस्कार और समाज का अवबोध कराने की परम आवश्यकता है। किसी भी देश का भविष्य उस देश के युवाओं के बलिष्ठ कंधों पर आधारित है। देश का युवा बुद्धि और बल में जितना श्रेष्ठ होगा, उस देश का भविष्य उतना ही उन्नत होगा।

समसामयिक परिप्रेक्ष्य में सभी मनीषी विद्वानों ने अपने निबंधों में परिवार, धर्म और संस्कारों से भागती हुई युवा पीढ़ी के लिए पाश्चात्य सभ्यता और शिक्षा का अंधानुकरण एवं माता-पिता की अनदेखी को भी जिम्मेदार ठहराया है। यद्यपि सभी लेखकों ने विषयवस्तु के निहित अनेक समस्याएँ और उनके समाधान की चर्चा भी की है। फिर भी आज आवश्यकता

है युवा पीढ़ी को सुसंस्कारित करने के लिए एक उचित मार्गदर्शन की।

आशा है, इस पुस्तक में निहित गंभीर लेखों से पाठकों को अपने आदर्शों, संस्कृति और परिवार के प्रति अपने कर्त्तव्यों का समुचित ज्ञान होगा और इस दिशा में नवीन चिंतन को बल मिलेगा।

आदरणीय भाई अरुणजी साधुवाद एवं प्रशंसा के पात्र हैं, जिन्होंने अपने अथक प्रयासों से निबंध संकलन का महत्वपूर्ण कार्य कर जन–जन को लाभान्वित करने का निश्चय किया है। निश्चित ही यह कृति सम्पूर्ण समाज के लिए बहुत ही उपयोगी सिद्ध होगी। आप इसी तरह सर्वोपयोगी कृतियाँ प्रकाशित करते रहें। इसी मंगल भावना के साथ।

–श्रीमती नंदा जैन
१७१९/१६, सेक्टर, फरीदाबाद, हरियाणा

ज्योति पर्व २०२४

Holistic approch requared

Name- Ziya Mishra
DOB- 18/09/2006
Mail ID: mishraziya4@gmail.com
Education- BSc Psychology Hons
Mobile No. - 8700898023
Introduction- I'm Ziya Mishra, an 18-year-old BSc Psychology Honours student at Christ University, Delhi NCR. I have a passion for understanding the human mind, along with a love for reading and writing, which allow me to explore new ideas and perspectives.

Nurturing Roots and Fostering Wings: Bridging Today's Youth with Family, Culture, Society, Religion, and Charity

The current era, characterised by globalisation, digital acceleration, and the merging of cultures, is molding the youth's experience in unprecedented ways. Despite these transformations, the relevance of deep-rooted aspects such as family, culture, society, religion, and charity remains undeniable. The challenge lies in creating a harmonious bridge between the present's dynamism and the age-old pillars of personal and societal development. This essay delves into strategies to ensure that today's youth remain firmly rooted in these vital elements while soaring into the future.

Section I: The Family - A Crucible of Values

The family, often regarded as a microcosm of society, imparts the first set of values to an individual. Despite the constant hustle of today's world, maintaining strong connections within the family is paramount.

Establishing regular family rituals, such as shared meals, weekly game nights, or reading sessions, can significantly enhance interpersonal bonding. These gatherings provide a safe space for young individuals to express themselves and learn from others' experiences.

Inclusion in family decisions can be another potent tool. When the youth are involved in discussions, ranging from financial planning to hol-

---

iday destinations, they develop a sense of belonging and responsibility. This involvement can enhance their decision-making skills, foster empathy, and improve their ability to navigate diverse perspectives.

Section II: Culture - The Thread of Continuity

Culture, an amalgamation of shared beliefs, traditions, and customs, serves as the backbone

of identity. As the world grows increasingly connected, retaining a firm grasp on one's cultural roots is vital.

Incorporating cultural education in the curriculum can expose the youth to their heritage. Visits to museums, historical sites, and participation in cultural festivals can bring history to life, fostering an appreciation for their lineage. Simultaneously, international student exchange programs can expose youth to global cultures, encouraging them to appreciate diversity and understand cultural relativity.

At home, parents can propagate cultural values through language, food, art, and music. Regular engagement in these practices can enhance cultural understanding, cultivating a sense of identity and belonging.

Section III: Society - The Larger Family

The society that individuals inhabit is a natural extension of family and culture. It is the stage upon which principles learned at home are tested and applied.

Encouraging youth participation in societal activities, such as community service and local clubs, can expose them to the larger societal canvas. These engagements can facilitate the development of social skills, empathy, and a sense of responsibility towards their community.

Further, creating platforms for youth-led initiatives can promote leadership skills, fostering societal involvement. Facilitating dialogues on societal issues can encourage critical

thinking and develop the ability to articulate thoughts clearly, contributing to a more inclusive and diverse societal structure.

Section IV: Religion - The Moral Compass

Religion serves as a moral compass, guiding individuals through life's myriad complexities. Its exploration is integral to shaping values, instilling hope, and fostering spirituality in young people.

Promoting interactive religious education, which encourages questioning and understanding, can strengthen religious connectivity. Exposure to different faiths, through interfaith dialogues or visits to diverse places of worship, can foster respect for religious diversity and cultivate open-mindedness.

Moreover, focusing on the universal values propagated by all religions, such as compassion, kindness, and love, can help youth see religion as a unifying factor rather than a source of division.

Section V: Charity - The Path to Compassionate Society

Charity nurtures a sense of empathy and selflessness, serving as a stepping-stone towards creating a compassionate society.

Involving youth in charity from an early age, through school programs or family activities, can inculcate a strong sense of empathy. This engagement also exposes them to the realities of social inequality, fostering a desire to contribute positively to society.

Additionally, leveraging technology can provide a novel approach to charity. With the advent of crowdfunding and social media campaigns, young individuals can now spearhead charitable initiatives, amplifying their societal impact and enhancing their understanding of societal needs.

Conclusion- In conclusion, fostering a connection between today's youth and the foundations of family, culture, society, religion, and charity requires a holistic, integrative, and consistent approach. It involves creating an environment that combines education, shared experiences, dialogue, and active participation. Such an environment not only anchors them in their heritage but

also equips them to contribute positively to a diverse, global society. By nurturing these

connections, we help mold a generation of empathetic, compassionate, and socially

conscious individuals, ready to lead the world into a promising future.

(कुमारी जिया मिश्रा राजधानी दिल्ली के प्रतिष्ठित अमृता विद्यालय की कक्षा 12वीं की छात्रा हैं। कुशाग्र बुद्धि जिया मिश्रा पढ़ाई के साथ–साथ अन्य प्रेरक गतिविधियों से सहभागिता करती है। इन्हें इस प्रतियोगिता का प्रथम पुरस्कार मिला है।)□

शब्दों में धार नहीं

नाम– पलक जैन
पिता – इं. संजय भारती
शिक्षा– स्नातक (B.sc maths, d.el.ed)
जन्मतिथि– 09–08–1998
उम्र– 25 वर्ष
पता– डेम रोड, आजादपुरा, ललितपुर (उ.प्र.)
व्यवसाय– अध्यनरत
रुचियाँ– निबंध लेखन, धार्मिक कार्य, अध्ययन, कलात्मक एवं रचनात्मक कार्य, प्रस्तुतिकरण, सामाजिक कार्यों में
विशेष उपलब्धियां – माननीय मुख्यमंत्री अखिलेश यादव जी द्वारा मेधावी छात्राओं में सम्मानित ● माननीय जिलाधिकारी डॉ. रूपेश जी द्वारा सम्मानित ● अनेक बार वाद विवाद प्रतियोगताओं में विभिन्न जिलाधिकारियों द्वारा सम्मानित ● पर्यावरण के क्षेत्र में किए गए कार्य पर वन विभाग द्वारा सम्मानित ● D.el.ed में clg topper ● आचार्य श्री विद्यासागर जी महामुनिराज जी के सानिध्य में मंच पर स्वरचित कविता पढ़ने का अवसर मिला और आचार्य श्री जी का विशेष आशीर्वाद मिला ● मुनि पुंगव सुधासागर जी मुनिराज के आशीर्वाद से 2012 में भारत विकास परिषद द्वारा आयोजित भ्रूण हत्या विषय पर निबंध प्रतियोगता में देश मे उच्च स्थान पर सम्मान व अन्य कई सम्मान।
पता एवं संपर्क सूत्र– 'मातृ छाया भवन', डेम रोड, आजादपुरा, ललितपुर (उ.प्र.)
पिन कोड– 284 403, फ़ोन नंबर– 7880932373

(1) प्रस्तावना – वर्तमान परिदृश्य में समाज को देखें तो पता चलता है कि युवा पीढ़ी अपनी संस्कृति को प्रतिदिन पीछे छोड़कर आगे आधुनिकता की अंधी दौड़ में शामिल होती जा रही है और संस्कारों को भुला चुकी है। जिन माता–पिता ने बच्चों के उज्ज्वल भविष्य के लिए अपना जीवन कष्टों में काटा आज घरों से ही उन्हें निकाला जा रहा है आज के युवाओं से यही कहूँगी कि–

'नीचे गिरे सूखे पत्तों पर अदब से चलना जरा।

कभी कड़ी धूप में तुमने इनसे ही पनाह माँगी थी।।'

(1) आजकल के युवा खेलों को छोड़कर नशे को ही खेल समझ बैठे हैं। आजकल की युवा पीढ़ी अपनी ताकत गलत कार्यों में लगाकर संस्कृति की जड़ों से कट चुकी है।

भारतीय संस्कृति ने सदैव 'स्व' से पहले 'पर' को महत्व दिया है। समाज कल्याण

के लिए कई उदाहरण भारतीय सभ्यता और संस्कृति की समृद्धि तथा महानता के परिचायक रहे हैं। आज की युवा पीढ़ी इन सबसे अनभिज्ञ हैं वह इनके सम्बन्ध में जानना भी नहीं चाहती है। आज की युवा पीढ़ी कहती है कि इन सब पुराने दकियानूसी विचारों की बातों को जानने से क्या लाभ ? समय के साथ ही आगे बढ़ना है, न कि 18वीं सदी की ओर लौटना है। वह यह तो मानते हैं कि भारतीय संस्कृति श्रेष्ठ तथा महान थी परन्तु पश्चिमी सभ्यता एवं संस्कृति ज्यादा आकर्षक लगती है।

आज की युवा बड़ी शान से पश्चिमी सभ्यता को अपना रहे हैं परन्तु उन्हें इस बात को सदैव अपने स्मरण में रखना चाहिए कि सम्पूर्ण पृथ्वी को प्रकाशित करने वाला सूर्य भी जब पश्चिम में आता है तो डूब ही जाता है।

(2) भागती हुई युवा पीढ़ी का कारण– आज का युवा अपनी जड़ों से कटा हुआ है। वह सब कुछ है परन्तु अहिंसा, त्याग, सत्य, न्याय, दया, प्रेम, करूणा, परोपकार, अतिथि सत्कार से उसे कोई सरोकार नहीं तथा माता–पिता गुरु का सम्मान, मानव मात्र के प्रति प्रेम आदि भारतीय सिद्धांतों, आदर्शों और जीवित मूल्यों से वह बिल्कुल अनभिज्ञ है। आज की युवा पीढ़ी बहुत तेजी से बिना सोचे समझे विपरीत लिंग के प्रति आकर्षित हो रही है। इसलिए यह कहा भी गया है कि **'समुद्र की थाह है, पर औरत एक अथाह है'** जिस प्रकार नीम के वृक्ष में उत्पन्न हुआ कीड़ा उसके कड़वे रस को पीता हुआ उसे मीठा जानता है उसी प्रकार संसार रूपी विषय में उत्पन्न हुए ये मनुष्य रूपी कीड़े स्त्री सम्भोग से उत्पन्न हुए खेद को ही सुख मानते हुए उसकी प्रशंसा करते हैं।

वर्तमान युग विज्ञान का युग है। नित्य नए अनुसंधान हो रहे। आज हम चंद्रमा तक तो पहुंच रहे हैं परन्तु अपने करीब बैठे किसी व्यक्ति के उदास मन तक नहीं पहुँच रहे हैं। ध्यान रहे–

'विज्ञान कितनी भी तरक्की कर ले लेकिन आज भी एक्स–रे में दिल पर लगा घाव नहीं दिखता....।' जीवन को सुखी बनाने के लिए युवा पीढ़ी के पास तरह–तरह के सुख के साधन उपलब्ध हैं फिर भी जीवन में चिंता, निराशा, भय, दुःख, अंशांति व्याप्त है।

(3) पाश्चात्य संस्कृति की चकाचौंध– पश्चिमी सभ्यता का अंधानुकरण करता हुआ युवा वर्ग भक्ष्य-अभक्ष्य आदि का विवेक खो बैठा है। वह अपने पेट को कब्रिस्तान बनाने पर तुला है। युवा वर्ग विदेशी जीवन शैली से ज्यादा आकर्षित होते हैं। आजकल के युवाओं को विदेशों में पाई जाने वाली आधुनिक जीवनशैली ज्यादा

पसंद है। विदेश में भारत के मुकाबले सभी लोग अपने काम से काम रखते हैं। परन्तु युवाओं को यह बात समझना आवश्यक है कि– 'युवा तेज चल सकते हैं, लेकिन सही रास्ता बड़ों को ही पता होती है।'

विदेशों की बेहतरीन जीवन–शैली भी आजकल युवा को अपनी ओर आकर्षित कर रही है। परन्तु हमारी संस्कृति हमारी धरोहर है यह बड़ा सत्य है।

(अ) बदलता खान–पान– आज यह बात भी विचारणीय है कि युवा वर्ग जिस भोजन को अपने आहार में शामिल कर रहा है वह खाने योग्य है अथवा नहीं ? बड़े–बड़े होटलों में विभिन्न प्रकार के अभक्ष्यों को खाकर वह अपने आप को शिक्षित कहता है। परन्तु युवाओं को अपने भोजन को ग्रहण करने से पूर्व एक बार यह विचार जरूर कर लेना चाहिए कि उनकी थाली में आया हुआ भोजन शुद्ध है अथवा नहीं ? कहीं ऐसा तो नहीं कि आपकी थाली में परोसा गया भोजन किसी जीव की चीख–पुकार, हिंसा आदि से मिश्रित हो ? क्योंकि जैसा खाओगे अन्न, वैसा होगा मन और जैसा पियोगे पानी वैसी होगी वाणी।

(ब) बिगड़ता बोलचाल – आज कल के युवा स्वयं को उच्च शिक्षित बताने की होड़ में सभ्य बोल–चाल को भूलकर अपनी वाणी में ऐसे शब्दों का समावेश कर रहे हैं जो गलत है। वह अपनी अमर्यादित भाषा को बोलने में जरा भी परहेज नहीं करते हैं। वह यह बात भूल जाते हैं कि–

'शब्दों में धार नहीं बल्कि आधार होना चाहिए।'

आज युवाओं में विशेष रूप से अंग्रेजी बोलने का चलन है वह हिन्दी बोलने वालों को कम शिक्षित समझकर उन्हें नजरअंदाज कर देते हैं परन्तु याद रखना चाहिए कि––

'भाषा कौन सी है यह जरूरी नहीं।

भाव कौन सा है, महत्व इसका होना चाहिए।'

क्योंकि– 'भावनाएँ आज भी भाषाओं पर भारी है।'

आज कल के युवा अपनी आदतों के गुलाम हो गए हैं। वह अपने मन को नियंत्रित कर ही नहीं पाते। परन्तु युवाओं को स्वनियंत्रण की नितांत आवश्यकता है।

'खूब तरसाया है इन ख्वाहिशों ने मुझे।

अब इन ख्वाहिशों को तू खुद तरसता छोड़ दे।'

(स) इगो छोड़कर इको सही बनाये – आजकल के युवा अपने स्वास्थ्य को ठीक रखने के लिए व्यायाम करते हैं, जिम जाते हैं परन्तु जिम जाने से आप स्वस्थ नहीं

रख सकते क्योंकि वास्तविक स्वस्थता मन को प्रसन्न और स्वस्थ रखने से ही आती है।

(द) युवाओं को बड़ों बुजुर्गों के साथ कुछ समय जरूर बिताना चाहिए – आजकल के युवा बड़ों को बुजुर्गों को कम शिक्षित समझकर नजरअंदाज करके चले जाते हैं परन्तु यह भूल जाते हैं कि– 'ईश्वर का दर्शन और बड़ों का मार्गदर्शन दोनों ही जीवन को प्रकाशित कर देते हैं।'

माता–पिता ईश्वर का दूसरा रूप है परन्तु युवा खुद के सामने किसी ओर को कुछ समझ ही नहीं रहे हैं– युवाओं के लिए एक संदेश देना चाहती हूँ– 'बड़ा बनों पर उसके सामने नहीं जिसने तुम्हें बड़ा किया है।'

'माँ–बाप जिन्दगी के वो खूबसूरत झरने हैं, जो सिर्फ आपके लिए बहते हैं।'

'माँ–बाप जिन्दगी का वह रनवे हैं, जहाँ से बच्चे अपने सपनों की उड़ान भरते हैं।'

आज युवाओं को भागती जिन्दगी से दो पल निकालकर बड़ों के साथ, बुजुर्गों के साथ जरूर बिताना चाहिए क्योंकि 'बुजुर्गों की एक–एक झुर्री पर लिखे होते हैं हजार–हजार अनुभव'

आज युवा पीढ़ी की नजर में वरिष्ठ नागरिक पिछड़े हो गए हैं, उन्हें लगता है यह वरिष्ठ नागरिक ओल्ड फैशन हैं, इन्हें आज के जमाने का ज्ञान नहीं। परन्तु वरिष्ठ नागरिक फ्रूट से ड्राई फ्रूट की तरह हमेशा महंगे होते हैं, क्योंकि ड्राई फ्रूट ऐसे फल होते हैं जो वरिष्ठ नागरिक बन चुके होते हैं।

इसलिए कभी भी वरिष्ठ नागरिकों को नजर अंदाज न करें और न ही कम आंकने का प्रयास करें। अपनी जड़ों को सींचते रहें।

वक्त की धूप में पकी हुई चीज कीमती होती है तभी तो अंगूर से ज्यादा कीमत किशमिश की होती है।

बुजुर्गों का ज्ञान उस ट्रैफिक लाइट की तरह होता है जो चौराहों पर दुर्घटना होने से बचा लेता है। □

ललितपुर, उ.प्र.

जागृति का बिगुल

नाम – रेखा जैन

उम्र – 44

व्यवसाय – होम मेकर एवं सोशल वर्कर

सचिव – सखी एजुकेशन एवं हेल्थ वेलफेयर सोसाइटी

यूट्यूब चैनल्स - myjainism9592

Prerak Kahaniyen-ps8jl

शिक्षा – एम .ए , बी. एड, NET, जूनियर रिसर्च फेलो, राजकीय महाविद्यालय कोटा राजस्थान

रुचियांत्र – कविता पाठ, कथाकारिता, पठन – पाठन

विशेष उपलब्धियां – निबंध लेखन प्रतियोगिता एवं भाषण प्रतियोगिताएं में विजेता लघु नाटिका, नृत्य, गायन, आदि में कई पुरस्कार प्राप्त किए। विभिन्न प्रतियोगिताओं का संचालन।

समाज एवं देश हित में किए गए कार्य – ● हेल्थ चेकअप शिविर का आयोजन ● रक्तदान शिविर का आयोजन ● भोजन वितरण कार्यक्रम जरूरतमंद लोगों के लिए प्रत्येक रविवार ● कॉविड वैक्सीनेशन कैंप का आयोजन (2000+ लोगों को वैक्सीन उपलब्ध कराई) ● गरीब बच्चों में हैंड सेनीटाइजर और मास्क का वितरण ● मिनिस्ट्री ऑफ़ ट्राईबल अफेयर्स के सिकल सेल डिजीज परामर्श एवं जागरूकता के मॉड्यूल में सहभागिता।

फोन नंबर – 9599756869

पता – जे–1203 प्रिंसेस पार्क, तिगांव रोड, सेक्टर–86 ग्रेटर फरीदाबाद, हरियाणा।

प्रस्तावना – नई पीढ़ी अर्थात् युवा शक्ति

वर्तमान में सारा विश्व भारत की ओर देख रहा है तो उसका मूल कारण है भारत का युवा वर्ग या कहना चाहिए युवाशक्ति। भारत की कुल जनसंख्या का पचास प्रतिशत (50%) से अधिक युवा वर्ग हैं, इसलिये भारत को सुपर पॉवर भी कहा जाता है। किसी भी स्वस्थ एवं विकसित देश की संरचना में युवाशक्ति का महत्वपूर्ण योगदान होता है। यह जीवन की वह अवस्था है जिसमें व्यक्ति शक्ति एवं ऊर्जा से भरपूर होता है एवं उसमें कुछ कर गुजरने की ईच्छा बहुत तीव्र होती है। उसके शब्दकोश में असंभव शब्द नहीं होता है। युवा अवस्था, बालसुलभ चपलता एवं वृद्धावस्था की अक्षमता के बीच बहने वाला वह प्रवाह है जो कभी तूफान की भांति और कभी झील के पानी की भांति सहजता से बहता रहता है। जिस देश की युवा पीढ़ी जितनी सक्षम होगी वह देश उतना ही सक्षम होगा। जो व्यक्ति या समाज जितना सक्षम होगा उस पर उतनी ही अधिक जिम्मेदारियां आ जाती हैं। समाज के भविष्य

का दायित्व युवा पीढ़ी पर होता है, और यही कारण है कि समाज का बुजुर्ग वर्ग इस बात को लेकर चिंतित है कि नई पीढ़ी को धार्मिक रीति–रिवाज और सामाजिक क्रिया–कलापों में कोई रूचि नहीं है और उन पर पाश्चात्य संस्कृति हावी होती जा रही है। समाज दिशाहीन हो रहा है, उनका अपनी सभ्यता व संस्कृति के प्रति कोई सम्मान नहीं है।

यह हमारी विडम्बना है कि आज भारत जैसे धर्मपरायण देश में कई ऐसे मामले सामने आ रहे हैं, जहां नई पीढ़ी की विचारधारा में अपनी सभ्यता व संस्कृति को लेकर अविश्वास व अलगाव नजर आ रहा है। ऐसे में इंटरनेट मीडिया पर विभिन्न समूहों में जुड़कर व कम्प्यूटर गेम के जरिए नई पीढ़ी का मतान्तरण करने वाले गिरोह सक्रिय हैं। सिनेमा भी समाज के संक्रमण का आईना है। ‘द कश्मीर फाईल्स’ से लेकर ‘द केरल स्टोरी’ तक यही बात उठाई गई है। ‘द केरल स्टोरी’ तो स्पष्ट कहती है कि हमने नई पीढ़ी को अपने संस्कारों व इतिहास के बारे में पूरी तरह से नहीं बताया, इसलिए वे डगमगाये। ऐसा न हो इसके लिए हमें कुछ कदम उठाने होंगे।

पारिवारिक जीवनशैली में बदलाव –

परिवार को व्यक्ति की प्रथम पाठशाला कहा जाता है, क्योंकि सभ्यता, संस्कृति व संस्कारों का प्रथम पाठ व्यक्ति परिवार में ही पढ़ता है। किंतु वर्तमान में एकल परिवार प्रणाली के चलते परिवारों का वातावरण आध्यात्मिक न होकर भौतिकवादी होता जा रहा है। एकल परिवार प्रणाली में अभिभावक शहर में अकेले रहते हैं और अधिकांशतः दोनों ही नौकरी करते हैं जिसकी वजह से वे बालक को पर्याप्त समय नहीं दे पाते, सिर्फ इतना ही नहीं वे बालक को चुप कराने के लिए या उसे खुश करने के लिए कार्टून शो दिखा देते हैं अथवा मोबाईल पर गेम खेलने के लिए दे देते हैं। जिसके कारण बच्चों की संस्कारों से दूरी बढ़ती जा रही है।

अगर हम युवा पीढ़ी को देश, समाज, धर्म व परोपकार से जोड़ना चाहते हैं तो हमें संयुक्त परिवार प्रणाली को फिर से अपनाना होगा। परिवार के बुजुर्ग सदस्यों को अपने साथ रखना होगा, उनकी सेवा करनी होगी ताकि बच्चे भी यह देखें और सीखें। यह बच्चों के लिए व्यवहारिक अनुभव होगा। बच्चों को मन्दिर लेकर जाएँ, उन्हें वहाँ की चर्या सिखायें। बच्चों को अपने इतिहास की गौरव गाथाएँ सुनायें, महापुरुषों के जीवन की प्रेरणादायक कहानियाँ सुनायें, नैतिक शिक्षा दें। बच्चों को समय दें ताकि बड़े होकर वे आपको समय दे सकें।

सभ्यता व संस्कृति के अनुरूप शिक्षा व्यवस्था –

वर्तमान शिक्षा व्यवस्था अंग्रेजो की देन है जिसमें अंग्रेजी सभ्यता व संस्कृति को

प्राथमिकता दी गई है और उसे श्रेष्ठ बताया गया है। यही कारण है कि नई पीढ़ी स्वयं को श्रेष्ठ दिखाने के लिए उसे अपनाने की होड़ में लगी रहती है। अपनी सभ्यता व संस्कृति में उन्हें पिछड़ेपन का अहसास होता है। अतः नई पीढ़ी को यह बताना आवश्यक है कि यह सत्य नहीं है। प्राचीन समय में भारत को विश्व गुरु कहा जाता था और हमारे यहां देश से नहीं विदेश से भी छात्र अध्ययन के लिए आते थे और गुरुकुल प्रणाली के अन्तर्गत प्रकृति के बीच रहकर अपना सर्वांगीण विकास करते थे। गुरुकुल प्रणाली में राजा हो या रंक सभी समान होते थे। महान गणितज्ञ आर्यभट्ट, महर्षि चरक, महर्षि सुश्रुक आदि विद्वान भारत की ही देन है और तक्षशिला एवं नालन्दा जैसे विश्वविद्यालय सम्पूर्ण विश्व में विख्यात थे। हमें फिर से इसी प्रकार के विद्यालय एवं महाविद्यालय खोलने की आवश्यकता है जहाँ हमारी सभ्यता व संस्कृति के अनुकूल शिक्षा दी जाये। नैतिक शिक्षा को प्राथमिकता दी जाये ताकि बच्चों में अहिंसा, दया, धर्म, सहयोग व परोपकार की भावना का विकास हो सके। सही व गलत की सही परख करने वाली दृष्टि हो। उन्हें जागरूक बनायें।

संस्कार शिविरों का आयोजन –

सभी गांव, कस्बों व शहरों में समय-समय पर संस्कार शिविरों का आयोजन होते रहना चाहिए और सभी अभिभावकों को अपने बालक-बालिकाओं को इन शिविरों में अवश्य भेजना चाहिए। विद्यालयों में प्रवेश के समय छात्र के पास संस्कार शिविर का प्रमाण-पत्र होना उसी तरह अनिवार्य होना चाहिए, जिस प्रकार बड़े होने पर चरित्र प्रमाण पत्र अनिवार्य होता है। बच्चे कच्चे घड़े के समान होते हैं, उन्हें जिस रूप में ढाला जाये वे उसी के अनुरूप ढल जाते हैं अतः सही समय पर उन्हें नैतिकता का पाठ पढ़ाकर संस्कार दिये जायेंगे तो जीवन पर्यन्त वे उनके साथ रहेंगे।

स्वच्छ धार्मिक वातावरण –

युवा पीढ़ी यथार्थवादी है, धर्म उसकी प्राथमिकता नहीं है और अगर वह एक बार धर्म की तरफ देखती भी है तो उसमें छुपी हुई बुराईयां आडम्बर उसे उनसे दूर कर देता है, वह शान्ति की तलाश में आता है किन्तु वहां का नाटकीय आध्यात्म और कृत्रिम वातावरण देखकर वह मुँह फेर लेता है इसके लिए समाज को चाहिए कि वह धार्मिक स्थलों को सांसरिक प्रपंचों से दूर रखें। उनके प्रश्नों का सही उत्तर दे, उनके तथ्यात्मक प्रश्नों को उनकी अश्रद्धा से न जोड़ें। कुछ लोग विज्ञान और धर्म को एक-दूसरे का विरोधी मानते हैं, किंतु यह सत्य नहीं है बल्कि ये एक-दूसरे के पूरक हैं। धर्म क्षेत्र में योग्य, यथार्थवादी एवं पढ़े-लिखे लोगों की संख्या

बढ़ायें ताकि युवा पीढ़ी उनकी तरफ आकर्षित होकर धर्म से जुड़ें।

भौतिक विकास के साथ आध्यात्मिक विकास–

आज के युवाओं के पास समय की बहुत कमी है उनके सामने एक लंबा जीवन है जिसकी दिशा उसे सुनिश्चित करनी है, उसे आत्मनिर्भर बनना है अतः वह भौतिक विकास की ऊँचाईयों को छूना चाहता है लेकिन पारंपरिक मूल्यों के बिना वह सम्भव नहीं है। हमने उसे यह समझाना है कि 'आध्यात्म के साथ भौतिक विकास' सम्भव है। नीतिगत रास्ते पर चलकर भी भौतिक विकास की ऊँचाईयों को छुआ जा सकता है।

आध्यात्मिक विकास के नये उपकरण और मार्ग–

आज का युवा किसी देश या काल से बंधा हुआ नहीं है, इंटरनेट ने सारी दुनिया उसके कदमों में लाकर रख दी है। वह मोबाईल, लेपटॉप, कम्प्यूटर से चिपका ही रहता है ऐसे में अगर हम चाहें कि वह उन्हें छोड़ दे तो यह संभव नहीं है बल्कि इन गैजेट्स को हमें अपनाना होगा और इनका उपयोग नई पीढ़ी को देश, धर्म, समाज से जोड़ने में करना होगा। डिजिटल माध्यमों को सहारा बनाकर अपनी सभ्यता व संस्कृति को उनके बीच ले जाना होगा, हमारे ग्रंथ, साहित्य व इतिहास को डिजिटल कॉमिक्स एवं वर्चुअल गेम जोन के रूप में प्रस्तुत करने से उन्हें खेल–खेल में संस्कार दिये जा सकेंगे। वर्तमान में सब कुछ ऑनलाईन उपलब्ध है तो अगर कोई व्यक्ति दूर बैठकर धार्मिक अनुष्ठान या पारिवारिक रीति–रिवाज में शामिल होना चाहता है तो उसे स्वीकार करना चाहिए, रास्ते में सफर करते हुए कोई प्रेरक कहानी या प्रवचन सुन रहा है तो उसमें कोई बुराई नहीं है क्योंकि पहले जो कार्य शरीर करता था अब मस्तिष्क करने लगा है और हमारा उद्देश्य नई पीढ़ी को संस्कारित करना है इसका माध्यम प्राचीन हो यह आवश्यक नहीं है।

उपसंहार –

परंपरा और संस्कारों का संतुलन ही युवाओं को देश, धर्म, समाज, परिवार व परोपकार से जोड़कर रख सकता है। अतः अपनी सभ्यता व परंपरा को पीढ़ी दर पीढ़ी पहुंचाना अति आवश्यक है। संस्कृति एक धीमी प्रक्रिया है जिसका आधार धर्म में है वह कभी नष्ट नहीं हो सकती है, उसके रंग–रूप बदल सकते हैं, उसे पालन करने वालों की शैली बदल सकती है परन्तु वह नष्ट नहीं हो सकती। अगर जेहादी मानसिकता मोबाईल फोन और ऑनलाईन गेम के माध्यम से युवाओं की विचारधारा बदल सकती है तो जाहिर है कि अगर हम भी नई पीढ़ी को अपनी संस्कृति के बारे में बतायेंगे तो धीरे–धीरे ही सही वे जानकारी के साथ शिक्षित होंगे और अपने देश, धर्म, समाज, परिवार व परोपकार से जुड़े रहेंगे। ☐ समाप्त

समस्या व समाधान

नाम– सुधा चौधरी (जैन) विदिशा (म.प्र.)
शिक्षा – बी.एससी., बी.एड., एम.ए. संगीत प्रभाकर
कार्यक्षेत्र, रूचियाँ – कविता लेखन, कहानी लेखन, मंच संचालन, भजन गायन
कृतियाँ– ● अनुवाद – एक अहिंसात्मक जीवन शैली ● नई सुबह (कवितायें) ● प्रकाश के लिये (कवितायें) ● स्वयं सिद्धा (कहानियाँ) ● शेष ही विशेष (कहानियाँ) ● अनुभूति के आयाम (कहानियाँ) ● अग्नि का प्रायश्चित, सती कथायें ● अति सर्वत्र व्यज्ज्येत, नाटक ● जैन धर्म और क्वांटम फिजिक्स (प्रकाशनाधीन) ● एक टेली फिल्म, म.प्र. दूरदर्शन, अनुग्रह
सम्पर्क – 9407274976

संस्कार जिन्हें रूढ़ियां लगती हैं, परिवार जिन्हें भार लगता है, धर्म बन्दिशों सा लगता है, राष्ट्र प्रेम दिखावा, समाज पराया लगता है और परोपकार का अर्थ ही नहीं समझते ऐसी नई पीढ़ी की बात चल रही है। एक शब्द में कहें तो अपने ही बारे में सोचने वाले स्वार्थी युवकों की बात है। युवा को परिभाषित करें तो अठारह से पैंतीस यदि और अधिक कहें तो जिसमें कुछ करने का जज्बा है, उर्जा से जो भरा है, मौका मिले या जरूरत पड़े तो क्रांति करने को तत्पर हैं, वह युवा हैं, उम्र कुछ भी हो। अंग्रेजी में यूथ का विश्लेषण किया है youth वाय– यंग (जवान) ओ– आउटस्टेंडिंग (उत्कृष्ट) – यूनिक (सबसे अलग) टी– थॉटफुल (विचार करने वाला) एच – ऑनेस्ट (ईमानदार)

आज की युवा पीढ़ी की दृष्टि क्या मात्र, भौतिक सुख सुविधाओं और धन उपार्जन पर टिकी है? संघर्ष को सौभाग्य की तरह देखने वोले जवान क्या संस्कार, परिवार, धर्म, समाज और परोपकार से दूर हो रहे हैं। हमारा प्रयास है कि यह दूरी कम हो, कुछ सकारात्मक सोचें जो पीढ़ियों का अन्तराल पाटे, भ्रान्तियाँ दूर करने में सहायक हो। आयोजकों का सार्थक प्रयास प्रणम्य है आओ अब लौट चलें इस आबादी के 70 प्रतिशत पर।

हमारे विकासशील देश के नौजवान गम्भीर चुनौतियों का सामना करने में सक्षम हैं, बैंकिंग, उद्योग, इंजीनियरिंग, चिकित्सा, टेक्नोलॉजी, अन्तरिक्ष, यातायात, हर क्षेत्र में अपनी कामयाबी के झंडे फहरा रहे हैं किन्तु वैचारिक और संवेदनात्मक

धरातल पर कुछ रीता–रीता सा है। शिक्षा, सांसारिक उन्नति का साधन रह गई है, आर्ट ऑफ लिविंग की विद्या इस उपलब्धि में खो रही है। सभ्य होना और संस्कारी होना जीवन के दो अलग–अलग पहलू हैं। सभ्यता दूसरों के साथ जीना सिखाती है परन्तु संस्कार स्वयं के साथ जीना सिखाते हैं, जो सिर्फ मनुष्यों द्वारा अर्जित किये जाने वाले गुण हैं।

पिछले वर्षों में ऐसा क्या हुआ या कौन से कारण उपस्थित हुए हैं कि युवा परिवार, संस्कार, धर्म, राष्ट्र समाज और परोपकार से दूर भाग रहे हैं, छोटे शहरों से महानगरों और फिर विदेश। हम नौजवानों को माँ, मानवता, मातृभूमि के प्रति उत्तरदायित्वों का स्मरण कैसे करायें? ज्वलंत प्रश्न, समाधान ढूंढ रहा है। आत्मकेन्द्रित नई पीढ़ी कैसे अपने रवैये में सुधार लाये..

चिन्तन से कुछ समझ में आता है कि संस्कार दिये तो गये पर युवा होते किशोर और बच्चे उनको उतनी गहराई से आत्मसात नहीं कर पाये कि जीवनभर वे संस्कार उनके साथ पुष्पित और पल्लवित होते रहते। संयुक्त परिवार बिखर रहे हैं। इन युवा होते किशोरों ने माता–पिता को भी थोड़े से पैसों के लिये कठिन संघर्ष करते देखा है, तभी वह युवा सोच लेता है कि कुछ भी हो जाये अधिक से अधिक पैसा कमाना है, बस यहीं से उनकी दिशा बदल जाती है मानवीय मूल्यों को महत्वपूर्ण समझना समाप्त हो जाता है। परिवार के उपेक्षित बुजुर्ग मेहमान की तरह हो जाते हैं उनकी सुनाई जाने वाली प्रेरणास्पद कहानियाँ न बच्चे, न किशोर सुन पाते हैं। माता–पिता दोनों काम पर जाते हैं वो बच्चा मोबाईल और टेलीविजन की दुनिया में खो जाता है। परिवार के सदस्यों के बीच संवादहीनता की स्थिति बनी रहती है। जो बचपन के संस्कार इन्सान के व्यक्तित्व का निर्माण करते हैं और आजीवन विपरीत आचरण करने से रोके रहते हैं ये संस्कार अब कौन दे? श्रवण कुमार की कहानी, श्रीराम का वचन पालन, एकलव्य की गुरु भक्ति, जर्मनी में बच्चों के मन में वीरता का भाव कूट–कूट कर भरा जाना (हिटलर) या फिर अभिमन्यु को मिलने वाला संस्कार (माता के पेट में) इन संस्कारों के पाठ अब कौन पढ़ाये? संयुक्त परिवार टूटने का सबसे बड़ा खामियाजा आगे–आगे आने वाली पीढ़ियाँ भुगत रही हैं।

टेलीविजन पर चलने वाले हर शो में महंगी गाड़ियाँ, बंगले, नौकर–चाकर दिखाये जाते हैं। महिला पात्र फूहड़ लिबासों, महंगी ज्वेलरी से सुसज्जित होती हैं, यह युवाओं को बहुत लुभाता है, विलासिता पूर्ण जीवन उनके मन पर अमिट छाप छोड़ देता है उन्हें इसका एक ही रास्ता नजर आता है कि खूब कमाओ जो विदेश में ही सम्भव है। सादगी का सौन्दर्य और गरीबी की गरिमा उनकी नजरों में कोई मायने नहीं रखता। महापुरुषों के जीवन पर आधारित सीरियल कोई बनाता नहीं क्योंकि टीआरपी नहीं मिलती। स्थिति

भयावह है। रामायण जैसे महान ग्रंथ के पूज्य देविय पात्रों को मजाक बनाकर रख दिया है किस विक्षिप्त मानसिकता पूर्ण समाज के हम हिस्से बन गये हैं (आदिपुरुष)।

युवाओं को दोषी ठहराने से पहले, हमें अपनी कमियां भी ढूंढनी होंगी। हम अपने बच्चों को धर्म की सही-सही परिभाषा समझाने में असमर्थ रहें। हम जाने / अनजाने में भौतिकता की चकाचौंध से प्रभावित रहे जिसे हमारे बच्चे प्रत्यक्ष और परोक्ष रूप से महसूस करते रहे, फिर धन उपार्जन उनका लक्ष्य बन गया। विदेश में जीवन जीने की ललक, बड़ा पैकेज, सुव्यवस्थित जीवनशैली को भविष्य समझ लिया और पलायन होने लगा वे यह भूल गये कि पलायन मात्र अपने देश से नहीं हो रहा, यह पलायन कर्त्तव्य पालन से, धर्म से, समाज से, राष्ट्र से और परिवार के प्रति उत्तरदायित्वों से भी हो रहा है। यही स्थिति छोटे शहरों और कस्बों से उच्च शिक्षा प्राप्त करने के उददेश्य को लेकर आने वाले विद्यार्थियों की है जो महानगरों में, शहरों में पढ़ते हैं, रोजगार तलाश करते हैं फिर वहीं बस जाते हैं। वापिस जाना उनके लिये असम्भव होता है। इस प्रकार युवा संस्कार, परिवार, धर्म से विमुख हो जाते हैं। रोजगार के उपयुक्त या संतोषप्रद अवसर न मिलने पर ये आक्रोशित, हिंसा और असामाजिकता में लिप्त हो जाते हैं।

राष्ट्रप्रेम का अर्थ इतना ही नहीं है कि बन्दूक लेकर सेना का हिस्सा बन जाओ। राष्ट्र प्रेम में समाहित है, मातृभूमि के प्रति समर्पण, देश के महान सपूतों के जीवन से प्रेरणा लेना, अनैतिकता पूर्ण आचरण न करना, पर्यावरण के प्रति जागरूक रहना, बहिनों के सम्मान की रक्षा करना, साफ-सुथरी छवि वाले राजनेताओं को चुनना, विदेश में रहते हुये, भारत की गौरवगाथा याद रखना ये सब हमारा राष्ट्र प्रेम ही है।

सभ्यता की उत्पत्ति सभा शब्द से हुई है। एक जैसा लिबास, भोजन, भाषा, आचरण एक सभ्यता का परिचायक होता है। संस्कृति का अर्थ है परिष्करण या प्रगति। जैन के परिप्रेक्ष्य में, सभ्यता तो हिन्दु सभ्यता है पर जैन संस्कृति की बात करें तो जितेन्द्रिय होना, रात्रि भोजन, मद्य, मांस, मधु का त्यागी होना णमोकार महामन्त्र पर दृढ़ श्रद्धा, दिगम्बरत्व को जीवन में सर्वोच्च स्थान और समाधिपूर्वक मरण को महोत्सव के रूप में स्वीकार करना जैनत्व है। अहिंसा परम धर्म है, सद्भाव, मैत्री, दीनदुखी जीवों पर करूणा, दान, माता-पिता गुरुजनों के प्रति निष्ठा यह भी धर्म है।

जितने विषय इस निबन्ध के माध्यम से उठाये गये हैं, सभी आपस में एक दूसरे से जुड़े हुये हैं। हम कैसी शुरुआत करें कि युवा पीढ़ी सोचने को विवश हो जाये कि पैसा-पैसा और सिर्फ पैसा जीवन का एक मात्र लक्ष्य न हो पैसा बहुत कुछ हो सकता है, सब कुछ नहीं। **क्या करोगे धन का जब मौत आयेगी, तुम शून्य ही हो, अंक बिना वो बतायेगी।** लखनऊ के एक रिटायर्ड कर्नल के जीवन की घटना है। पत्नि की मृत्यु पर एक पुत्र आ

गया विदेश से, दूसरा भी विदेश में था वह नहीं आया। जो पुत्र आया था उसने कहा भईया ने कहा कि भाई तुम माँ की मृत्यु पर जाओ, मैं पिता की मौत पर आऊँगा, उस लाचार पिता ने एक पत्र लिखा कि तुम्हें परेशान होने की जरूरत नहीं है जो यहां आया है वही मेरा भी दाह संस्कार कर देगा और स्वयं को गोली मार ली। प्रश्न है कि क्या इसी दिन के लिये पुत्रों की परवरिश की गई थी? इस तरह माता–पिता से मुँह फेरने वाले नौजवान भूल जाते हैं कि उस विदेश का भी कोई विदेश है जहाँ उनके भी बच्चे छोड़कर एक दिन चले जायेंगे 'इतिहास स्वयं को दोहराता है' आपको अन्तर्जातीय विवाह ठीक लग रहा है, आपका बच्चा अन्तर्राष्ट्रीय विवाह करेगा मुश्किल है, वो कभी आपसे मिलने भी आये। घरों में अकेलेपन का दंश झेलने वाले माता–पिता या वृद्धाश्रम में समय काटने वाले या कमरे में ही मर जाने वाले अपने इन, आपके अपनों की पीड़ा महसूस कीजिये। वे आपके थे, हैं और रहेंगे। कभी अपने नाम से पिता का नाम अलग नहीं होता। जब इन जवानों के बूढ़े होने की बारी आयेगी तब वृद्धाश्रम भर जायेंगे। तब कौन सहारा? यह चैन टूटनी चाहिये, यह नींद टूटनी चाहिये।

यह संभव है...... कैसे? उस त्याग को याद रखते हुये जब डिब्बे में बचे घी की आखिरी बूंद माँ तुम्हारे लंच बॉक्स के पराठे पर स्वाहा कर देती थी बेशक आरती का दीपक नहीं जला पाई। पिता की सहनशीलता से, सर्दी खत्म हो जाने के बाद स्वेटर का पहनते रहना क्योंकि शर्ट फटी थी। समन्दर में उनके आँसुओं को समेटने की जगह नहीं है। उनके आंसुओं से समुद्र को और खारा करने का दुस्साहस मत करो यही धर्म है, यही संस्कार है, यहीं से परिवार शुरू होता है समाज और राष्ट्र का निर्माण होता है। हमने वहाँ मिनी इंडिया बसा लिया है उन्होंने हमारे भारत में मिनी.. कन्ट्री क्यों नहीं बसाई? हमारे देश के जवानों की बौद्धिक क्षमता से दूसरे राष्ट्र फायदा उठा रहे हैं और हमारा देश इनके माध्यम से इनकी जरूरतों को समझ कर वैसा ही प्लेटफार्म क्यों प्रदान नहीं कर रहा है?

एक जीवन, एक बार माँ–बाप, परिवार। मनुष्य का अर्थ है कि भ्रमित न हों जैसे सबने आपकी तरक्की में सहयोग किया है, माता–पिता शिक्षित न करते, अच्छे शिक्षक न मिलते या अच्छी समाज में जन्म न होता (आदिवासी) राष्ट्रीयता क्या है यह समझने की बुद्धि ही न होती तो फिर कहां विदेश और कहां का पैकेज। वापिस नहीं आ सकते तो भी आने का प्लान बनाओ और भी बहुत कुछ किया जा सकता है, अपने संस्कारों को जीवित रखा जा सकता है। सम्मान के साथ कुछ समय के लिये देश में सपरिवार आयें अपने माता पिता के साथ प्रसन्नतापूर्वक समय बितायें उन्हें साथ ले जायें, कुछ दिनों के लिये ही सही। समय– समय पर परिवारजनों का आर्थिक सहयोग, उचित सलाह परिवार को जोड़कर रखती है। धर्म एक साइलेंट प्रक्रिया है पर इसे परोपकार के माध्यम से व्यक्त किया जा सकता है।

सेवा संस्थानों में, गौशालाओं में, अनाथ आश्रमों में, प्राकृतिक आपदाओं के समय अपने धन का दान, यह सब धर्म, परोपकार और राष्ट्र के प्रति कृतज्ञता ज्ञापित करने तरीका है। समाज से जुड़ने का अवसर है। अब नेट के माध्यम से दुनिया अपनी पहुँच में है।

अंत में मुझे यही कहना है कि सारे दर्शन, कर्म सिद्धान्त को मानते हैं। कर्म फल देता है, इसीलिये बुद्धि और विवेकपूर्वक अपने चिन्तन को आयाम दें, परिवार, समाज, राष्ट्र, धर्म और संस्कार से जुड़ना है। एक आदर्श नागरिक बने इसी मंगल भावना के साथ। ▢
जय जिनेन्द्र

प्रेषिका
श्रीमती सुधा चौधरी विदिशा

दोषी कौन?

नाम– निधि सोहनलाल पाटनी, नागपुर
उपाध्यक्ष– श्री भारत वर्षीय दिगंबर जैन महिला महासभा (विदर्भ)
Archaeologist/Lecturer/Game/Designer/Podcaster/Amcee
M.A. (Archaeology)/M.Sc. (Physics)/B.Sc. (Electronics)
A Level (Software designing)/Dip. In Advertising/Dip. In prakrit
सबसे पुरानी लिपि ब्राह्मी लिपि ''घर–घर ब्राह्मी हर घर ब्राह्मी'' की दुर्लभ अवधारणा, ४०० लोगों तक शिक्षा के माध्यम से पहुँची। १०८वीं भारतीय विज्ञान कांग्रेस में रिपोर्टर। दुनिया की सबसे लंबी राखी का इंडिया बुक ऑफ वर्ल्ड रिकॉर्ड (२०१५) आचार्य प्रसन्न सागरजी गुरुदेव के सान्निध्य में। दक्षिण कोरिया के सबसे बड़े टीवी चैनल एमबीसी के लिए जैन संतों की जीवनशैली पर डॉक्यूमेंट्री फिल्म का समन्वय। राष्ट्रीय स्तर के कई पुरस्कारों से सम्मानित।

युवा कौन है...युवा किसे कहें.. युवा कहलाने की कसौटी और पहचान क्या है? सिर्फ उम्र, नवीनतम फैशन, जीन्स और टी शर्ट पहनकर विचरण करने वाले या कैम्पस में नशीली दवाओं का प्रदूषण फैलाने वाले, होश रहित जोश, अपनी ध्वंसात्मक शक्ति का तूफानी उबाल करने वाले युवा कहलाने योग्य है..? या वर्तमान की विद्रुपताओं को चुनौती देकर नया भविष्य गढ़ने का संकल्प करने वाले, आदर्शों के लिए मृत्यु तक का वरण करने की तैयारी करने वाले युवा हैं। युवा पीढ़ी कोई स्वप्न नहीं, वास्तविकता है। उसके सामने खड़ी समस्या भी कोई स्वप्न नहीं बल्कि एक कचोटती हुई चुनौती है या जो आंखों में स्वप्न और ओठों पर संकल्प करते हैं।

महादेवी वर्मा के शब्दों में 'बलवान राष्ट्र वही होता है जिसकी तरुणाई सबल होती है जिसमें मृत्यु को वरण करने की क्षमता होती है, जिसमें भविष्य के सपने होते हैं और कुछ कर गुजरने का जज्बा होता है, वही तरुणाई है।'

समस्या दोनों ओर है।

संतान पालना मुश्किल हो गया है ५०–६० साल–साल पहले भारत के घरों में बच्चे आदेश आधारित सिद्धांत पर पाले गए। घर का कोई एक बड़ा दादाजी, पिता, भाई आदेश देते और बच्चों को उसे मानना पड़ता था। इंकार का कोई मार्ग ही नहीं था। बच्चे योग्य हो गए।

समय बीत गया, समय आया विचार–विमर्श आधारित सिद्धान्तों का। बच्चों ने इस दूसरे चरण में मां–बाप से विचार–विमर्श किया, ऐसा क्यों होता है? वार्तालाप शुरू

किया, बात समझ नहीं आई पर आप जैसा कह रहे हैं, वैसा मान लेते हैं। इस तरह माता-पिता की बात मान ली गई।

तीसरा चरण आया वाद-विवाद सिद्धान्तों का। माँ बाप ने बोला नहीं और बच्चों ने बहस शुरू कर दी। मां बाप ने कहा भगवान है, प्रणाम करो। बच्चों ने कहा, क्यों करें ? आपने तो कहा था भगवान सब जगह है। तो फिर इसी जगह प्रणाम क्यों करें ? माँ बाप ने कहा भगवान आशीर्वाद देंगे। बच्चों ने कहा इसका अर्थ है अगर प्रणाम नहीं करेंगे तो आशीर्वाद नहीं देंगे तो फिर भगवान कैसे ? बहस शुरू हो गई। यह बहुत खतरनाक चरण था बच्चों ने सोच लिया हमें अपने माँ-बाप से ज्यादा अक्ल है हमें उनसे ज्यादा आता है।

अब चौथा चरण आया इंकार सिद्धांतों का। मां बाप ने बच्चों से कुछ कहा और बच्चों ने इंकार कर दिया। कहा, 'नहीं, नहीं हो सकता और यह दौर इस समय चल रहा है। जिसका परिणाम यह है कि बच्चों और माता-पिता के बीच कलह शुरू हो गई है। घर का वातावरण बहुत खतरनाक है। बच्चों को हम घरों से संस्कार दे रहे हैं, समझाइश दे रहे हैं, परंपरा सिखा रहे हैं, इधर बच्चे दहलीज पार करते हैं उधर दुष्कर्म की, वासनाओं की आंधी चल रही है। दुराचरण के थपेड़े पड़ रहे हैं कैसे बचाएं इन बच्चों को सुनते ही नहीं। कलह शुरू कर देते हैं। एक समय था जब बच्चों को बड़ा होता देख बाप की छाती चौड़ी हो जाती थी। माँ का मुख कमल खिल उठता था। आज जवान बच्चों को देखकर बाप की कमर झुक जाती है और माँ की आँखों के नीचे काली झाई आ जाती है। जवान होते बच्चों को देख माँ-बाप डरने लगे हैं। सब ठीक हो जाए, तो ठीक। क्या हो गया है हमारे इन बच्चों, युवा पीढ़ी को '**अभी रोशनी दो कदम ही गई है, दिए को किसी की नजर लग गई**'

भटक गई है आज की युवा पीढ़ी यह कहना सर्वथा गलत है। युवा पीढ़ी दोषी क्यों कहलाये, जब कारण स्वयं हम हैं। कैसे ? ये समझने का प्रयास करते हैं ? बच्चों को दिए जाने वाले संस्कारों के लिए जिम्मेदार कौन ?

एक अमेरिकी हिप्पी चरस का कश लेते हुए बताता है- '...जब मैं छोटा था तब झार में मेरे पापा मुझसे कहते थे कि अगर किसी का फोन आये तो कह देना कि मैं घर में नहीं हूं.. दिन भर झूठ बुलवाते थे और रात में कहते थे कि अच्छे बच्चे हमेशा सच बोला करते हैं, तुम भी कभी झूठ मत बोलना' अब बताइये मैं क्या करता ? उन्हें हम जो कहते हैं और जो करते हैं, उसमें कहीं फर्क तो नहीं है.. ?

सुकरात नवयुवकों के लिए गोष्ठी आयोजित करते थे। नवयुवकों का दिमाग उपजाऊ जमीन की तरह होता है। उन्नत विचारों का बीज बो दें तो वही ऊग आता है। ऐथेंस के

शासकों को सुकरात का इसलिए भय था कि वह नवयुवकों के दिमाग में अच्छे विचारों के बीज बोने की क्षमता रखता था। आज इसका सर्वथा अभाव है। इस पीढ़ी में सोचने वालों की कमी नहीं है मगर उनके दिलों दिमाग में विचारों के बीज पल्लवित कराने वाले दिनोंदिन घटते जा रहे हैं।

क्या उच्च शिक्षा देने का सपना हमारा ही तो नहीं था? तो फिर शिक्षा पाकर उन बीते वर्षों में की गई मेहनत का नतीजा उसकी हाई प्रोफाइल नौकरी के माध्यम से ही तो फलीभूत होगा जिसके लिए हमें स्वयं को तैयार करना होगा। यदि आपके आसपास रहकर वह छोटा कार्य कर ले ताकि आपकी देखभाल हो सके तो आपके अहं को चोट लगती है आप समाज में क्या कहकर सिर ऊंचा करेंगे?

आज हमारी शिक्षा बेरोजगारोन्मुखी होकर रह गयी है। माता–पिता अपने बच्चों को सही शिक्षा और दिशा देने में असफल रहे हैं। उस शिक्षा में भी परिवार शब्द का अभाव हो गया है क्योंकि उच्च शिक्षा के बाद विदेश में घर बसाकर आजीवन माता–पिता को अकेला छोड़ना आम बात हो गई है। एकल परिवार ऐसे ही तो जन्म लेता है वृद्धाश्रम के रास्ते हम स्वयं ही तो खोलते हैं।

समाज की भूमिका : समाज युवा पीढ़ी को क्या परोस रहा है?

बीते कुछ वर्षों तक तो समाज में आदर्शों के प्रति गहरा मूल्यबोध था। प्राचीन मूल्य नष्ट हो रहे हैं और नवीन मूल्यों का निर्माण नहीं हो पा रहा है। परिवर्तन की इस आपाधापी में हमारी युवा पीढ़ी प्रायः भ्रमित होती दिखाई देती है। हमारे उदीयमान नागरिक उचित अनुचित को पहचानने में अपने को असमर्थ पा रहे हैं। मूल्यों की इस अव्यवस्था में समाज और संस्कृति का विघटन होने लगा है। समाज में पलायन और बेगानेपन के स्वर गूंजने लगे हैं और मानव सभ्यता के सामने एक प्रश्न चिन्ह लग गया है। सर्वेक्षण से पता चलता है कि इसका सबसे बड़ा कारण है– आर्थिक विषमता। समाज के ऊपरी तबके का एक ही लक्ष्य पैसा कमाना रहा है, चाहे इसके लिए उन्हें अपना ईमान बेचना क्यों न पड़े और यही आदर्श हमने अपनी युवा पीढ़ी के सामने रखा है। वस्तुतः आज की मूल्यहीन पीढ़ी हमारी बुजुर्ग पीढ़ी का उत्पाद है।

आज बाह्य परिवेश, वातावरण कैसा हो गया है?

अमीरी गरीबी के बीच बढ़ती खाई, बेरोजगारी, सामाजिक रिश्तों का अभाव, पारिवारिक विघटन, उपभोगवादी संस्कृति का प्रसार, कानून व्यवस्था के प्रति घटता सम्मान और टूटते सामाजिक राजनैतिक मूल्यों ने इन युवकों के भीतर निराशा पैदा कर दिया है। रही सही कसर को पूरा किया है टी.वी. ने। हिन्दी फिल्मों में प्रदर्शित सेक्स और हिंसा का ग्लैमराइजेशन युवक–युवतियों के मन में वैसे ही जीवन जीने की लालसा

पैदा कर देती है

उचित मार्गदर्शन के अभाव

उचित मार्गदर्शन के अभाव में आज की युवा पीढ़ी अपने मार्ग से भटक जाती है और कुंठाग्रस्त होकर जहां घातक आत्मवंचना एवं स्वयं के प्रति उदासीनता लिए दिग्भ्रमित हो रहा है, वहीं आज का शिक्षक और अभिभावक सामान्यतया उस आत्म केंद्रित, आत्मचिंतक तथा स्वकल्याण मग्न मनु जैसा हो गया है जो अपने ही प्रज्ञा से प्रसूत संतति के प्रति उदासीन है। अपने ही मानस पुत्रों के प्रति उसके दुर्भाग्यपूर्ण कृत्य का परिणाम है– संपूर्ण दिग्भ्रमित, अनुत्तरदायी और अनुशासनहीन पीढ़ी। इस पर ध्यान दिया जाना अति आवश्यक है।

इस भागती हुई पीढ़ी का बचाव करने के लिए क्या करें?

रोजगारोन्मुखी शिक्षा –

आज हमारी शिक्षा का माध्यम यह होना चाहिए कि हम आत्मनिर्भर बन सके। सरकार और अभिभावकों को अब समझ में आ गया कि शिक्षा को रोजगार परक होना चाहिए। शिक्षा को वास्तविक जीवन और उत्पादकता के साथ जोड़ना नितान्त आवश्यक है। इसके लिए कार्य अनुभव को शिक्षा का आवश्यक अंग बनाना जरूरी है। शिक्षा को व्यवसायिक रूप देने का अर्थ है युवा पीढ़ी में ज्ञान, कौशल और अभिरूचि का पूर्ण विकास होना चाहिए जिससे आगे चलकर ये जो भी व्यवस्था अपनायें उसमें उनकी शिक्षा का समुचित उपयोग हो सके।

संस्कारों की शिक्षा

युवाओं को संस्कारी बनाना तो आधुनिक शिक्षा पद्धति के वश की बात एकदम नहीं है, ऊपर से संयुक्त परिवार भी बिखर गये जबकि बच्चे संयुक्त परिवार में ही रहकर दुनियाँदारी की बातें जानते एवं सीखते थे। सदैव दादा–दादी, नाना–नानी का साथ ना भी मिले पर किसी ना किसी रुप में उनका सान्निध्य मिलता रहे, चाहे रात्रि की कहानी सोशल मीडिया के माध्यम से हो या इन निपुण पाकशास्त्री के हाथ से तैयार मिठाईयों का आदान प्रदान डाक के द्वारा चलती रहे, तो तीनों पीढ़ियों का आपसी प्रेम फलता फूलता रहेगा। दूरी संस्कारों को कम स्वयं ही अपने पिता से दादा दादी को साथ रखने की जिद करेंगे।

धार्मिक शिक्षा

बड़े पैमाने पर 'पैकेज' के रूप में गाड़ी–बंगला इन भौतिक सुख सुविधाओं को जीवन का ध्येय मानने के कारण युवाओं में आत्मकेंद्रितता बढ़ रही है। इन युवाओं को धर्म के माध्यम से यह समझाना होगा की लक्ष्मी चंचल है अधिक दिनों तक नहीं टिकती।

रिश्ते मजबूत कड़ी होते हैं। पीढ़ी दर पीढ़ी टिकते हैं। जीवन का अंत किसी ने नहीं देखा धर्म सर्वोपरि है। धार्मिक शिक्षा समय-समय पर दिए जाने से असंस्कारित युवा पीढ़ी हर तरीके से बचाई जा सकती है। उन्हें अपरिग्रह का पाठ पढ़ाना होगा। अत्यधिक वस्तु रखने से व्यक्ति उसी में उलझ कर रह जाता है। उस वस्तु के प्रति उसका राग और द्वेष उसे सुंदर जीवन से वंचित कर सकता है। सही समय पर किया गया धर्म उससे सुख से परे अनंत सुख की ओर ले जा सकता है इस बात को उसे कूट-कूट कर समझाना होगा। विपरीत परिस्थितियों से उन्हें समय-समय पर आगाह करना होगा।

प्रकृति परक जीवन शैली

इंटरनेट से जुड़े हुए व्यवसाय के कारण भी कुछ लोगों की दिनचर्या में बदलाव आया है, यह समय काल के प्रभाव के परिणाम स्वरूप है। हालाँकि, हमें प्रकृति के विरुद्ध जाना कतई अच्छा नहीं समझना चाहिए। यदि आप प्रकृति के विरुद्ध जाएंगे तो प्रकृति की मार आप पर पड़ेगी ही इसलिए नई पीढ़ी को चाहिए कि वह प्रकृति के साथ चले, आपकी दिनचर्या बदली है पर प्राथमिकता नहीं बदलनी चाहिये।

आज का युवा बहुत श्रमशील भी है, अठारह-अठारह, बीस-बीस घंटा खटता भी है। उसके दिशा को परिवर्तित भर करने की जरूरत है।

संगति और वातावरण

संस्कारों के भटकाव का कारण है संगति और वातावरण। हमें वातावरण को बदलना होगा, युवाओं को उनकी संगति के प्रति जागरूक करना होगा, उन्हें अपने जीवन की प्राथमिकताओं का बोध कराना होगा, इस बात का एहसास कराना होगा कि जीवन का मूल लक्ष्य क्या है, जीवन का ध्येय क्या है, जीवन का प्राप्तव्य क्या है? यदि तार्किक तरीके से हम आज की युवा मानसिकता को यह सब बातें समझाते हैं तो उनमें व्यापक बदलाव की सम्भावनाएँ घटित होती हैं। हमें इसी स्तर का प्रयास करना चाहिए।

यहाँ 5 संयुक्त परिवार समस्याएं हैं

1. **कठोर पितृसत्तात्मक मानदंड** – पारंपरिक संयुक्त परिवार संरचना में अक्सर उस शीर्ष पर पितृपुरुष होते हैं जिनका सभी को सम्मान करना पड़ता है। बड़ों का जो भी निर्णय होता है वही अंतिम होता है।

2. **करियर बनाने के लिए महिलाओं का संघर्ष–** भारतीय घरों में संयुक्त व्यवस्थाओं में जहाँ बहुओं के लिए घर पर रहना और पूरे घर की देखभाल करना एक परंपरा है, वहीं महिलाओं के लिए करियर बनाने के लिए संघर्ष करना और भी मुश्किल हो जाता है। ऐसे रूढ़िवादी परिवारों में, नौकरी करने वाली बहुओं को काम करने से हतोत्साहित किया जाता है।

3. स्वतंत्रता की कमी – कई संयुक्त परिवारों के सख्त नियम होते हैं जिनका बिना किसी अपवाद के पालन करना पड़ता है। दिन-प्रतिदिन के चुनाव से लेकर जीवन बदलने वाले निर्णयों तक, सब कुछ इन नियमों को ध्यान में रखकर करना होता है। युवा महिलाओं के लिए अपने लक्ष्य की ओर छोटे कदम उठाना बहुत मुश्किल हो जाता है।

4. महिलायें कमजोर हैं– महिलाओं को अक्सर इस धारणा के कारण निर्णय लेने की शक्ति से वंचित कर दिया जाता है कि वे कमजोर हैं, या जटिल विचार है कि एक परिवार की गरिमा सार्वजनिक स्थानों पर उनके आचरण से बंधी है।

5. निजता का अस्तित्व नहीं– भारतीय माता-पिता निजता का अर्थ नहीं समझने के लिए जाने जाते हैं और संयुक्त परिवार के मामलों में यह और भी स्पष्ट है क्योंकि परिवार में हर कोई हर समय आपके व्यक्तिगत मामले में शामिल होता है।

समस्या आपके परिवार के साथ एक ही छत के नीचे रहने में नहीं है, बल्कि इस तरह के रहने के माहौल से अक्सर ऐसा होता है। हमारी बुजुर्ग पीढ़ी को इन सब बिंदुओं पर गहराई से विचार करना होगा इससे परिवार को जुड़े रहने में मदद मिल सके।

अनुभव मूल्यवान होते हैं

लोगों के अनुभव मूल्यवान होते हैं, इसलिए उनसे सीखना चाहिए, उनसे सबक लेना चाहिए। नए विचारों का सृजन तभी किया जा सकता है, जब पुराने अनुभव से सीखा जाए और उसका गहन विश्लेषण किया जाए। सीखने की मानसिकता रहने पर ही युवा कुछ नया कर सकते हैं। इसलिए उन्हें अतिआत्मविश्वास से बचना होगा।

विश्व की प्राचीनतम तथा महानतम सभ्यताओं तथा संस्कृतियों में से एक भारतीय संस्कृति के मूल आधार हैं– अहिंसा परमोधर्मः सत्यमेव जयते, अतिथि देवो भव, वसुधैव कुटुम्बकम्, तेन त्यक्तेन भुंजीथाः, आदि सिद्धान्त वाक्य 7 भारतीय संस्कृति ने सदैव 'स्व' से पहले 'पर' को महत्व दिया। कर्ण द्वारा अपने कवच कुण्डल दान दे देना, राजा हरिश्चन्द्र द्वारा प्रतिज्ञा पालन के लिए सर्वस्व बलिदान कर देना आदि उदाहरण भारतीय सभ्यता और संस्कृति की समृद्धि तथा महानता के परिचायक रहे हैं। परन्तु आज की युवा पीढ़ी इन सबसे अनभिज्ञ है। आज के संचार माध्यम टेलीविजन, केबल टी.वी., वीडियो, पत्र-पत्रिकाएँ आदि विभिन्न संचार माध्यमों ने भारतीय समाज में जागरूकता तो उत्पन्न की है।

पाश्चात्य चकाचौंध के पीछे की असलियत को हम खुद पहचानें तथा अगली पीढ़ी को दिखाएं, तो परिवर्तन अवश्य ही संभव है। यह प्रक्रिया कठिन एवं श्रमसाध्य अवश्य है, परन्तु असम्भव नहीं है। आज के युवाओं में व्याप्त असुरक्षा की भावना, कृत्रिम जीवन

शैली, ब्राह्याडम्बर की अधिकता, भौतिकवादी दृष्टिकोण आदि को दूर करने के लिए आवश्यक कि उन्हें भारतीय सभ्यता तथा संस्कृति के मूल सिद्धान्तों कर्म का सिद्धान्त, पुरुषार्थ, आध्यात्मिक उन्नति, विश्वबन्धुत्व विश्व कल्याण आदि से परिचित कराया जाए।

क्या इस समस्या का कोई समाधान नहीं है? क्या हम यूं ही पतन के गर्त में गिरने के लिए अभिशप्त हैं? नहीं! परिवर्तन संभव था, है और रहेगा। आज आवश्यकता इस बात की है कि हम बड़े लोग बच्चों के सम्मुख एक ऐसा आदर्श ऐसा प्रस्तुत करें, जिसे वे अपना सकें। दूसरों को सुधारने के उपदेश देने की अपेक्षा हम स्वयं को सुधारें। □

निबंध प्रतियोगिता पुरस्कार वितरण समारोह के कुछ बिम्ब

पुरस्कार वितरण समारोह 14 अक्टूबर 2023 अमृता हॉस्पिटल फरीदाबाद.

भगवान महावीर स्वामी के बताए रास्ते पर चलो और हर समस्या का समाधान पाओ

नाम – इंद्रजीत कौशिक

जन्मस्थान– बीकानेर, राजस्थान

जन्मतिथि – 15 अगस्त, 1963.

शिक्षा– स्नातकोत्तर।

संप्रति– भारतीय स्टेट बैंक से सेवानिवृत।

पता– चंदन सागर वेल, के ई एम रोड़ बीकानेर। 334 001

मोबाईल– 8118802426, ईमेल– ijkaushik1963@gmail.com

प्रकाशित कृतियां– • मूछों वाले मामाजी • अनूठा 2 अक्टूबर • रिमोट वाला सांप • बाल कहानी संग्रह। राजस्थानी भाषा में बाल कविताओं का संग्रह • हीरो बण गयो जीरो • नाम से प्रकाशित • मूंछों वाले मामाजी • पुस्तक पर राजस्थान साहित्य अकादमी उदयपुर द्वारा सन 2003 में बाल साहित्य का सर्वोच्च सम्मान • शंभू दयाल सक्सेना • पुरस्कार प्राप्त।

विगत 40 वर्षों से लगातार बाल साहित्य के क्षेत्र में लेखन एवं राष्ट्रीय स्तर के लगभग सभी पत्र-पत्रिकाओं में निरंतर बाल कहानियों, कविताओं तथा अन्य बाल साहित्य से जुड़े आलेखों का प्रकाशन। आकाशवाणी, बीकानेर तथा जयपुर केंद्रों से अनगिनत रचनाएं प्रसारित। अब तक 800 से अधिक कहानियां एवं कविताएं प्रकाशित। इसके अतिरिक्त व्यंग्य लेखन एवं प्रकाशन। सम्मान सलिला संस्था, सलूंबर उदयपुर तथा राष्ट्रभाषा प्रचार समिति श्री डूंगरगढ़ एवं अन्य संस्थाओं द्वारा सम्मान।

आज देशभर में विकास को लेकर बहुत शोर मचा हुआ है। हर तरफ विकास के चर्चे आम हैं। भौतिकता और सम्पन्नता की चकाचौंध में हर कोई इस तरह डूबा हुआ है कि जैसे जीवन का यही एक लक्ष्य हो। आज के दौर में आदर्शों और जीवन मूल्यों की बात करना हास्यास्पद समझा जाता है। खासतौर पर हम अगर युवा पीढ़ी की बात करें तो उसके जेहन में अधिक से अधिक धन कमाना और भौतिक संसाधनों को जुटाकर अपना जीवन व्यतीत करना ही एकमात्र लक्ष्य बन चुका है।

उसके लिए माता-पिता घर परिवार समाज और देश से भी बढ़कर उसके अपने लक्ष्य मायने रखने लगे हैं। युवा पीढ़ी किसी भी कीमत पर इन सबको छोड़कर केवल और केवल भौतिकता के लक्ष्य को हासिल करना चाहता है। हमारी शिक्षा पद्धति हो या फिर समाज की संरचना हर तरफ उसी व्यक्ति को सफल समझा जाता है जिसके पास आर्थिक संपन्नता हो। बचपन से ही व्यक्ति के मन में यह बात गहरे तक पैठ बना लेती है कि अगर वह येनकेन प्रकारेण पैसे वाला बन जाए तो ही उसे समाज में मान सम्मान हासिल होगा अन्यथा नहीं। ऐसे में उसे लगता है कि संपन्नता

के लक्ष्य को हासिल करने के लिए साधन चाहे कुछ भी हों, चाहे गलत काम ही क्यों ना करना पड़े, उसे इन बातों से कोई सरोकार नहीं रह जाता।

आज हम देख रहे हैं कि हमारे परिवार और समाज में बुजुर्गों की दशा कितनी दयनीय होती जा रही है। उनकी अपनी संतान, जिसे उन्होंने अपने खून पसीने से सींचकर बड़ा किया होता है। वही उसे असहाय हाल में छोड़कर दूरदराज क्षेत्रों में जाकर बस जाती है। अपने बूढ़े माता-पिता को उनके ही हाल पर छोड़कर केवल अपने कैरियर की चिंता में विदेशों में जाकर बस जाने वाले युवाओं की संख्या भी कम नहीं है। हारी-बीमारी अथवा मृत्यु होने पर भी बेचारे बूढ़े मां-बाप अपनी संतान की राह देखते हुए इस संसार से कूचकर जाते हैं। उनकी आंखें इंतजार में पथरा जाती हैं पर बच्चे उन्हें आकर नहीं संभालते। सोचिए, ऐसे में उन बुजुर्ग लोगों पर क्या बीतती होगी ?

इन सब बातों का यह मतलब कतई नहीं है कि बच्चे बड़े हो जाने पर भी अपने मां-बाप और परिवार से चिपके हुए ही रहें। नौकरी, व्यापार, व्यवसाय के सिलसिले में उन्हें दूरदराज क्षेत्रों में जाना ही पड़ता है और जाना भी चाहिए। घर-परिवार उनकी तरक्की की राह में बाधा नहीं बनने चाहिए। दुनियाभर के देशों में युवा लोग परिवार से दूर रहकर अपना काम कर रहे होते हैं। यहाँ सवाल दूसरा है। हम यह चाहते हैं कि हमारी युवा पीढ़ी अपने संस्कारों से दूर ना हो। उनके मन में अपने परिवार, अपने समाज अपने देश, अपनी संस्कृति और धर्म के प्रति लगाव और सम्मान की भावना होनी चाहिए। जिस प्रकार एक वृक्ष की शाखाएँ कितनी भी फैल जाएं, वृक्ष कितना ही बड़ा क्यों ना हो जाए वह सदैव अपनी जड़ों के माध्यम से अपनी जमीन से जुड़ा ही रहता है। यही भाव उनके भीतर भी होना चाहिए। तभी उनकी तरक्की की वास्तविक सार्थकता साबित होगी।

ऐसा कौन सा परिवार होगा जो यह नहीं चाहेगा कि उनके बच्चे बाहर जाकर मनोवांछित सफलता हासिल करके उनका नाम रोशन करें। हर व्यक्ति यही चाहेगा कि उनके बच्चे नाम और दाम दोनों कमाएं। इसके बावजूद वह यह कभी नहीं चाहेगा कि नाम और दाम ही उसके लिए सबकुछ हो जाए और उनके अपने लोग अहमियत खो दें। इन दोनों के बीच तालमेल कैसे हो इस बात पर मंथन करना होगा। समाज में और खासतौर पर हर घर में हमें आदर्शों और मूल्यों पर आधारित जीवन शैली को प्राथमिकता देनी होगी। बेतहाशा धन कमाने की प्राथमिकता को बदल कर सहज, सरल जीवनशैली की तरफ बढ़ना होगा।

सर्वप्रथम तो हमें यह देखना होगा कि हमारी शिक्षा पद्धति के पाठ्यक्रम में ही

बच्चों को शुरुआत में घर, समाज, परिवार और संस्कारों का महत्व अच्छे से समझाया जाए। अपने धर्म के प्रतिनिष्ठा और जीवन में परोपकार के भाव को महत्व देने की बातें पाठ्यक्रम का हिस्सा होनी चाहिए। जीवन में धन-सम्पदा से भी अधिक महत्व इन सब बातों का होता है, यह बात उनके मन- मस्तिष्क में गहरे तक बैठाई जानी चाहिए। ताकि आगे चलकर उनके अपने संस्कार ही कुछ ऐसे बन जाएं कि उन्हें कुछ भी समझाना ना पड़े। इसके बाद हमें अपने परिवार में ही इन सब बातों के महत्व को लेकर जागरूक होना पड़ेगा। अगर बच्चा घर में यह देखेगा कि उसके मम्मी-पापा उसे घर पर अकेला छोड़कर दिन-रात धन सम्पदा कमाने में ही व्यस्त रहते हैं तो फिर यह स्वाभाविक सी बात है कि बड़ा होकर वह भी उनके साथ रिश्तों की अनदेखी करेगा। ऐसे में अगर वह रिश्तों से ज्यादा अहमियत धन को ही देने लगे तो इसमें आश्चर्य कैसा ?

अब आती है समाज की बारी। समाज में भी अक्सर हम देखते हैं कि उन लोगों को ज्यादा सम्मान मिलता है जिनके पास खूब धन-दौलत होती है। बजाय उनके जो इमानदारी और आदर्शों पर चलकर अपना जीवन निर्वाह करते हैं। आज समाज की जो स्थिति है उसमें एक अध्यापक, लेखक, साहित्यकार, समाजसेवी और विद्वान व्यक्ति की अपेक्षा उस व्यक्ति की पूछ ज्यादा होती है जिसने दंद-फंदकर के ही सही, अच्छे बुरे की सीमा ध्यम से धन हासिल कर लिया होता है। कोई भी यह जानने की कोशिश नहीं करता कि उसके पास धन किस रास्ते से आया। यहाँ तक कि हर व्यक्ति उसके साथ अपना संबंध जोड़ने के लिए उत्सुक पाया जाता है। उसके साथ बेटी व्यवहार करने के लिए तत्पर रहता है। सभा सोसाइटी में ऐसे अमीरों को आदर सम्मान के साथ तवज्जो दी जाती है। इस माहौल को देखते हुए बड़े होने वाले बच्चे भी यह मान लेते हैं कि उन्हें चाहे कुछ भी करना पड़े पर हर हाल में अधिक से अधिक धन तो कमाना ही है। आदर्शों और जीवन मूल्यों की बात उन्हें बेकार की लगती है। यही बात धर्म और परोपकार की भावना के साथ भी लागू होती है।

युवाओं को इन बातों से कोई सरोकार नहीं रह जाता क्योंकि हमने उन्हें कभी इन बेशकीमती भावनाओं की कीमत ही नहीं समझाई।

हमें अपना पूरा परिवेश बदलना पड़ेगा तभी कुछ बात बनेगी। केवल युवा पीढ़ी को दोषी ठहरा देने से भर से काम नहीं चलने वाला। कुछ ठोस तो करना ही पड़ेगा। आज हम देखते हैं कि जीवन के हर क्षेत्र में एक आपाधापी जैसा माहौल है। कोई किसी की नहीं सुन रहा। जिसके जो मन में आए वह कर रहा है। समाज के विद्वान लोग अपनी हैसियत खोते जा रहे हैं। निरंकुश युवा पीढ़ी एक भटकाव के दौर में

पहुँच चुकी है। इस अंधी दौड़ में पड़ी युवा पीढ़ी की इस भटकन को देखकर बहुत कष्ट होना स्वाभाविक है। जिस युवा पीढ़ी के कंधों पर देश की जिम्मेदारी होती है वह युवा पीढ़ी इस कदर हताश, निरंकुश और नशे की गिरफ्त में नजर आए तो दर्द होना स्वाभाविक है।

आमतौर पर लोग कहते हैं कि इस हालत के लिए सहज सुलभ उपलब्ध मोबाइल की बहुत बड़ी भूमिका है। यह हमारे बच्चों को बिगाड़ रहा है। कुछ हद तक यह बात सही भी है। क्या केवल इतना कह देने से समस्या सुलझ जाएगी ? बिल्कुल नहीं। हमें यह बात अच्छी तरह से जानते हैं कि मोबाइल आज जीवन की परम आवश्यकता बन चुका है। उसके बगैर जीवन की कल्पना ही कठिन है क्योंकि सब कुछ ऑनलाइन होने के कारण इस पर निर्भरता बढ़ चुकी है। हम युवा पीढ़ी को मोबाइल से दूर नहीं कर सकते। पर इतना तो कर सकते हैं कि उस पर उपलब्ध ऐसे कंटेंट पर अंकुश लगाया जाएजो उनके मन मस्तिष्क को विकृत करता हो। सहज में उपलब्ध मारधाड़, खून खराबा और विकृत पोर्न सामग्री के कुत्सित जाल में फंसी युवा पीढ़ी की दयनीय स्थिति किसी से छुपी हुई नहीं है। कितनी ही बार ऐसी साइट पर अंकुश लगाने की बातें होती हैं पर धरातल पर ऐसा कुछ होता हुआ नजर नहीं आता।

आज छोटे–छोटे बच्चे मोबाइल पर ऐसा विकृत कंटेंट देखते हुए बड़े हो रहे हैं। ओ.टी.टी. प्लेटफॉर्म जैसी साइट पर जो कुछ सामग्री परोसी जा रही है उसे अगर बड़े भी देख लें तो उनका सर शर्म से झुक जाता है। अभिव्यक्ति की स्वतंत्रता की आड़ में जो कुछ उपलब्ध कराया जा रहा है उससे हमारी युवा पीढ़ी का कच्चा मन– मस्तिष्क किस हद तक प्रभावित होता होगा इसकी कल्पना सहज ही की जा सकती है। इसी का दुष्परिणाम यह है कि आज समाज में ऐसी वीभत्स घटनाएं घट रही हैं जिनके बारे में सोचते हुए या कुछ कहते हुए भी शर्म आती है। कम उम्र के बच्चे बच्चियाँ ऐसे काण्ड कर रहे हैं जिनकी आज से कुछ वर्षों पूर्व तक कल्पना भी नहीं की जा सकती थी। घर परिवारों के भीतर छोटी–छोटी बच्चियों के साथ होने वाला दुर्व्यवहार आज किसी से छुपा हुआ नहीं है। इन सब बातों के पीछे कहीं ना कहीं हम सभी जिम्मेदार हैं। हम अपनी युवा पीढ़ी को यह बात समझाने में विफल रहे हैं कि उनके लिए क्या अच्छा है और क्या बुरा, क्योंकि हमारा आचरण और हमारा व्यवहार और कथनी, करनी से परे है। यह कैसी विडंबना है ? कोई भी समाज अपनी युवा पीढ़ी के प्रति इस हद तक लापरवाह कैसे हो सकता है ? इसके दुष्परिणामों की भयावहता के बारे में सोच कर ही हमारी रूह काँप जाती है।

हम कहते कुछ हैं और करते कुछ हैं। यह हम भारतीयों का चरित्र बन चुका है।

इसकी शुरुआत घर से ही होती है। जब एक पिता अपने बच्चे को सच बोलने की शिक्षा तो देता है लेकिन व्यवहार में उसी बच्चे के मुँह से झूठ बुलवाने में भी परहेज नहीं करता। रिश्वत की काली कमाई घर लाने वाला इंसान किस मुँह से अपने बच्चों को ईमानदारी और शुचिता का पाठ पढ़ा पाएगा ? बच्चे जब यह देखते हैं कि घर के भीतर लड़के और लड़की के मध्य पालन पोषण में भेदभाव किया जा रहा है। लड़कों को हर प्रकार की छूट और लड़कियों पर अंकुश लगाने की मानसिकता देखते हुए बड़ा हुआ बच्चा क्या स्त्री को उचित सम्मान दे पाएगा ? उसके संस्कार ही कुछ ऐसे बन जाएँगे कि वह इस लैंगिक असमानता के बारे में अपना मन्तव्य बना चुका होगा। इस व्यवस्था को बदलने की जरूरत तो है पर क्या हम सब उसके लिए तैयार भी हैं ? कथनी से ज्यादा करनी पर जोर देना पड़ेगा। आज कितने घर ऐसे हैं जहां पर बड़े अपने बच्चों के साथ धर्म–कर्म की शिक्षा या परोपकार के महत्व पर विचार विमर्श करते हैं ? इसके उलट सुबह से लेकर शाम तक घरों में धन को लेकर कलह होना आम बात है। अब जब रिश्तेनातों को भुलाकर घर में धन की महिमा का गुणगान होता हो तो संस्कार कहाँ से आएँगे ?

बच्चे वह नहीं सीखते जो उन्हें सिखाया जाता है अपितु उनका मस्तिष्क उन बातों को जल्दी ग्रहण करता है जो वह अपने आसपास होता हुआ देखते हैं। अभिभावकों के व्यवहार को देखकर ही बच्चे यह जानते हैं कि क्या किया जाना चाहिए। जीवन में व्यवहारिक होने का मतलब बच्चे यही समझते हैं कि उन्हें झूठफरेब से कोई परहेज नहीं करना है और हर कीमत पर सफलता हासिल करनी है। ऐसे में अगर अभिभावक कुछ गलत करेंगे तो बच्चे वही तो सीखेंगे। अगर वे अपने बड़ों को मद्यपान, धूम्रपान अथवा अन्य किसी प्रकार का नशा या जुआ सट्टा करते हुए देखेंगे तो क्या वे स्वयं ऐसा नहीं करेंगे ? हमें इस पर विचार करने की आवश्यकता है। आज गली गली में शराब की दुकानें खुली हुई हैं। राजस्व की बड़ी राशि के लालच में सरकार अपना धर्म भूलकर मद्यपान को एक तरह से बढ़ावा ही दे रही है।

आज तो लगता है जैसे कुएं में ही भांग पड़ी हुई है। जिन लोगों अथवा संस्थाओं पर समाज या राष्ट्र को दिशा दिखाने का गुरुत्तर दायित्व है वे ही अपने गलत आचरण पर अंकुश नहीं लगा पा रहे। ऊपर से लेकर नीचे तक यही हाल नजर आता है। एक–दूसरे को नीचा दिखाकर आगे बढ़ने की होड़ में लगे हुए इन तथाकथित बड़े लोगों की कारस्तानी किसी से छुपी हुई नहीं है। क्या इन सब बातों का असर देश की युवा पीढ़ी पर नहीं पड़ता होगा ? फिर वे दोषी कैसे हुए ? क्या हमने कभी इस विसंगति पर विचार करने की जहमत उठाई है ? यह ऐसे सवाल हैं

जिनका जवाब आज हमें ढूँढना ही होगा।

विश्वगुरु बनने का ख्वाब देख रहे देश के समक्ष यह बहुत बड़ी चुनौती है। अगर हम अपनी युवापीढ़ी को नहीं संभाल पाए तो विकास के हमारे सारे दावे धरे के धरे रह जाएंगे। हमें इस बात पर चिंतन और मंथन करना ही होगा कि हम अपनी इस ऊर्जावान युवा पीढ़ी को राष्ट्र की मुख्य धारा में लाने के लिए क्या–क्या कर सकते हैं। बगैर संस्कार और शुद्ध आचरण के इंसान एक जानवर से भी बदतर होता है। अगर किसी व्यक्ति के मन में धर्म–कर्म के प्रति निष्ठा और प्राणी मात्र के लिए परोपकार की भावना ना हो तो वह व्यक्ति समाज के लिए एक तरह से बोझ ही तो है। आज हमारे युवा अच्छे साहित्य से किसी भी रूप में नहीं जुड़ रहे। बहुतों को तो यह पता ही नहीं है कि हमारे शास्त्रों, हमारी संस्कृति और हमारी विचारधारा की महानता अकल्पनीय है। हमारे पूर्वज कितने महान थे और उन्होंने अपने जीवन में कितने सार्थक काम किए हैं उनके बारे में युवा पीढ़ी को कौन बताएगा ? इन सबके बारे में युवा पीढ़ी को सरल भाषा में बताया जाना चाहिए ताकि वे अपने राष्ट्र की समृद्ध विरासत को जान सकें। अच्छी पुस्तकों को तो हमने अलमारी में बंद करके रखा हुआ है। उन पर धूल जम रही है। दीमक उनको चाट रही है पर किसी को यह सोचने की फुर्सत नहीं है कि वह उन हाथों तक कैसे पहुंचे जिनको उसकी जरूरत है।

कहते हैं, जैसी संगत होती है वैसे ही संस्कार बन जाते हैं। अगर अच्छे साहित्य और अच्छी पुस्तकों का सानिध्य प्राप्त होगा तो युवा पीढ़ी निश्चित ही संस्कारवान बन सकेगी इसमें किसी को संदेह नहीं होना चाहिए। अब अगर युवा वर्ग मोबाइल पर उपलब्ध हिंसा, नग्नता, धोखाधड़ी और लालच को बढ़ावा देती हुई अभद्र और घटिया सामग्री देखेगा तो फिर हम कैसे कल्पना कर सकते हैं कि उसके संस्कार अच्छे होंगे ?

आज आवश्यकता इस बात की है कि हम इस बात को अपनी सर्वोच्च प्राथमिकता देते हुए आवश्यक कदम उठाएं ताकि हमारी युवा पीढ़ी फिर से अपने संस्कारों आदर्शों, धार्मिक विचारों और परोपकार के कल्याणकारी मार्ग की तरफ लौटे। उनकी तरक्की का आधार नितांत व्यक्तिगत ना होकर 'बहुजन हिताय बहुजन सुखाय' की अवधारणा पर आधारित हो। उनके मन में समाज के हर वर्ग के प्रति करुणा और सहयोग की भावना हो। आर्थिक असमानता की खाई जो इन दिनों लगातार बढ़ती जा रही है उसे बांटने के लिए युवा पीढ़ी के मन में दृढ़निश्चय पैदा करना होगा। जब तक ऐसा नहीं होगा तब तक समाज और राष्ट्र को उद्वेलित करने

वाली हृदयविदारक घटनाएं घटती रहेंगी। केवल कड़े कानून बना देनेभर से इन पर अंकुश नहीं लगने वाला। क्या कारण हैं कि हमारी सरकारें कड़े से कड़े अनगिनत कानून बनाकर भी समाज के पतन की घटनाओं पर अंकुश लगा पाने में सफल नहीं हो पा रही हैं। उल्टे देशभर में ऐसी घटनाओं की बाढ़ आई हुई है जिनके बारे में सुन देखकर हम सब सन्न रह जाते हैं।

आखिर में एक बात और कहना चाहूँगा। वह यह है कि हमें भगवान महावीर स्वामी द्वारा दिखाई गई अपरिग्रह, अहिंसा और सद्भावपूर्ण जीवन पद्धति की राह अपनानी होगी। जीव–जन्तुओं पर दया का भाव रखना होगा उन्हें अपना मित्र मान कर उनके साथ व्यवहार करना होगा। मांसाहार और मद्यपान जैसी विनाशकारी जीवनशैली से किनारा करना होगा। विश्वकल्याण की भावना को केवल कहने भर से नहीं बल्कि व्यवहार में भी लागू करना पड़ेगा। सभाओं और गोष्ठियों में इन बातों पर जोर देते हुए कार्यक्रम करने होंगे जिनमें शिरकत करके युवापीढ़ी को उच्च संस्कार प्राप्त हो सकें। अगर हम ऐसा करने के प्रति गम्भीर हैं तो फिर कोई कारण नहीं कि हमारी युवापीढ़ी समूचे विश्व के सामने एक उदाहरण के रूप में खुद को साबित करेगी। बस आवश्यकता इस बात की है कि दृढ़ संकल्प शक्ति रखते हुए हमें वास्तविक रूप से प्रयास करने होंगे। इस महायज्ञ में सभी को अपनी ओर से आहुति देनी पड़ेगी। यह वर्तमान की आवश्यकता भी है और उनका परम कर्तव्य भी है। भगवान महावीर स्वामी के दिखाए हुए रास्ते पर चल कर ही दुनिया सही मायनों में सहअस्तित्व की भावना के साथ सुखमय जीवन व्यतीत कर सकती है इसके अतिरिक्त और कोई रास्ता ही नहीं है। युद्ध करके कभी कुछ भी हासिल नहीं होता ना कभी हुआ है। हथियारों की होड़ हमें विनाश की तरफ ही ले जाएगी। युद्ध से मानवता का जो नुकसान होता है उसकी भरपाई असम्भव है। जब तक 'अहिंसापरमोधर्म' और सभी को अपने समान समझने और मानने जैसी परम कल्याण भावना का भाव हम अपने भीतर धारण नहीं करेंगे तब तक कोई व्यक्ति सुखी नहीं रह सकता। दुनियाभर के लोग जितनी जल्दी यह बात समझले उतना ही अच्छा है। भगवान महावीर स्वामी की शिक्षाएं अपना कर ही राष्ट्र और विश्व की समस्त समस्याओं का समाधान हो पाना संभव है और कोई रास्ता ही नहीं है। ❑

कारण और निवारण

नाम— दृष्टि जैन
शिक्षा— बी. ए. प्रथम वर्ष छात्रा, (आयु 17 वर्ष)
पूरा पता — D/O एस.पी जैन 2101 स्वस्तिक एमराल्ड, इमारत संख्या 49, साईबाबा मंदिर के पास, टैगोर नगर, विक्रोली पूर्व, मुम्बई 400083
मोबाइल 9414448290

भूमिका— जहां समस्या, वहीं समाधान— इस रीति के अनुसार परिवार, समाज और युवा पीढ़ी का धर्म और संस्कारों से दूर होने का कारण भी यही है और इसी कारण में इसका उपाय भी निहित है। आज के युवा को लगने लगा है कि विज्ञान और तकनीकी पर भी सबकुछ निर्भर है, इसलिए वह किसी भी बात को सहज स्वीकार नहीं करता, अपितु तर्क, युक्ति और विज्ञान की कसौटी द्वारा परखकर ही निर्णय लेता है। यही कारण है कि वह धर्म को विज्ञान से परे देखकर ही उससे भागने लगा है, यदि आज धर्म और संस्कारों को वैज्ञानिक परिप्रेक्ष्य में प्रस्तुत किया जाये तो वह शीघ्र ही उसे अपनायेगा और परोपकार की दिशा में आगे अवश्य बढ़ेगा।

संस्कारों का महत्त्व— राष्ट्रपिता महात्मा गांधी ने भी कहा था कि 'संस्कारों की सीढ़ी से चढ़कर ही उन्नति के शिखर पर पहुँचा जा सकता है।' संस्कारों द्वारा ही चरित्र का निर्माण होता है। चरित्रता मानवता का आधार है। जीवन में धन-सम्पदा विद्या, रूप से भी कहीं अधिक महत्व चरित्र का है। जब हम किसी को पूजते हैं तो उसके चित्र की नहीं, चरित्र की पूजा करते हैं। जिसकी पूजा करते हैं उसके सिर पर स्पर्श न करके उसके चरणों को स्पर्श करते हैं, क्योंकि चरण आचरण के प्रतीक हैं। चरण यथार्थ के प्रतीक हैं, क्योंकि वे धरा से जुड़कर चलते हैं, जबकि मस्तिष्क कल्पना लोक में ही विचरण करता है। जिन चरणों के साथ आचरण जुड़ जाता है वे चरण पूज्य हो जाते हैं।

योजना का क्रियान्वयन— लेकिन इसके लिए हमें वैज्ञानिक रीति से धर्म और संस्कारों का अध्यापन कराने हेतु गांव-गांव में पाठशालाओं का संचालन करना होगा। प्रायः लोग लौकिक पढ़ाई के आगे धार्मिक अध्ययन को महत्व नहीं देते, इसलिए हमें पाठशालाओं के साथ-साथ लौकिक पढ़ाई हेतु विद्यालयों का संचालन करना होगा,

जिसमें पाठशाला भी चले। इस प्रकार सम्पूर्ण योजना को कार्यान्वित किया जा सकता है और आप देखेंगे कि शीघ्र ही आपके उद्देश्य की पूर्ति होने लगी है।

पाश्चात्य संस्कृति– संस्कारों का पतन होने के अनेक कारण हैं, जैसे असंतोषवृत्ति, पाश्चात्य संस्कृति का अन्धानुकरण, शीघ्र धनार्जन, भोगलिप्सा, गैजेट्स का अत्यधिक उपयोग आदि हैं। भारतीय संस्कृति के अनुसार जन्मदिन दीपक जलाकर मनाया जाता है, जबकि पाश्चात्य संस्कृति में फूंक मारकर मोमबत्ती बुझाई जाती है। जरा विचार तो कीजिए कि हम कैसी उलटी गंगा बहा रहे हैं। जहाँ शुद्ध चीज खानी चाहिए वहाँ फूंक द्वारा उड़े हुए थूक से जूठे केक को हम बड़े चाव से खाते हैं।

विज्ञान से जुड़ा धर्म– जिनभाषित पत्रिका के सितम्बर 2010 के अंक में मुम्बई के मुजफ्फर हुसैन ने कहा है– जैन धर्म 21वीं शताब्दी का धर्म सिद्ध होगा। जैनधर्म की वैज्ञानिकता को निम्न दृष्टान्त से जान सकते हैं– एक बार एक व्यक्ति ने किसी महान् संत से प्रश्न किया– 'हे गुरुवर्य! भगवान महावीर ने अपनी देशना में अहिंसा के पालन का उपदेश दिया है, जबकि मैं मच्छरों के काटने से मलेरिया से मरने जा रहा हूँ। ऐसे में मुझे मच्छरों को मार देना चाहिए या खुद मर जाना चाहिए।' संत का प्रत्युत्तर था– 'हे भव्य! यदि तुमने भगवान महावीर की देशना को ठीक ढंग से समझा होता तो आज ये दोनों ही परिस्थितियाँ उत्पन्न नहीं होती, क्योंकि उन्होंने कहा था कि अनावश्यक परिग्रह का संग्रह मत करो। सदाचार और संयम से रहो। घर में व्यर्थ कूड़ा–कचरा और अनावश्यक सामान रखने से मक्खी–मच्छर तो उत्पन्न होंगे ही।' उक्त दृष्टान्त से यह तो स्पष्ट ही है कि जितनी भी बाह्य समस्याएं देखी जाती हैं, वे सब धर्म एवं संस्कारों की उदासीनता से ही उत्पन्न होती हैं। धर्म और संस्कारों का पालन करके हम अनेक समस्याओं से बच सकते हैं, अतः स्वयंसिद्ध है कि धर्म– संस्कारों के महत्त्व को हम कदापि नकार नहीं सकते।

इसी प्रकार धर्म को विज्ञान से जोड़कर बताने से शायद युवा पीढ़ी धर्म को अपनायेगी। धर्म के अधिकांश तथ्य विज्ञान से जुड़े हुए हैं– इसे स्वीकार करना होगा। जैसे दिवाभोजन, छना जलपान आदि सबकुछ विज्ञानसम्मत है, लेकिन आज के मनुष्य को ऐसा लगने लगा है कि धार्मिकता में कुछ नहीं है, अतः वह उसे उपेक्षित कर आधुनिकता की अंधी दौड़ में दौड़ा चला जा रहा है। इसी दौड़ का परिणाम है– विकृत मनोशारीरिक व्यक्तित्व। इसी विकृत व्यक्तित्व को सुसमायोजित बनाने के लिए जीवन–विज्ञान के प्रणेता आचार्य महाप्रज्ञ ने कहा है– 'युग की सबसे बड़ी बीमारी है – कोरा वैज्ञानिक होना, आध्यात्मिक न होना। व्यक्ति की इसी मनोवृत्ति ने बहुत सारी बीमारियों को जन्म दिया है। जीवन विज्ञान का मुख्य सूत्र है–

'आध्यात्मिक वैज्ञानिक व्यक्तित्व का निर्माण; न कोरा वैज्ञानिक, न कोरा आध्यात्मिक।' यह वर्तमान युग की सबसे बड़ी अपेक्षा है। युगीन समस्याओं का सबसे बड़ा समाधान है, इसके लिए आवश्यक है– जीवन– शैली को समझना और जीवन–शैली को बदलना।' 1

धर्म से समत्व का लाभ– पूरे विश्व में केवल जैन तीर्थंकर ही ऐसे महापुरुष हुए हैं जिन्होंने कहा है कि मेरी पूजा मत करना, मुझसे कोई उम्मीद मत रखना कि मैं कोई चमत्कार करूँगा। सुख–दुख तुमने ही पैदा किये हैं, इसलिए इन्हें भोगना तुम्हारा काम है, मैं तो सिर्फ आपको मार्ग प्रदर्शित कर सकता हूँ, क्योंकि इसी मार्ग पर मैं भी चला हूँ। इस मार्ग पर चलना और ना चलना तुम्हारे ऊपर है, मैं मार्ग दाता हूँ, मोक्ष दाता नहीं। इस प्रकार धर्म हमें ईश्वर के समकक्ष बताकर गौरवान्वित करता है।

संस्कारों से लाभ– भौतिक युग में संस्कारों को अपनाकर हम न केवल निरोगी रह सकते हैं, अपितु समृद्ध जीवन भी जी सकते हैं, क्योंकि जो सदाचारी और संस्कारी होगा, वह सहज ही अनेक दुर्व्यसनों और कुसंगतियों से दूर होने के कारण अनावश्यक खर्चों से भी बचता है और पुण्य के फल में स्वयमेव बाह्य विभूतियाँ भी प्राप्त करता है। छानकर पानी, नीचे देखकर चलना, दिन में भोजन, कन्दमूल एवं अभक्ष्य भक्षणत्याग आदि मूलभूत संस्कारों के पालन से ही अनेक बीमारियों को सदा–सदा के लिए जीवन से अत्यन्त दूर रखा जा सकता है।

तुलनात्मक ज्ञान कराना– आज के युवा के पलायन के पीछे उनकी भौतिक आकांक्षा छिपी होती है, अतः उनको उसकी हकीकत और उसकी कितनी कीमत चारित्रिक कीमत अदा करनी होती है, यह ज्ञान कराया जाये तो अवश्य ही उसका पलायन रोका जा सकता है। पाश्चात्य दिखावटी संस्कृति है, जो दूर से ही अच्छी लगती है, निकट जाने पर वहां घनघोर कष्ट है। एक बार वहां जाने पर वापस पीछे लौटना भी मुश्किल है, क्योंकि वहां की सरकार की नीति है कि जो वहां जीवन भर काम करके टैक्स का भुगतान करता है, उसकी सेवानिवृत्ति के उपरान्त उसकी स्वास्थ्य आदि से सम्बन्धित जरूरतों को निःशुल्क पूरा करना, इसलिए चाहकर भी वह वहाँ से वापस नहीं आ सकता।

योजनापूर्ण संचालन– धर्म को त्यागकर भागने वाली युवापीढ़ी जब धर्म के गौरव और लाभ को जानेगी तो वह इसे अवश्य ही अपनायेगी। इसके लिए उसे तर्क, युक्ति और वैज्ञानिक रीति से धर्म समझाना होगा। इतने मात्र से काम नहीं चलेगा, क्योंकि वैज्ञानिक रीति से धर्म समझाने के लिए पाठशालाओं का आयोजन करना होगा। न

केवल पाठशाला पर ही निर्भर रहना होगा, अपितु उसके लिए बचपन से ही माता-पिता द्वारा संस्कार देने प्रारम्भ करने हांगे, संभव हो तो यह कार्य गर्भावस्था से ही प्रारम्भ करना चाहिए। बचपन ही वह श्रेष्ठ समय है, जिसमें बालक आसानी से विषय को हृदयंगम करता है और उसके कोमल मन में संस्कारों की जड़ें गहरी रोप दी जा सकती हैं। उनमें नैतिक मूल्यों और सदाचार के विकास के लिए महापुरुषों की जीवनियाँ और आचरण की शिक्षा भी देनी चाहिए। पाठशाला भी सुबह के बजाय रात्रि में चलानी चाहिए, क्योंकि आज के बच्चों के पास सुबह में समय नहीं होता है।

इसके लिए प्रत्येक माता-पिता को पूरी जिम्मेदारी से कमान संभालनी होगी, क्योंकि पाठशाला में तो बच्चा एक-दो घण्टे रहेगा, किन्तु माता-पिता के साथ बच्चा 22-23 घण्टे का समय व्यतीत करता है, ऐसे में माता-पिता का अधिक कर्तव्य बन जाता है। इसके लिए माता-पिता को भी नैतिक कक्षाओं से जुड़ना होगा, क्योंकि आज के माता-पिता स्वयं इस बारे में पर्याप्त ज्ञान नहीं रखते हैं, तो वे बालकों को आखिर क्या सिखायेंगे ? अतः जिस प्रकार बच्चों की शिक्षा हो, उसी प्रकार बड़े लोगों की भी शिक्षा हेतु नियमित कक्षायें चलनी चाहिए। कक्षायें चलाने हेतु सुयोग्य विद्वान की आवश्यकता होगी, इसके लिए उसे यथायोग्य पारिश्रमिक देकर अवश्य बुलाना चाहिए, आजकल विद्वान को यथायोग्य पारिश्रमिक और सम्मान नहीं देने के कारण वे इसमें रुचि नहीं लेते। यदि वह एक घण्टा ट्युशन पढ़ायेगा तो पाठशाला पढ़ाने से ज्यादा कमा लेगा, इसलिए उसे यथोचित सम्मान अवश्य देना चाहिए। इस सम्पूर्ण योजना को क्रियान्वित कररने हेतु एक देशव्यापी संस्था होनी चाहिए, जो इसे नियंत्रित कर सके।

धर्मसुरक्षा का प्रमुख और सशक्त उपाय– भागती युवा पीढ़ी को धर्म, संस्कार और परोपकारिता से जोड़ने के लिए समाज को पूरे देश में स्थान-स्थान पर बच्चों के मान्यता प्राप्त स्कूल खोलने चाहिए। इससे देश और समाज की तो बेहतरीन सेवा होगी ही, धर्म और संस्कारों की रक्षा-सुरक्षा भी भलीभाँति हो सकेगी, क्योंकि इससे हम लाखों बच्चों को धर्म और परोपकार की शिक्षाओं से आसानी से परिचित करा पायेंगे। इससे समयाभाव के कारण जो कार्य नहीं हो पा रहा है, वह उन विद्यालयों में ही लौकिक पढ़ाई के साथ-साथ हो जायेगा। समाज को इस विषय पर गम्भीरता से सोचना चाहिए और अवश्य ही इसकी कोई योजना बनाकर उसे क्रियान्वित करना चाहिए।

यदि वर्तमान में भी केवल एक यही कार्य कर दिया जाए कि प्रत्येक मंदिर

अथवा विद्यालय में नित्य, नित्य न सही, साप्ताहिक ही सही, बच्चों की पाठशालाएं सुचारू रूप से संचालित कर दी जाएं, वहां उन्हें उच्च कोटि का आदर्श नागरिक बनने की शिक्षा दी जाए तो समाज का कायापलट हो सकता है, समाज में एक बहुत बड़ी क्रान्ति हो सकती है, किन्तु इस कार्य को बड़ी ही गम्भीरता, दृढ़ संकल्प और पवित्र मन से करना होगा, तभी इसमें सफलता प्राप्त होगी। यह दस मंदिर बनाने और उनकी पंचकल्याणक प्रतिष्ठा करने से भी बड़ा कार्य है। अतः इसे सचमुच ही बहुत गम्भीरता से लेकर सभी बच्चों को शिक्षित करने की कोई ठोस योजना बनानी चाहिए।

निष्कर्ष– सभी समस्याओं का एक ही समाधान है– धर्म के संस्कार वाली पाठशालायें और विद्यालयों की स्थापना और उनका सुचारू संचालन करना। अनेक समस्याओं का एक ही समाधान है। यही अनेक तालों की एक चाबी है। यही 'मास्टर की' है। जैन पाठशाला और मान्यताप्राप्त विद्यालयों का संयुक्त रूप हमें इन समस्याओं से निजात दिला सकता है। अतः हम सभी को एकजुट होकर इन सभी समस्याओं के समाधान स्वरूप प्रमुख बड़े शहरों में जैन विद्यालयों का संचालन करना होगा। समय के साथ, धीरे–धीरे अनेक शहरों में इसकी बढ़ती शाखा के रूप में यह एक सुदृढ़ तंत्र के रूप में उभर कर सामने आयेगा, जिसकी इतनी शक्ति होगी, कि दुनिया की कोई शक्ति उसकी टक्कर नहीं कर सकेगी। □

निबंध प्रतियोगिता पुरस्कार वितरण समारोह के कुछ बिम्ब

पुरस्कार वितरण समारोह 14 अक्टूबर 2023 अमृता हॉस्पिटल फरीदाबाद.

बचपन से ही नैतिक संस्कार रोपित हों

नाम– मनोज कुमार जैन
एफ 43/20 थर्ड फ्लोर, बीपीटीपी पार्कलैण्ड, सेक्टर 88,
ग्रेटर फरीदाबाद हरियाणा
मोबाइल 9873096253,
email- mkjain041161@gmail.com

आज की युवा पीढ़ी पर देश के समस्त नीति निर्धारित करने वाले लोगों की नजर है। भौतिक विकास में आज इन्हीं युवाओं का ही हाथ है। भारत में 15 से 29 वर्ष के बीच की आयु के व्यक्तियों को युवा के रूप में परिभाषित किया गया है। संयुक्त राष्ट्र महासभा द्वारा 12 अगस्त को प्रत्येक वर्ष अंतर्राष्ट्रीय युवा दिवस मनाया जाता है, जिससे स्थानीय व पब्लिक / सामुदायिक, राष्ट्रीय /वैश्विक स्तर पर उनकी भागीदारी का आकलन किया जा सके।

देश की कुल जनसंख्या का 27 प्रतिशत संख्या युवाओं की है जो कि 15 से 29 वर्ष के बीच की है। आज भारत देश की करीब 60 प्रतिशत आबादी सरकार द्वारा वितरित अनाज पर जीवित है। इसका अर्थ यह है कि 38 करोड़ युवा आबादी का 60 प्रतिशत यानी कि 22 करोड़ युवा गरीब है जो कि वह अपना पेट अपने आप नहीं भर सकते। युवा पीढ़ी किस तरह भाग रही है तथा किन कारणों से भाग रही है इसे समझना अति आवश्यक है। युवा पीढ़ी इन्टरनेट व सोशल मीडिया और टीवी में डूबी हुई है, जो वह वहाँ से सीखती है उसे ही अपनाने की कोशिश करती है। हमेशा ध्यान रखने योग्य है कि मीडिया अच्छा और बुरा प्रभाव दोनों डालता है। अन्य प्रभावों में परिवार, मित्रों, सहकर्मी, सांस्कृतिक पृष्ठभूमि का है। युवा पीढ़ी में कुछ कर गुजरने की ताकत होती है। किसी भी व्यक्ति को भटकाना तभी संभव है जब मानसिक तौर पर उसे इतनी गहराई में प्रभावित किया जाए। इस तरह से समझा जाए कि वह कुछ भी करने के लिए तैयार हो जाए।

शिक्षा, बेरोजगारी, स्वास्थ्य, आर्थिक एवं वैवाहिक स्थिति का प्रभाव परिवार, संस्कार, अनुकूल व प्रतिकूल प्रभाव डालता है। भारत धर्म, व जलवायु के आधार पर व्यक्तियों का समाज, धर्म व परोपकार की भावना पर देश में विभिन्न प्रकार से

विशेषकर भाषा, व्यक्तित्व निर्धारित होता है। अपराध संबंधी संख्या यह दर्शाती है कि प्रतिशत युवाओं की भागीदारी देश में घटित हो रहे अपराधों में अधिक है। बलात्कार की घटनाएँ कितनी संवेदनशील है फिर भी युवाओं द्वारा घटनाओं को अंजाम दिया जा रहा है।

कारक प्रमुखतया जैसे कि युवाओं के मानसिक विकास को प्रभावित करने वाले वंशानुक्रम, पारिवारिक वातावरण, परिवार की आर्थिक स्थिति, सामाजिक स्थिति, माता- पिता के शिक्षा का स्तर, उचित प्रकार की शिक्षा, शिक्षक, शारीरिक स्वास्थ्य, समाज, खानपान, पालन पोषण, जलवायु, मित्र मंडल आदि हैं। इनमें से प्रत्येक का युवाओं के व्यवहार एवं चरित्र पर प्रभाव कमोबेश पड़ता है।

बाल्यावस्था के उपरांत युवावस्था के प्रारंभिक काल में जिसे हम संधि काल भी कहते हैं किशोर एवं किशोरियों में काम भावना के लक्षण स्पष्ट रूप से परिलक्षित होते हैं वे अपने को अच्छा दिखने के लिए सजते–सँवरते हैं ताकि विपरीत लिंगी आकर्षण उनके प्रति बढ़े। अपनी भावी जीवन साथी के लिए तरह तरह की कल्पनायें करते हैं। इसी के साथ उनकी व्यावसायिक चिंताएं भी बढ़ने लगती है। इस अवस्था में युवा के अंदर अभिभावकों, अधिकारियों तथा शिक्षक के प्रति विरोध की प्रवृत्ति भी पाई जाती है। यदपि पूर्व युवावस्था में काल्पनिक जीवन अधिक होता है लेकिन धीरे–धीरे व्यवहार में स्थायित्व आने लगता है। अनुशासन तथा सामाजिक नियंत्रण का भाव विकसित हो जाता है। इस अवस्था में इच्छाओं की पूर्ति न होने पर युवा पलायन वादी प्रगति के हो जाते हैं। जिनमें भावनाओं में बहकर आत्महत्या का भाग भी इसी अवस्था में अधिक दिखाई देता है। वीर–पूजा की भावना के कारण कभी–कभी युवा अपराधियों के कुछ पिछलग्गू बन जाते हैं। इस अवस्था में किशोरों का रुझान जिस ओर हो जाए वे आगे चलकर उस क्षेत्र में जाने में सफल हो जाते हैं। इसके अलावा सोशल मीडिया, मित्र मंडली या अन्य कारणों से युवाओं में बुरी आदतों जैसे कि बीड़ी सिगरेट पीना, मदिरापान, कक्षा से भागना, जुआ खेलना, कामवासना के तृप्ति के लिए प्रेरित होना आदि की तरफ उनका ध्यानाकर्षण हो जाता है। **युवाओं को यदि सही दिशा मिल जाए और मूल प्रवृत्तियों का शोधन हो सके तो युवा का श्रेष्ठ व्यक्तित्व निर्मित हो सकता है।** हमें संदर्भित विषय पर ध्यानाकर्षण से पूर्व परिवार, संस्कार, समाज, धर्म व परोपकार के विषय में जानना आवश्यक है–

परिवार से तात्पर्य– परिवार की सदस्यता भावनाओं से परिपूर्ण होती है माता का प्रेम उसे बच्चों के लिए सब कुछ त्यागने के लिए प्रेरित करता है। यह सब

संवेदनात्मक भावना के कारण ही है। माता और पिता में संतान की कामना की मूल प्रवृत्ति पाई जाती है। परिवार का आकार सीमित होता है। सामाजिक संगठन तथा औपचारिक संगठन में परिवार सबसे छोटी इकाई है। परिवार के लिए मनुष्य हमेशा कार्य करता रहता है, वह इतना व्यस्त रहता है कि परिवार ही उसके लिए सब कुछ हो जाता है। परिवार के प्रति उत्तरदायित्व की भावना मनुष्य स्वभाव में ही पाई जाती है। मानव की आधारभूत आवश्यकताओं में यौन संतुष्टि भी महत्वपूर्ण है। परिवार वह युवा समूह है जहां मानव समाज द्वारा स्वीकृत विधि से व्यक्ति अपनी यौन इच्छाओं की पूर्ति करता है। कोई भी समाज यौन संबंध स्थापित करने की नियमित एवं स्वतंत्रता नहीं दे सकता, क्योंकि यौन संबंधों के परिणाम स्वरूप संतानोत्पत्ति होती है – नातेदारी व्यवस्था जन्म लेती है पदाधिकारी एवं उत्तराधिकारी तथा वंश नाम व्यवस्थाएं भी इससे जुड़ी रहती है। परिवार अपने सदस्यों को शारीरिक संरक्षण प्रदान करता है इसमें बच्चों की शारीरिक आवश्यकताए शिक्षा संबंधी आवश्यकता, बच्चों का पालन पोषण, भोजन, वस्त्र एवं निवास की व्यवस्था आदि शामिल है। **माता–पिता एवं अन्य बुजर्गों को चाहिये कि वे ऐसा कोई भी कार्य नहीं करें जो परिवार की मर्यादा के विरुद्ध हो। जो कार्य बच्चे देखेंगे ही उसे सीखने की कल्पना वो नहीं करेंगे। इसके अतिरिक्त सभी बयस्क सदस्यों का आपसी ब्यवहार मर्यादापूर्ण हो। बच्चों को हमेशा ऐसे प्रेरक प्रसंग की कहानियां सुनायें जिससे वे परिवार के प्रति उनमें त्याग, आदर एवं सहयोग की भावना परस्पर बढ़े एवं परिवार का सामाजिक प्रतिष्ठा भी बढ़े।** परिवार राजनीतिक कार्य भी करता है। परिवार अपने सदस्यों को मानसिक सुरक्षा एवं संतोष प्रदान करता है। परिवार के सदस्यों में परस्पर प्रेम, सद्भाव और सहानुभूति पाई जाती है। पुरानी पीढ़ी द्वारा संकलित ज्ञान एवं अनुभव का संरक्षण कर परिवार समाज को अपना अमूल्य योगदान देता है।

संस्कार से तात्पर्य सदस्यों को धार्मिक शिक्षा, प्रथायें, लौकिक शिक्षा / प्रथायें, त्योहार व नैतिकता आदि का ज्ञान भी परिवार कराता है, इसे हम संस्कार कहते हैं। ईश्वर पूजा एवं आराधना एक व्यक्ति परिवार के अन्य सदस्यों से ही सीखता है। पाप–पुण्य, स्वर्ग–नरक, हिंसा–अहिंसा की धारणा भी व्यक्ति परिवार से ही सीखता है। संस्कार मोटे तौर पर संस्कार अनुष्ठान समाज में विशिष्ट अवसरों को संपन्न की जाने वाली क्रियाओं का समाज समूह द्वारा स्वीकृत विधियां हैं। संस्कार समाज को व्यवस्था बनाए रखने में महत्वपूर्ण भूमिका अदा करते हैं। भारत में संस्कारों को बहुत अधिक महत्व दिया जाता है। यहाँ गर्भ से लेकर मृत्यु के बाद तक के लिए अनेक शुभ संस्कारों की व्यवस्था की गई है। संस्कार का मुख्य उद्देश्य व्यक्ति की

आत्मिक तथा शारीरिक उन्नति करना है जिससे व्यक्ति सभी प्रकार के दोषों से मुक्त होकर उन्नति कर सकें। संस्कार परम लक्ष्य प्राप्ति के साधन माने गए हैं। मनुष्य के दुर्गुणों को निकालकर उसमें सद्गुण आरोपित करना की प्रक्रिया का नाम संस्कार है। जिस व्यक्ति के आचरण बोलचाल से दूसरों के प्रति सम्मान का भाव प्रकट होता है। निरंकारी के प्रति सम्मान का भाव प्रकट होता निरंकारी वशिष्ठ हो माता पिता गुरुजनों के प्रति आदर भाव रखता हो विद्या धवई हो अपनी परंपराओं का पालन करने वाला हो पुण्य कर्मों में आ सकती रखता हो निर्भर हो सिल्विना यू ऐसे व्यक्ति को संस्कारी कहा जाता है। पहले संयुक्त परिवार होते थे तो बच्चे घरों में बड़े बुजुर्गों के संस्कार सीखते थे।

समाज से तात्पर्य

समाज एक से अधिक लोगों के समुदायों से मिलकर बने एक वृहद समूह को कहते हैं जिनमें सभी व्यक्ति मानवीय क्रियाकलाप करते हैं। मानवीय क्रियाकलाप में आचरण सामाजिक सुरक्षा व निर्वाह आदि की क्रियाएँ सम्मिलित होती हैं। समाज लोगों का ऐसा समय होता है जो अपने अंदर के लोगों के मुकाबले अन्य समूह के लोगों से काफी कम मेलजोल लगता है। सामाजिक संबंधों की जाल का नाम ही समाज है समाज कोई प्रत्यक्ष स्कूल वस्तु नहीं है। उन्हें देख नहीं सकते एक व्यक्ति से समाज का निर्माण नहीं हो सकता, समाज का निर्माण तभी होता है जब अनेक व्यक्ति एक दूसरे के साथ संबंध स्थापित करते हैं। आधुनिक समाज टू विशाल है जिसमें आर्थिक राजनीतिक और सामाजिक संबंधों का जटिल ताना बाना है प्रत्येक व्यक्ति का सामाजिक जीवन सहयोग पर आधारित है क्योंकि कोई भी अकेला व्यक्ति अपनी सभी आवश्यकताओं की पूर्ति नहीं कर सकता। संघर्ष सामाजिक अंतर क्रिया की महत्वपूर्ण प्रक्रिया है। संघर्ष मानवीय क्रियाओं की गतिशीलता और जागरूकता प्रदान करता है। मनुष्य एक सामाजिक प्राणी है समाज से अलग रहकर मनुष्य का कोई अस्तित्व नहीं है। समाज में रहने वाले व्यक्तियों को अपना आचरण ऐसा रखना चाहिए कि जिससे अपनी उन्नति और भलाई के साथ समाज का भी लोगों को सभी नियमों अधिनियम और सरकार द्वारा सुरक्षा और बेहतर जीवन के लिए बनाए गए नियमों का कानूनों का पालन करना चाहिए। उम्र के अनुसार व्यक्ति की सामाजिक जिम्मेदारियों में बदलाव हो सकता है ?

धर्म से तात्पर्य धर्म का तात्पर्य मनुष्य श्रेष्ठ उन शक्तियों से है जिनकी वह संतुष्टि अथवा आराधना करता है जिनके बारे में व्यक्तियों को विश्वास होता है कि वे प्रकृति और मानव जीवन को नियंत्रित करती है तथा उनको निर्देशित प्रत्येक धर्म अपने

में धार्मिक चेतना को विकसित करता है। धार्मिक चेतना के कारण ही व्यक्ति धर्म का आदर करता है। धार्मिक चेतना के कारण ही व्यक्ति धर्म का आदर करता है। धर्म से संबंध की अभिव्यक्ति पूजा. पाठ प्रार्थना या कर्मकांड के रूप में होती है। प्रत्येक धर्म की मान्यताएं विश्वास और पौराणिक कथाओं के अनुसार धार्मिक क्रिया होती है। प्रत्येक धर्म में लोगों के व्यवहारों के नकारात्मक पक्ष को प्रभावित करने की दृष्टि से निश्चित पाए जाते हैं। उन्हें बताया जाता है कि उन्हें क्या करना चाहिए और क्या नहीं करना चाहिए जैसे झूठ नहीं बोलना चाहिए। दुराचार व्यभिचार चोरी बेईमानी आदि नहीं करनी चाहिए सभी धर्मों में समान रूप से पाए जाते हैं। धर्म प्रसार के लिए जिन लोगों को धार्मिक क्रियाएं अथवा कर्मकांड कराने का समाज द्वारा विशेष अधिकार प्राप्त होता है। उन्हें अन्य लोगों की तुलना में संस्कार आत्मक दृष्टि से कुछ एवं पवित्र समझा जाता है। धर्म प्रसार की प्रणाली में दूसरा स्थान उन लोगों को प्राप्त होता है जो धर्म के अंतर्गत बताए गए मार्ग पर चलते हैं।

परोपकार से तात्पर्य किसी भी व्यक्ति की निस्वार्थ भाव से की गई सेवा या उसे किसी भी प्रकार की मदद पहुंचाने की क्रिया को परोपकार कहते हैं। करुणा सेवा सब परोपकार के ही पर्यायवाची हैं। **जिस समाज में दूसरों की सहायता करने की भावना जितनी अधिक होती है वह समाज उतना ही सुखी समृद्ध होता है मानवता का उद्देश्य होना चाहिए अपने साथ—साथ दूसरों के कल्याण के बारे में भी सोचे। परोपकार की भावना या क्रिया, समाज विशेष के लिए अथवा व्यक्ति विशेष के लिए किया गया कार्य है। धर्मशाला बनाना, औषधालय बनाना, जल की व्यवस्था, लंगर आदि सामूहिक परोपकार के कार्य है।**

परिवार, संस्कार, समाज, धर्म एवं परोपकार से जुड़ने के लिये आवश्यक कदम संदर्भित विषय पर मानसिक बदलाव के लिये ज्ञान के अलावा हमें ऐसा वातावरण तैयार कर देना होगा जिससे कि गलत दिशा में युवाओं का मानसिक भटकाव बचपन से ही नहीं हो। सकारात्मक वातावरण तैयार करने में निम्न भूमिका / क्षेत्र काफी अहम् हैं—

शिक्षकों को उनके दायित्व के प्रति कार्यशालो के माध्यम से जाग्रत किया जाना चाहिये। प्रतिदिन अगर संस्कार की बात होगी तो वे स्वंय ही नैतिक मूल्य व संस्कारों के सजग होंगे। हमारे देश में प्रतिवर्ष कई धार्मिक महत्व के त्योहार मनाये जाते हैं। इन त्योहारों के प्रति धार्मिक आस्था जुड़ी होती है तथा इन त्योहारों की तिथि हिन्दू कैलेण्डर से जुड़ी होती है। यद्यपि सरकार एवं स्कूल प्रबन्धन द्वारा इन अधिकांश त्योहारों को मनाने के लिये छुटि्टयाँ घोषित रहती है किन्तु प्रतीकात्मक रूप से स्कूलों / कॉलेजों में

इन पर्वों के एक दिन पहले इन त्योहारो के बारे में पौराणिक जानकारी एवं कार्यक्रम का आयोजन सामूहिक रूप से किया जाना चाहिये। संस्कृति में लोक नृत्य एवं गायन भी होता है। ग्रामों एवं शहरों में इसका प्रायोजन प्रशासनिक एवं धार्मिक संस्थाओं द्वारा किया जाता है। इसमें महत्वपूर्ण है कि अभिभावक अपने परिवार सहित इन सारे कार्यक्रमों भाग लें। धार्मिक प्रतियोगिता का आयोजन भी महत्वपूर्ण है क्योंकि अपने आप को प्रत्येक युवा स्वयं अथवा ग्रुप में एक दूसरे से बेहतर प्रदर्शन करने के लिये उनके प्रदर्शन में और वृद्धि होगी। प्रतियोगिता का समापन पारितोषिक द्वारा अवश्य पूर्ण किया जाना चाहिए।

शराब एवं अन्य प्रकार के नशे के पदार्थों की बिक्री पर क्या पूर्ण प्रतिबन्ध नहीं लगाया जा सकता ? सरकार को इस विषय पर गहनता से विचार करना चाहिए कि क्या राजस्व इनके उत्पादन के वगैर नहीं पूरा किया जा सकता ?

क्योंकि अपराध करने या पथ भ्रष्ट हो जाने में शराब / नशा सेवन एक प्रमुख कारक हैं। सरकार यद्यपि इनसे जुड़े हुये हानि के बारे में आगाह करती रहती है किन्तु पूरे देश में एक पॉलिसी के तहत पूर्ण प्रतिबन्ध नही लगाती। हालाँकि दशकों पुरानी लत से इतनी आसानी से छुटकारा नहीं मिल सकता, परन्तु दृढ़ इच्छाशक्ति से इसे हासिल किया जा सकता है।

चलचित्र की दुनिया में मनोरंजन की माँग को देखते हुये चलचित्र निर्माता काम–वासना, शरीर प्रदर्शन, मारपीट, नृशंस हत्या आदि नकारात्मक विषयों पर चलचित्र बनाते हैं। सेंसर बोर्ड द्वारा नियन्त्रण करना चाहिये कि इन फिल्मों से आम नागरिकों को जिनमें युवा भी शामिल है उन्हें क्या हासिल हो रहा है। जो फिल्में काम–भावना एवं विचारों का पतन कराने में वृद्धि करती हैं, उनके प्रदर्शन की अनुमति कदापि नही दी जानी चाहिये।

शिक्षानीति के तहत प्रारंभिक वर्ग से ही नैतिक शिक्षा, धार्मिक शिक्षा का समावेश कर बच्चों में ज्ञान रोपित करना चाहिये जिससे कि वे युवा बनने पर उनकी नींव इन विषयों में पहले से ही आधारित हो।

देश में बहुत सारी स्वसंस्थायें एवं सरकारी विभाग युवाओं का नैतिक स्तर उठाने के लिये काफी समय से कार्यरत हैं जरूरत इस बात कि है कि उनके कार्यक्षेत्र में और लोग कैसे जुड़ें। परिवार के मुखिया स्कूल / कॉलेज, प्रतिष्ठानों एवं सरकार की दूर दृष्टिता से अपने सोच व कार्यकलापों में बदलाव लाकर भविष्य का परिवार एवं देश के लिये समर्पित युवाओं की संख्या में आशातीत बढ़ोत्तरी अवश्य होगी। ▢

टूटता भरोसा, बिखरता परिवार

नाम– राकेश चक्र, मुरादाबाद
जन्मतिथि– 14/11/1954
जन्म स्थान– ग्राम शाहजहांपुर, पोस्ट जलाली, जिला अलीगढ़, उ.प्र.
शिक्षा– एम.ए., एलएलबी, एमडी (एक्यूप्रेशर), डीएटी, योग विशेषज्ञ।
कार्यक्षेत्र (क)– सेवानिवृत्त अभिसूचना अधिकारी उत्तर प्रदेश पुलिस 2014
(ख) वर्तमान में एक्यूप्रेशर आहार–विहार और योगादि द्वारा विद्यालयों, वृद्धाश्रमों आदि में निःशुल्क चिकित्सा सेवा और मोटिवेशनल आख्यान। साथ ही निःशुल्क योग प्रशिक्षण देना, समाज सेवा एवं पर्यावरण संरक्षण सेवा आदि।
सृजित विधाएँ– प्रौढ़ साहित्य व बाल साहित्य, **गद्य में–** (कहानी, लघुकथा, आलेख, प्रेरणाप्रद मोटिवेशनल साहित्य, स्वास्थ्य, योग और एक्यूप्रेशर आदि में स्वतंत्र लेखन), **पद्य में–** (कविता, गीत, दोहे, कुंडलियाँ, मुक्तक, गजल, सजल, संस्मरण व यात्रावृतांत आदि)।
पद्य में– (कविता, बालगीत, दोहे आदि)।
अब तक बारह दर्जन (150) से अधिक मौलिक पुस्तकें प्रकाशित व कई पुस्तकें प्रकाशनाधीन।
पुरस्कार व सम्मान : राष्ट्रीय, प्रादेशिक संस्थाओं द्वारा ढेर सारे सम्मान प्राप्त प्रतिष्ठित रचनाकार।
वर्तमान में लेखन और समाज सेवा संप्रति– 90 बी शिवपुरी, मुरादाबाद– 244001, 9456201857 Rakeshchakra00@gmail.com

प्रस्तावना/ भूमिका

वर्तमान में गाँव शहर बन रहे हैं और शहर मेट्रो सिटी। पश्चिमी सभ्यता युवा पीढ़ी पर सिर चढ़कर बोल रही है। वह बिना सोचे–समझे तेज रफ्तार से भागी जा रही है। भारतीय संस्कृति हिचकोले खा रही है। साँसें गिन रही है। सोच, चिन्तन, मनन युवा पीढ़ी का पूरी तरह बदला–बदला नजर आ रहा है। एकल परिवारों की संस्कृति ने पूरी तरह पाँव जमा लिए हैं, संयुक्त परिवार टूट रहे हैं। ऐसे में वृद्ध माता–पिता अपने को ठगा–ठगा–सा महसूस कर रहे हैं कि करें तो क्या करें?

फादर्स डे और मदर्स डे का बढ़ता चलन

पश्चिमी सभ्यता इस कदर युवा पीढ़ी पर हावी है कि उन्होंने पश्चिम की तरह फादर्स डे और मदर्स डे मनाना शुरू कर दिया है। सोशल मीडिया पर अपने माता–पिता को शुभकामनाएँ और बधाइयाँ दी जाती हैं।

जिन संतानों में थोड़ा–सा भी ममत्व शेष है, वे अपने माता–पिता के साथ वर्ष में एक दो बार इस दिन माता–पिता के पास आकर या उन्हें अपने पास बुला कर इस पर्व को हर्षोल्लास से मनाते हैं। अधिकांश शेष युवा पीढ़ी तो मोबाइल पर ही शुभकामनाएं देकर इतिश्री कर देती है तथा कुछ तो यह भी औपचारिकता पूरी नहीं

करती है, उसे मैं अच्छी तरह महसूस कर रहा हूँ।

समस्या के कारण

बुजुर्गों पर बहुओं का भरोसा नहीं

आज अपने को शिक्षित कहने वाली बेटियों का जब विवाह हो जाता है, तब वह कुछ यही सोचकर विवाह करती हैं कि अब वह अपने पति के साथ आजादी (स्वछंदता) से अकेले ही रहेंगी। जैसा चाहूँ वैसा करेंगी। उन्हें किसी का कोई दखल पसंद नहीं। यही स्वछन्दता वाली सोच उन्हें एकल परिवार बनाने के लिए विवश करती है। ऐसी नारियाँ अपने पति पर शिकंजा अर्थात साम, दंड और भेद की नीति अपना कर पति को एकल परिवार बसाने के लिए विवश कर देती हैं, बेचारा पति जिद्दी नारी के आगे समर्पण कर देता है, क्योंकि वह इस कारण परिवार तोड़ना नहीं चाहता है, उसके माता–पिता भी नहीं चाहते कि उनकी बजह से बेटे का परिवार टूट जाए।

कुछ बहुओं को अपने सास और ससुर पर कोई भरोसा इसलिए नहीं है कि वह कम पढ़े–लिखे हैं, गाँव के रहने वाले हैं। वह मेरे बच्चों को उल्टी–सीधी बातें सिखाएंगे, मेरी आजादी में खलल डालेंगे। मौज–मस्ती से घूम फिर नहीं पाएंगे। बंधन हो जाएगा आदि आदि–––।

कुछ बेटे और बहुओं की मजबूरी

आज भी बहुत से बेटे और बहुएं ऐसी हैं, जो अपने माता–पिता को साथ रखना चाहते हैं, लेकिन विवश हैं कि कहीं वे ऐसी जगह सर्विस करते हैं, जहाँ माता–पिता को ले जाया जाना संभव नहीं है। मकान बहुत छोटा है या आय बहुत कम है या वे विदेश में हैं। ऐसी विषम परिस्थितियों में माता–पिता स्वयं भी नहीं जाना चाहते। साथ रहने से बचते हैं कि उनके कारण बच्चों को तकलीफ होगी।

वृद्धाश्रमों की बढ़ती संख्या

देश में वृद्धाश्रमों की बढ़ती संख्या यह सत्य बयां कर रही है कि अब वृद्धों को परिवार में उपेक्षा, अपमान ने इतना तोड़ दिया है कि वे वृद्धाश्रमों में रहने के लिए विवश हो रहे हैं। उन्हें जिस सम्मान और प्रेम की वृद्धावस्था में आवश्यकता थी, वह उन्हें अपने बेटे और बहुओं से नहीं मिल पा रहा है।

कुछ वृद्धों की मजबूरी भी है कि उनके आगे–पीछे कोई नहीं है, न बेटा और न बेटी। और वैसे भी हमारे भारतीय समाज में माता–पिता बेटी के घर नहीं रहना चाहते हैं। यदि केवल बेटी ही हो। वैसे कुछ बेटी और दामाद आज भी अच्छे भी हैं।

कुछ उदाहरण

एक वृद्ध सेवानिवृत्त प्रोफेसर की डेढ़ लाख पेंशन, लेकिन बहू फिर भी उपेक्षा और

अपमान करती है। किसी भी कीमत पर नहीं रखना चाहती। बेटा विवश है, करे तो क्या करे। उन्हें वृद्धाश्रम में मजबूरी में आना पड़ा है। पोती-पोतों की याद सताती है।

एक वृद्ध के तीन बेटे हैं और छह पोते और पोतियाँ हैं, लेकिन हाल पूछने वाला कोई नहीं। जबकि आज भी भारतीय समाज में बेटों पर बड़ा अभिमान कर फूले नहीं समाते हैं, उनके जन्म के लिए भगवान से मिन्नतें करते हैं कि उनके एक पुत्र ही पैदा हो जाय। वृद्ध का सारा पैसा भी बेटों ने अपने कारोबार में लगवा लिया। वह शिक्षक थे। सेवानिवृत्त होने से पहले ही उनकी बेटों ने सर्विस छुड़वा दी। उनके तीन-तीन बेटों ने अपने घरों में रखा भी नहीं। आज वे वृद्धाश्रम में रह रहे हैं।

एक वृद्ध जो पुलिस विभाग में नौकरी करते थे, ने बताया कि उनके दो बेटे हैं। दोनों ही बेटे, बहुएँ और पोते-पोतियाँ दुर्व्यवहार करते हैं और यहाँ तक कि उनकी पेंशन भी मारपीट कर छीन लेते थे। अब वे भी वृद्धाश्रम में रह रहे हैं।

एक वृद्धा ने बताया कि बेटा तो उसे रखना चाहता है। बहुत प्यार करता है। बेटे की बहू उससे बहुत झगड़ा करती है। वह बहू को फूटी आँख नहीं सुहाती है। घर और बेटे के कारोबार में दस नौकर-चाकर हैं। वे आजकल वृद्धाश्रम में हैं।

इस तरह अनेकानेक उदाहरण हैं वृद्ध जनों के। जिसे वृद्धजन विष-सा घूँट पीकर जिंदगी की असहनीय पीड़ा झेलकर वृद्धाश्रमों में रहने को विवश हैं, उन्हें अपने बेटे और पोते और पोतियों की याद आती है। वे सोचते हैं कि उन्होंने किस तरह बच्चों को पढ़ाया लिखाया और योग्य बनाया। जीवन का कितना सुख चैन खोया, अपने बच्चों के लिए, लेकिन अब उनका कोई पूछने वाला नहीं, आज विवश हैं, वे वृद्धाश्रमों में रहने के लिए।

आर्यसमाज एक मिशन

महर्षि दयानंद सरस्वती जी आर्यसमाज के संस्थापक ने बहुत पहले ही बता दिया था कि 60 वर्ष के बाद मनुष्य को परिवार त्यागकर वानप्रस्थ आश्रम में चला जाना चाहिए, जैसा कि वेदों की संस्कृति कहती है। 60 वर्ष के बाद अपने परिवार से मोह त्यागकर ईश्वर भक्ति में मन लगाना चाहिए। सद्ग्रन्थों का स्वाध्याय करना चाहिए। इसीलिए देश में बहुत से वानप्रस्थ आश्रम खुलते गए। लोग स्वेच्छा से अपने परिवार अर्थात अपने बच्चों की सहमति से वानप्रस्थ आश्रमों में रह रहे हैं। वानप्रस्थ आश्रमों में उनके बच्चे भी आते रहते हैं तथा वृद्ध जन भी अपने परिजनों से मिलने चले जाते हैं। इस प्रकार वृद्धों का आना-जाना लगा रहता है। कभी विशेष अवसरों पर और कभी मौसम के अनुसार।

उन्हें कोई घुटन-टूटन नहीं। वैसे यहाँ भी कुछ अन्यान्न समस्याओं से ग्रसित

वृद्धजन भी मिल जाएंगे।

वृद्ध आश्रमों और वानप्रस्थ आश्रमों में इतना ही अंतर है कि एक में मजबूरी में वृद्धजन आते हैं तथा मन में हताशा, निराशा है, तो दूसरी ओर वानप्रस्थ में स्वेच्छा से वृद्धजन रहते हैं। वे अपने को स्वतंत्र महसूस करते हैं।

कुछ सुझाव और निदान

आज की ज्वलन्त समस्या

आज की ज्वलन्त समस्या है कि नई पीढ़ी अपने संयुक्त परिवार, समाज, धर्म, सामाजिकता से दूर भाग रही है, संयुक्त परिवार एकल हो रहे हैं, इनके निदान हेतु कुछ उपाय निम्नवत हैं।

भारत बहुल सम्प्रदायों का देश है। यहाँ विभिन्न जातियों और धर्मों के लोग रहते हैं। आज भी ग्रामीण क्षेत्रों में संयुक्त परिवार मिल-जुलकर रहते हैं,उनमें आपसी सहयोग और विश्व वंधतुत्व की भावना विद्यमान है। ग्रामीण क्षेत्रों की अपेक्षा नगरों में संयुक्त परिवारों की संख्या अपेक्षाकृत कम हुई है। उसका मुख्य कारण है कि लोगों स्वार्थ की बढ़ती भावना और साथ ही जगह की कमी का होना।

कुछ परिवारों में इसलिए भी एकल परिवार बन गए हैं कि माता-पिता के एक या दो संतानें हैं । उनकी शादी हो गई। कहीं दूर जॉब लग गई और किसी की विदेश में जॉब लग गई, तो ऐसी स्थिति में बहुत से परिवार स्वत: ही एकल परिवार की स्थिति में आ गए हैं।

साथ ही वृद्ध जनों की कोई देखभाल और सुरक्षा करने वाला भी नहीं रहा, तब उन्होंने वृद्धाश्रमों की ओर जाना उचित ही समझा।

और कहीं ऐसी स्थिति आई कि पति और पत्नी में से एक ही रह गया और निकट संबंधियों में कोई देखभाल वाला नहीं है, तब उन्होंने वृद्धाश्रमों में जाना उचित ही समझा।

25-30 प्रतिशत वृद्ध वृद्धाश्रमों में ऐसे भी रह रहे हैं, जिनका कोई परिजन और नजदीक का संबंधी शेष नहीं है। उनकी भी अपनी मजबूरी है।

प्रश्न यह है कि वृद्धाश्रमों की संख्या क्यों बढ़ रही है, उसका मुख्य कारण है- बढ़ती पाश्चात्य सभ्यता और संस्कृति का युवाओं पर भूत सवार। उन्हें भोग-विलास वाली खाओ, पीओ और मस्त रहो वाली संस्कृति रास आ रही है। उन्हें अकेला रहना अनुकूल लग रहा है। इस तरह उन्हें किसी का दखल या बंधन अपनी जड़ों से दूर ले जा रहा है।

उन्हें संयुक्त परिवार का आपसी प्रेम, सद्भावना, मिलनसारिता नहीं भा रही है। विशेषकर नारियों में। क्योंकि नारी ही परिवार की रीढ़ हैं, वह चाहें तो परिवार

को बना सकती हैं और वह चाहें तो काँच-सा तोड़ भी सकती हैं। अधिकांश बढ़ते तलाकों में यह बात सामने आ रही है कि उनके ईगोइस्ट बनने से एकल परिवार भी जल्दी धराशायी हो रहे हैं। पूर्व की भाँति पति और पत्नी में सहने की शक्ति नहीं है। पति और पत्नी की सहन शक्ति, सहजता, विनम्रता दम तोड़ रही है।

जब पति और पत्नी तक साथ नहीं रह पा रहे हैं, तो वे वृद्ध माता-पिता को कैसे साथ रख सकेंगे।

वर्तमान में तनिक-तनिक-सी बात पर एकल परिवार में अलगाव हो रहा है। उसकी मुख्य बजह है कि बेटी का अपने मायके में अपनी ससुराल की बातों को बताना, विशेषकर मोबाइल पर माँ से घण्टों-घण्टों बतियाना। माँ द्वारा बेटी को उकसाना, भड़काना।

परिवार के टूटने का मुख्य कारण यह भी है कि ऐसी नारियों को अपनी माँ से उचित शिक्षा नहीं मिली। उन्हें शिक्षा मिली है कि जाते ही अपना एकल परिवार बसाना। सास-ससुर जाएँ ऐसी-तैसी में। अकेले सुख से रहना। यदि पुत्री को माँ से प्रेम और सद्भाव की शिक्षा मिलती तो वह एकल परिवार बसाने की सोचती ही नहीं। यह भी वृद्धाश्रमों की बढ़ती संख्या का एक मुख्य कारण दृष्टिगोचर हो रहा है।

मुझे यह कहने में भी संकोच नहीं है कि कुछ वृद्ध जन भी इसका स्वयं कारण हैं कि वे केवल और केवल धन-संग्रह एकत्रित करने में लगे रहे और जीवन भर वह यही करते रहे, बच्चों को अच्छे संस्कार देने की सोची ही नहीं, धन कमाना ही उनका मुख्य लक्ष्य रहा और नतीजा उनके सामने आ ही रहा है। यह भी मुख्य कारण में से एक मुझे लगता है।

ऐसी विषम परिस्थितियों में समाधान यही लगता है कि हम भारतीय संस्कृति, संस्कृति और सभ्यता को श्रद्धापूर्वक अपनाएं। जो हमें प्रेम, सद्भावना, संतोष, अपरिग्रह से रहने के लिए कहती है। माता-पिता अपने बच्चों को अच्छे संस्कार दें। उन्हें दादा-दादी और नाना-नानी आदि का सम्मान करना सिखाएं। हम सभी अपने बुजुर्गों से प्रेम और सम्मान करें। उनकी हर सम्भव सहायता और सहयोग प्रदान करें।

आज अधिकांश बच्चे अंग्रेजी स्कूलों में पढ़ाई करते हैं, माता पिता को उन्हें अच्छे संस्कार देने- सिखाने का समय ही नहीं मिलता, वे भी शासकीय या अन्य सेवा कार्य कर रहे हैं।

जब हम लोग बचपन में (1950 ----- 1972)

प्राथमिक, माध्यमिक या उच्चतर माध्यमिक विद्यालयों में शिक्षा ग्रहण करते थे, तब पाठ्य पुस्तकों में संस्कारदायी कथाओं तथा कविताओं का समावेश रहता था, उदाहरणार्थ बालक ध्रुव, श्रवण कुमार, प्रह्लाद, महावीर, बुद्ध, राम तथा कृष्ण आदि,

साथ ही सूरदास, तुलसीदास, रसखान, मीराबाई की रचनाएं भी पाठ्यक्रम में सम्मिलित थीं। ये सभी बच्चों को उत्तम संस्कार की प्रेरणा देती थीं। आजकल धर्म निरपेक्षता के नाम पर इन्हें हटा दिया गया है, जिसका परिणाम हम सभी देख ही रहे हैं।

अतः सरकारों को चाहिए कि पाठ्यक्रम में महापुरुषों की जीवनियों को पुनः सम्मिलित करें। प्रत्येक विद्यालय में नैतिक शिक्षा आदि प्रारंभ कराई जाय।

बच्चों को नैतिक शिक्षा दिया जाना बहुत आवश्यक है कि वे अपने बड़ों का सम्मान और सेवा करना सीखें। यह संस्कार उन्हें कहानियों और कविताओं के माध्यम से आसानी से दिया जा सकता है। बचपन के संस्कार ही मजबूत नींव बनते हैं।

दहेज प्रथा बंद होनी चाहिए

खर्चीली शादियाँ मनुष्य को दरिद्र और बेईमान बनाती हैं। फिर भी बुद्धिमान और मूर्ख इस प्रथा को छाती से लगाए बैठे हैं। जब किसी परिवार में पुत्र का पिता और माता खूब दान–दहेज लेकर विवाह करेंगे तो क्या बहू उनके प्रति सेवा का भाव रखेगी। शायद कदापि नहीं। तब वह अपने पति के साथ एकल परिवार ही बसाएगी, वह क्यों संयुक्त म रहना चाहेगी। इसलिए जरूरी है कि हमें भ्रांतियों, कुप्रथाओं, विकृतियों को छोड़ना होगा। बच्चों को अच्छे संस्कार देने होंगे। क्योंकि जहाँ लालच और लिप्सा है, वहाँ संस्कार नहीं रहते है। यदि माता पिता को अपना सम्मान और सेवा कराने की कामना है तो उन्हें संस्कारवान बहू ही ढूंढकर अपने बेटे का विवाह करना चाहिए।

युवा और युवतियां गहराई से चिंतन अवश्य करें

देश के विवाहित युवा और युवतियों को गहराई से सोचना होगा कि उन्हें भी वृद्धावस्था की ओर बढ़ना है। काश! उनकी संतान वृद्ध होने पर उनके साथ ऐसा व्यवहार करें, अर्थात वृद्धाश्रमों में भेजने को मजबूर करें तो उन्हें कैसा लगेगा। उन्हें समय रहते चेतना होगा और उन्हें पूरी तरह बदलना होगा, यही सोचकर कि आनेवाला कल उनके लिए सुखदायक बने। उसमें पुष्प वर्षा हो। उनके बच्चे भी उनसे प्रेम करें, सम्मान और सेवा करें। क्योंकि बच्चे जो देखते हैं, वे भी वही करने लगते हैं। इसलिए युवा पीढ़ी के लिए स्वयं के लिए ही भलाई है कि वे अपने वृद्ध माता–पिता का सम्मान और सेवा करें। हम सभी को चाहिए कि हम सभी इस ओर चिंतन और मनन करें। भविष्य सुखमय बने। मुझे आशा है कि उपरोक्त सुझावों से परिवारों का भविष्य अवश्य सुखमय बनेगा। वृद्धों को वृद्धाश्रमों में नहीं जाना पड़ेगा।

उपसंहार

फिर से इस देश में संयुक्त परिवार गरिमा प्राप्त करें, उनकी खुशबू पूर्ण विश्व में

फैले। वृद्धजनों का सम्मान बढ़े, इन्हीं कामनाओं के साथ हमने संयुक्त परिवार की कल्पना एक गीत के माध्यम से की है –

घर पावन संसार

दिव्य प्रेम परिभाषित होता
घर पावन संसार।
भारत की माटी में बसता
मिला–जुला परिवार।।

घर का पूरा आँगन चहके
चहके है कोना–कोना।
सबके मन भी एक सुमन हैं
घर लगता चाँदी सोना।।

चिंतन, चिंता एक सभी की
पायल खनकें प्यार।
दिव्य प्रेम परिभाषित होता
घर पावन संसार।।

हो अपनत्व भाव हर दिल में,
जीवन नित्य सरसता है।
संपति में हक सबका होता,
स्वर में घुली मधुरता है।।

दादा, दादी, पोता–पोती
गाएँ गीत मल्हार।
दिव्य प्रेम परिभाषित होता
घर पावन संसार।।

दृढ़ होती है नींव प्रेम की,

प्राण –प्राण हर्षाता है।
रिश्तों की मजबूत डोर है,
बने सुखों से नाता है।।

घर का मुखिया एक रीढ़ हो,
वही सुखी परिवार।
दिव्य प्रेम परिभाषित होता
घर पावन संसार।।

ताई–ताऊ, चाची–चाचा
बहना–भाई हैं मिलते
बूआ–फूफा, जेठ–जिठानी
मुन्ना–मुन्नी सब हँसते

दृढ़ रिश्तों के पुष्प महकते
बिखरें हरसिंगार।
दिव्य प्रेम परिभाषित होता
घर पावन संसार।।

भारत की माटी से जुड़कर
युग निर्माण करेंगे हम
मिलजुलकर परिवार हँसेगा
एकल नहीं बनाएँ हम

योग, यज्ञ प्रातः वंदन हो
मिटते हृदय विकार।
दिव्य प्रेम परिभाषित होता
घर पावन संसार।।

डॉ. राकेश चक्र, 90 बी, शिवपुरी
मुरादाबाद 244001, उ.प्र.
9456201857

आधुनिकीकरण एवं पाश्चात्यीकरण के फर्क को समझना होगा

नाम– डॉ. शोभा जैन

जन्म– 05 सितंबर

शिक्षा– बी.कॉम, एम.ए. पीएच–डी.

प्रबंध संपादक– अग्निधर्मा साप्ताहिक

स्तम्भ लेखन– स्वदेश समाचार पत्र

कस्तूरबा ग्राम राष्ट्रीय गांधी स्मारक ट्रस्ट, इंदौर में शिक्षण,
विभागाध्यक्ष के के महाविद्यालय, इंदौर

स्वतंत्र सेवाएं– महाविद्यालय एवं विश्वविद्यालय में स्वतंत्र सेवाएं (अतिथि
प्राध्यापक) के रूप में, शासकीय महारानी लक्ष्मी बाई कन्या स्नातकोत्तर महाविद्यालय (व्याख्यान)

अन्य गतिविधियां– संपादन, स्वतंत्र लेखन, शिक्षण के क्षेत्र में स्वतंत्र सेवाएं शोध कार्य
(पीएच–डी रिसर्च वर्क) हेतु परामर्श सहयोग

लेखन की प्रमुख विधाएं– गद्य– समीक्षा, निबंध, आलोचना, आलेख, कई कृतियाँ
प्रकाशित, संपादन, अग्निधर्मा साप्ताहिक का प्रबंध सम्पादक

आखर– आखर राकेश––संपादन, (व्यक्तित्व कृतित्व केंद्रित)

डॉ. मिथिलेश दीक्षित के मूल्यपरक वैचारिक निबंध– संपादन

नई दिल्ली से प्रकाशित मासिक पत्रिका प्रकृति दर्शन– अगस्त अंक 2019 अंक––
अतिथि संपादन, 400 से अधिक लेख एवं 100 से अधिक समीक्षाएं प्रकाशित,
आकाशवाणी के विविध भारती कार्यक्रम में कई सामाजिक विषयों पर सहभागिता।

देश की प्रतिष्ठित संस्थाओं से कई सम्मान मिले।

304, कृष्णा मेंशन, 21–श्री कृष्ण ऐवेन्यु (फेसवन ––1), लिम्बोदी, खंडवा रोड
इंदौर– 452 001, संपर्क– 9424509155

ई–मेल– drshobhajain5@gmail.com

ब्लॉग– https://drshobhajain.blogspot.com/

हम उस भारतीय संस्कृति से हैं जहाँ जमीन, गाय व गाय का दूध– ये तीन चीजें क्रय–विक्रय की वस्तु नहीं थी। इनका आदान–प्रदान यदि होता था तो दान के रूप में ही., मोल भाव लगाकर नहीं। लेकिन विडंबना यह है की अब तो पानी भी पाउच में मिलता है उसकी भी एक कीमत है। 'समकाल के नेपथ्य में' निबंध संग्रह में लिखी ये पंक्तियां आज के दौर पर पुनरवलोकन करने पर विवश करती है। भारत को एक नया अमेरिका बनाने का उद्देश्य रखने वालों ने पश्चिम विकास का ढांचा हमें समझाया। शिक्षा की इसमें अहम भूमिका है., अब वह शिक्षा घर के परिवेश की हो या विद्यालय की औपचारिक लेकिन कहीं न कहीं चूक तो हो ही रही है संस्कारों को साधने में। समाजीकरण की प्रथम संस्था परिवार है, जहाँ व्यक्तित्व निर्माण की आधारशिला रखी जाती है। बीते दो–तीन दशकों में सफलता की परिभाषा भौतिक सुखों की प्राप्ति तक

सीमित होकर रह गई है।

मनुष्य का सामाजिक होना ही उसे जानवरों से भिन्न करता है। सोशल मीडिया के 'अतिरेक' ने परिवारों में दूरियां और अकेलापन बो दिया है। रिश्तों के समीकरण बल्कि पैमाने बदल रहे हैं। निःसंदेह इस प्लेटफॉर्म ने हमसे हमारी वो जगह छीनी है जो सिर्फ परिवार के लिये थी। आपस की बातचीत संदेशों में बदल गई, संदेशों ने जानकारी को कम बल्कि सतही बना दिया। हमारे पास किसी बात की पूरी और सही जानकारी नहीं सिर्फ अंदाजा है वह भी फॉरवर्डेड संदेशों की बदौलत। हमारी संवेदनाएं यांत्रिक हो गई क्या यह सामाजिक क्षति नहीं है? जबकि यह एक वैकल्पिक सुविधा है जिसके फायदे भी उतने ही लेकिन इसे अनिवार्य आवश्यकता बना देने के दुष्परिणाम समाज में दिखाई देने लगे हैं। चैटिंग में घण्टों समय नष्ट करने वाला युवा अपनी माँ के घुटनों के दर्द से कोसों दूर है। उसे नहीं पता पिता की आर्थिक स्थिति और माँ की बीमारी का सत्य। विगत एक दशक से वृद्धाश्रम में साल–दर–साल बुजुर्गों की संख्या में इजाफा हो रहा है जहाँ बूढ़ी आँखें हर वक्त अपनों के आने की बाट जोहती रहती हैं। भारत तेज़ी से शहरीकरण की ओर बढ़ रहा है और परिवार छोटी इकाइयों में बँट रहे हैं, पारिवारिक उपेक्षा, बच्चों के प्रवासन शिक्षा, आधुनिक परवरिश आदि के मामले में नई पीढ़ी के साथ तालमेल बिठा सकने में असमर्थता जैसे कारण इसका प्रतिफल हैं।

21वीं सदी में जवान हुई पीढ़ी की पीड़ा भी इक्कीसवीं सदी की तरह ही है। इस पीढ़ी के कई नौजवानों की शुरुआत ही संकटों में घिरी उस अर्थव्यवस्था में हुई, जिसमें उनको अपने करिअर के साथ जीवन का सही प्रबंधन साधना है जिसके चलते कम समय में पैसा कमाने जैसे लघुपथ न सिर्फ उन्हें विचलित कर रहे बल्कि आत्महत्या जैसे कृत्य के लिए भी विवश कर रहें। निःसंदेह आज का युवा केवल आज में जीने वाला नहीं हैं। वह एक सुरक्षित भविष्य के साथ आगे बढ़ने की कल्पना करता है। लेकिन वे कल्पनाएँ कितना मूर्त रूप ले पाती है यह स्थिति पर निर्भर करता है। परिवार की ओर से दायित्व संभालने का मानसिक दबाव भी एक वजह परिवार से अलगाव ही हो सकती है। अपनी जिंदगी को अपनी शर्तों पर जीने वाली युवा पीढ़ी विशेषकर लड़कों की बात करें तो नशे की गिरफ्त में न सिर्फ वे अपनी वास्तविक मनोभूमि को भूल रहे बल्कि भारतीय परंपरा और संस्कृति उनके लिए महज किताबी हैं। एक समय हुआ करता था जब पूरा परिवार एक साथ बैठकर भोजन करता था खिलखिलाती हँसी ठिठोली घर के द्वार से बाहर गूंजती थी लेकिन अब नशे की गिरफ्त में बढ़ता युवा परिवार से अलग रहकर स्वतंत्र जिंदगी बिताना चाहता है।

कैरिअर की नियुक्तियाँ घोटाले से लिप्त हो तो ऐसे में युवा कहाँ और कौन सी दिशा चुन सकता इसका अंदाजा हमें होना चाहिए। नाईट कल्चर की बढ़ती प्रवृत्ति पब और बार जैसी जगहों पर जमा होती युवाओं की भीड़ कभी पुस्तकालय में इतनी दिखाई नहीं देती इसके लिए जिम्मेदार कौन यह विचारणीय है। बच्चे रात को कहाँ से आ रहे हैं, देर रात कहाँ जा रहे हैं शहर या महानगर में अलग से कमरा लेकर किराये से रहने वाले लड़कों की जीवन शैली क्या होती है। इस ओर ध्यान देने वाले अभिभावक अब कहाँ हैं? फूहड़ता को आधुनिकता का चोला पहनाकर दरअसल में हम पश्चिम के अनुगामी हो रहे हैं। कल्चर की आड़ में लगातार बढ़ती अनैतिक गतिविधियों के बीच परिवार और समाज जैसे शब्द युवाओं के बीच कितने बचे रहेंगे जबकि अभिभावकों के पास समय नहीं है। माता–पिता दोनों अगर नौकरी में हैं तो जवान होते बेटे की सुध लेने वाला कोई नहीं। निःसंदेह इसमें माँ की भूमिका बहुत अहम है। लेकिन आत्मनिर्भर और पुरुष को सत्ता मानने की प्राचीन परिपाटी तोड़ने की जद्दोजहद परिवारों के विघटन और संतुलन का कारण बन रही।

भारत के महानगरों से लेकर छोटे गांवों से आये युवा धर्मान्तरण, लव जिहाद, नशा, भोगवाद, चरित्रहीनता और नास्तिकता जैसे शब्दों को जी रहे हैं। इन सबमें भारतीय परंपरा का कहीं कोई बोध नहीं। इन सब विषयों पर विचार करने के लिए हमें बाहर से किसी को हायर करने की जरूरत नहीं बस अपने ही घर में बैठकर आत्म मंथन चिंतन कर थोड़ा समय प्रबंधन साधना होगा जिसे बहुत कुछ तो सोशल मीडिया का वर्चस्व खा गया और बाकि शिक्षण संस्थानों का पूर्णतः व्यवसायीकारण हो जाना जिम्मेदार हैं जहाँ नैतिक मूल्यों पर बात न होकर शिक्षा केवल पाठ्यक्रम और नौकरी मिलने तक सीमित रह गई। बुनियादी शिक्षा और जीवन मूल्य जीवन से ही नदारद हो गये। जरूरी है इस पर पर्याप्त काम हो क्योकि स्वामी विवेकानंद जी ने कहा था भारत का भविष्य उसकी कक्षाओं में निर्मित हो रहा है।

पारिवारिक अस्थिरता बढ़ रही है। परिवार अपना प्राथमिक चरित्र को खो रहा है। उन्मुक्तता को ऐसे महिमामंडित किया गया कि उसके समक्ष नैतिकता, समर्पण, त्याग, दायित्व–बोध जैसे मूल्य पिछड़ेपन के प्रतीक बन गए हैं।

केरल उच्च न्यायालय की इस टिप्पणी ने सारे देश का ध्यान अपनी ओर खींचा है कि 'नई पीढ़ी विवाह को बुराई के रूप में देखती है और आनंद से जीने के लिए इससे बचना चाहती है। लिव इन रिलेशनशिप का चलन बढ़ रहा है।' नई पीढ़ी क्यों उन्मुक्त जीवन जीना चाह रही है? क्या विचारणीय नहीं है, शायद हम इतना वक्त ही न दे सके उस पीढ़ी को जिसमें वह यह समझ सके बल्कि फर्क कर सके कि वैवाहिक

संबंधों की सबसे बड़ी खूबसूरती 'अंतर्निर्भरता' है। आत्म केंद्रितता की अभिव्यक्ति दाम्पत्य जीवन टूटने का एक बड़ा कारण है जिसमें स्वयं के मूल्यों के आधार पर दूसरों का मूल्यांकन करते हैं। व्यक्तिवादी सोच ने युवा पीढी को आत्मकेंद्रित बना दिया है। दरअसल अंतर्निर्भरता और आत्मकेंद्रितता के फर्क को हमने बिसरा दिया।

जबकि सनातन संस्कृति में विवाह एक संस्कार है लेकिन अब यह एक इवेंट बन कर रह गया है। जो शादियां मंडप में बिना तामझाम के होती थी वह प्री–वेडिंग पर उतर आयीं। शादियों के प्रदर्शन पर जितना खर्च अब होता है उतना अगर शादियों को बचाने में किया जाये तो समाज में ऐसे कई विषय हैं जो अनैतिक बने हुए हैं स्वतः समाप्त हो जायेंगे। प्री–वेडिंग शूट, फर्स्ट कॉपी डिजाइनर लहंगा, बैचलरस पार्टी हर व्यक्ति फिल्मी तामझाम चाहता है लेकिन उसके बाद जो जिंदगी में बदलाव आते हैं उन पर कोई बात करना नहीं चाहता।

विवाह के उपरांत होने वाले आपसी सामंजस्य को समझौते का नाम देकर अपने ईगो को आड़े लाने वाली पीढ़ी इसे एक उम्र की औपचारिकता ही मानती है 'जरूरत' नहीं। क्योंकि जिन चीजों की हमें जीवन में जरूरत होती है उन्हें हम न सिर्फ सहेजते हैं बल्कि उनके साथ जुड़े सामंजस्य भी खुशी–खुशी निर्वहन करते हैं। भव्य रिसेप्शन की नई परंपरा फल फूल रही। बड़ा दिखने की होड़ एक सामाजिक बाध्यता बन गई है। लेकिन वास्तविक संबंधों की भूमि, मरू भूमि में तब्दील हो रही। जिस विवाह पर बेलाग खर्च किया जाता है क्या वह उसी स्वतंत्रता के साथ निभाया भी जाता है ? इसमें महिलाओं की भूमिका केंद्रीय होती है कहने में कोई संदेह नहीं। जहां महिलाएं आज बाजार द्वारा अधिकृत दिखाई देने लगी है। भूमंडलीकरण के दौर में बाजार सीधा महिलाओं के जरिए उपभोक्ताओं को लक्ष्य बना रहा है ऐसे में महिलाएं भी आत्मनिर्भता बल्कि आर्थिक निर्भरता का जामा पहने किसी ऐसी राह पर निकल गई हैं जहाँ से लौट पाना बहुत मुश्किल है। आज नारियाँ नारीत्व बोध को भुलाकर अपनी स्वतंत्र अस्मिता व पहचान को दांवपर लगा रही है। नारी सौंदर्य आज एक बिकाऊ माल बन चुका है। मुनाफा कमाने वाली कम्पनियाँ नारी सौंदर्य को बेचने के लिए नए–नए तरीके ईजाद कर रही है। बाजार स्त्री को सुंदर और आकर्षक बनाने की जरूरत समझकर अपने माल को खपाने का रास्ता तलाश रहा है। ब्यूटी मिथ सबसे पहले स्त्री को एक वस्तु में परिवर्तित कर उसे चेतनाशून्य बना रहा है। आज भले ही स्त्री अपने अधिकार के प्रति जागरूक है, परन्तु बाजार उसे वस्तु से अधिक कुछ नहीं समझता है। समकालीन दौर में बाजार उसे आर्थिक समृद्धि का सुंदर सपना दिखाकर देह के रूप में ही प्रस्तुत कर रहा है। इसका परिणाम महिलाएं घर गृहस्थी के कार्यों को छोटा या उल्लेखनीय न

मानते हुए कामकाजी बनने की दौड़ में अग्रणी हो गई हैं। घर मेड (काम करने वाली सहायक) के भरोसे चलता है। बच्चा घर में कब आ रहा कब जा रहा पति-परिवार यह सब एक किस्म की जॉब हो गई है इसलिए यह प्राथमिक न होकर द्वितीयक ही है। स्त्रियों के लिए प्राथमिक खुद को कहीं और खड़ा पाना है जो घर गृहस्थी की दुनिया से बिलकुल अलग हो। जहाँ परिवार और बच्चों का बोझ न हो बस यहीं से हमारे सामाजिक पारिवारिक पतन की कड़ी जुडी है। बात कड़वी है मगर उतनी ही सच जितना प्रकृति द्वारा स्त्री पुरुष में किया गया वह भेद है जिसे पुरुष बराबरी के नाम पर मिटाने का उद्म रचा जा रहा। जबकि स्त्री-पुरुष दोनों सह अस्तित्व हैं एक के बिना दूसरे का अस्तित्व अधूरा है। आखिर स्त्री क्यों पुरुष की बराबरी के नाम पर इस भेद को मिटाना चाहती है ? महादेवी वर्मा ने एक जगह लिखा है––– 'कोशिश इस बात की हो सके कि स्त्री की स्वतंत्र छवि निर्मित हो, न की स्त्री पक्षधरता के नाम पर उसे पुरुष बना देने पर....स्त्री को भी अपने अस्तित्व को सगर्व स्वीकार करना चाहिए। स्त्री अपने विकास की खुले मन से पहल करे किन्तु स्वयं को स्वीकारते हुए इसे छोड़कर या इससे बचते हुए नहीं' इस कथन को समझने के बाद ही सारे स्त्री विमर्श सार्थक होंगे अन्यथा वे नारीवादी नारों से अधिक कुछ नहीं।

कामकाजी महिलाओं की समस्याओं ने बच्चों के विकास में बाधा डाली है और पति-पत्नी के बीच टकराव बढ़ा है। आपसी विश्वास की कमी है। विवाह पूर्व और विवाहेत्तर संबंध बढ़ गए हैं। अब कोई पारिवारिक शिल्प नजर नहीं आता। भले ही रोजगार ने उन्हें आत्मनिर्भरता, समानता, स्वतंत्रता एवं समाज में उच्च स्थान प्रदान किया लेकिन स्त्री कहीं चूक गई पारिवारिक जीवन में इस बाह्य दायित्व के संतुलन साधने में। या फिर वह अपनी प्राथमिकता तय नहीं कर पा रही घर और नौकरी के मध्य। दोहरी चुनौती में बहुत छूटता है कभी घर का कभी बाहर का। पारंपरिक रूप से घर का काम भी महिलाओं के हिस्से ही आता है इसलिए कामकाजी महिला को कामकाजी पुरुषों से दुगना काम करना पड़ता है। ऐसे में हमें पुनरावलोकन करना चाहिए क्या यह बिगड़ा हुआ संतुलन विकृत बदलाव का कारण नहीं है ? चूँकि संयुक्त परिवार टूट गए हैं, इसलिये उनका हाथ बँटाने वाला कोई नहीं है।

दरअसल घरेलू महिलाओं को सम्मान जनक दृष्टि से न देखा जाना भी एक वजह। दुनिया की अधिकांश महिलाएं इस सवाल से जूझती हैं कि समाज एक गृहिणी के रूप में उनके द्वारा किए गए 'घर के काम' को वो सम्मान क्यों नहीं दिया जाता जो पुरुषों द्वारा किए गए काम को दिया जाता है। यही वजह घर परिवार से इतर खुद को साबित करने की जद्दोजहद बढ़ गई है।

महिला सशक्तिकरण का यह उद्देश्य तो कतई नहीं कि पितृसत्तात्मक समाज को बदल कर मातृसत्तात्मक समाज में बदल दिया जाए। उसका उद्देश्य एक स्वस्थ समाज का निर्माण करना है।

हमें आधुनिकीकरण एवं पाश्चात्यीकरण के फर्क को भी समझना होगा जिससे समाज भ्रमित है। परंपरागत विचारों, कार्यों जीवनशैली को प्रभावी ही नहीं समयानुसार अर्थपूर्ण बनाने के लिये नवीन एवं आवश्यकतानुरूप तकनीकी सोच का समावेशन बहुत जरूरी है।

भौतिक विज्ञान के क्षेत्र में हुई तीव्र तरक्की ने हमें आधुनिक बनाया। चिकित्सा, व्यापार, परिवहन, शिक्षा इत्यादि क्षेत्रों में काफी प्रगति हुई यह आधुनिकीकरण है। लेकिन इस बदलाव के साथ हम पश्चिमी देशों की सभ्यता एवं संस्कृति का अनुकरण करने लगे यह पाश्चात्यीकरण है जिसकी वजह से समाज विसंगतियों विषमताओं से जूझ रहा। घूम फिरकर बात परिवार संस्कार और शिक्षा संस्कार की धुरी पर ही घूमती है हमें भारतीय मानस के अनुरूप विकास को गति देना जरूरी है। परिवार के सदस्य कितन वक्त एक दूसरे के साथ गुजारते हैं? सोशल मीडिया की आभासी दुनिया ही अब दुनिया का यथार्थ माने जाना लगा। लोगों के दिलों में झांकने उनके दुःख दर्द को समझने का समय और ठहराव अब कहाँ रहा। फलस्वरूप बच्चे अवसाद और आत्महत्या जैसे कृत्य के लिए विवश हो जाते हैं कुछ विशेष अकेलेपन की स्थिति में नशे के आदि हो जाते हैं ऐसे में जिम्मेदारी परिवार नामक संस्था की प्राथमिक है।

घर से दूर हॉस्टल में रह रहे बच्चों से हम कितनी बातें साझा करते हैं। वे बाहर किस तरह की जीवन शैली, अभाव या पूर्ति के साथ जीवन को आगे बढ़ा रहे हैं हमने कभी जानने की कोशिश नहीं की। पढ़ने या नौकरी के लिए शहर /गांव से बाहर जाने की छूट दे देना महज जिम्मेदारी की इति श्री नहीं है। कमियां अभिभावक बनकर भी जन्मी है और शिक्षक बनकर भी। कई लड़कियां जो छोटे गांव या कस्बे से निकलकर बड़े महानगरों में नौकरी करती है वे माता पिता की आर्थिक स्थिति को देखते हुए उन पर बोझ नहीं बनती लेकिन उस बोझ को वे हल्का करने के लिए कभी–कभी खर्च पूर्ति की गलत राह पकड़ लेती हैं। कॉल सेंटर में नाईट शिफ्ट करने वाली लड़कियों के जीवन में जोखिम कम नहीं होते। भले ही इस ओर जागरूकता बड़ी है लेकिन अक्सर अभावों से गुजरती या अति महत्वाकांक्षी यही लड़कियां तरक्की के नाम पर कॉल गर्ल बनना भी स्वीकार लेती हैं। समाज में ऐसे ही विषयों पर चिंतन जरूरी है। यही बात लड़कों के संदर्भ में भी समान रूप से लागू होती है। बलात्कार जैसी वीभत्स घटनाओं को अंजाम देने वाले ज्यादातर युवा वर्ग में। ऐसी कौन सी मानसिक स्थिति

उन्हें ऐसा करने पर विवश करती है यह गहन शोध का विषय है। हम अपने घर के युवाओं को महिलाओं का सम्मान करने की शिक्षा बल्कि नींव रख पा रहे हैं? जरूरी है भौतिक सुख सुविधाओं की दौड़ में भागते दौड़ते माता–पिता कुछ वक्त घर के उस हिस्से के लिए भी निकाले जिस पर देश का भविष्य निर्भर करेगा।

समग्रतः हमें समझना होगा सामाजिक बदलाव की दिशा क्या है। क्योंकि बदलाव किसी भी दिशा में हो उसका मूल मानवीय धरातल को स्थिर बनाये रखना है। अंततः समाज में, देश में संवेदनाओं को जीवंत बनाये रखना ही सफलता और विकास का अंतिम निष्कर्ष है। उसके बिना विकास के सारे लक्ष्य महज़ मशीनी ताबूत हैं। और हम सामाजिक विसंगतियों से ग्रस्त उस ताबूत के अंतिम आदमी। □

–डॉ. शोभा जैन, इंदौर
विभागाध्यक्ष महाविद्यालय, इंदौर

पुरस्कार वितरण समारोह 14 अक्टूबर 2023 अमृता हॉस्पिटल फ़रीदाबाद.

शैशव काल से ही संस्कार रोपित करें

नाम– गोकुल प्रसाद सोनी

पता– डुप्लेक्स 82/1, सी–सेक्टर, साईनाथ नगर, कोलार रोड, भोपाल, पिन– 462 042

मोबाईल नंबर– 7000855409 एवं 9755331831

मेल– gokulsoni16@gmail.com

शैक्षणिक योग्यता– बी.एससी., एल एल बी., सी.ए.आई.आई.बी. (बैंकिंग)

जन्म तारीख– 16/05/1955 उम्र– 68 वर्ष

विषय बहुत ज्वलन्त और व्यापक है। आज युवाओं में एकल परिवार की प्रवृत्ति बढ़ रही है। लिव–इन–रिलेशनशिप की प्रवृत्ति बढ़ रही है। परिवार विखण्डित हो रहे हैं, संस्कारों का क्षरण हो रहा है, सामाजिक विखण्डन से घृणा और द्वेष पनप रहे हैं, एकता छिन्न भिन्न हो रही है, दया, करुणा, परोपकार जैसी उदात्त भावनाएँ लुप्त हो रही हैं। इससे धर्म, सभ्यता, संस्कृति, समाज, यहाँ तक कि पूरे देश पर दुष्प्रभाव पड़ रहा है। हमारे शाश्वत और पुरातन मूल्य खंडित हो रहे हैं। हमारी आध्यात्मिक चेतना जहाँ हमें आनंदित रहने का सन्देश देती है, वहीं हम दिनों–दिन तनाव–ग्रस्त होते चले जा रहे हैं। यह जीवन का अभीष्ट नहीं है। सबसे पहले हमें इसके कारणों पर चिंतन एवं मनन करना होगा, तभी समाधान संभव है।

कारण निम्न हैं–

हमारी जीवन शैली में परिवर्तन : सुविधाभोगी जीवन की ललक।

बचपन में बच्चों के अन्दर डाले गए संस्कारों में कमी।

हमारे द्वारा बच्चों को दी गई शिक्षा और हमारे आचरण में अंतर।

ग्रामीण क्षेत्रों का समुचित विकास न हो पाना।

विदेशी सभ्यता का आक्रमण और बाजारवाद का प्रभाव।

दिशाहीन सरकारी नीतियाँ।

प्राचीन समय में ऋषि मनीषियों ने कार्य विभाजन हेतु जाति व्यवस्था बनाई थी, उसमें सभी को रोजगार सुनिश्चित था। पंडित ज्ञान देते थे, ठाकुर समाज की रक्षा करते थे, वणिक बंजी और व्यापार तथा साहूकारी करते थे, ऐसा ही लोहार, चमार, बनसोड, नाई, धोबी, दरजी, पटवा, जुलाहे, चरवाहे, और भी सभी जातियों के काम सुनिश्चित थे अतः कोई बेरोजगार नहीं रहता था। आपस में सौहार्द था। आज यह व्यवस्था छिन्न–भिन्न हो चुकी है। कई जातियों को 'आरक्षण का झुनझुना' पकड़ाकर उनके अन्दर नौकरी मिलने की ललक

जगा दी, फलस्वरूप वे अपने पुरातन कार्यों से विमुख हो गए, उन्होंने हाथों का हुनर खो दिया, जीवन शैली परिवर्तित हो गई। वे विदेशों और बड़े शहरों की तरह सुविधाभोगी जीवन की चाह रखने लगे फलस्वरूप रोजगार की तलाश में लाखों युवाओं का ग्रामों से शहरों और विदेशों की ओर पलायन आरम्भ हो गया और हमारे परिवार विखंडित होने लगे।

बच्चों में संस्कार की नींव डालने वाले माता-पिता गावों में ही रह गए। शहर के मशीनी जीवन में संस्कार देने हेतु अभिभावकों को बच्चों के लिए समय ही नहीं बचा। बच्चों को जो संस्कार देना चाहिए थे वे नहीं दे पाए, तथापि जैन समाज की स्थिति फिर भी ठीक है परन्तु अन्य हिन्दू सम्प्रदाय के लोगों ने मंदिर जाना छोड़ दिया। जबकि मंदिर जाना इसलिए आवश्यक होता है, कि वहाँ हमारे युवाओं को धर्म और संस्कृति का ज्ञान होता है। परस्पर सामाजिक मेल-मिलाप से सामाजिक सौहार्द्र बढ़ता है और हमें कई समस्याओं का हल साधु, संतों, मुनियों के प्रवचन से मिल जाता है। जो सदैव शांति देता है। बच्चे और युवा समझाने से नहीं, हमारे आचरण से सीखते हैं। जब हम कहते हैं कि बाहर मिलने आये व्यक्ति से कह दो, कि पापा घर पर नहीं हैं, तब बच्चे को 'झूठ बोलना' सिखाते हैं। जब हम कहते हैं, कि माँगने आये भिक्षुक से कह दो, कि आगे बढ़ जाए, तब हम उनको 'दयाहीनता' सिखाते हैं। जब हम अपने भाई से पैसों या प्रापर्टी के लिए झगड़ा कर रहे होते हैं तो बच्चों को धन लोलुपता, द्वेष, और घृणा सिखाते हैं। जब हम स्वयं ही दौलत के पीछे भाग रहे होते हैं तब हम नई पीढ़ी को 'अपरिग्रह' की शिक्षा कैसे दे सकते हैं ? हमारी वाणी में जब सत्य का बल होता है, तभी वाणी प्रभावशाली होती है। जब हमारा आचरण ही सत्य और नैतिक सिद्धांतों के विपरीत हो गया हो, तो बच्चों में संस्कार कहाँ से आयेंगे ? हमने उनको पौराणिक ज्ञान के प्रसंग न सुनाकर, उनको वीडियो गेम और मोबाइल के हवाले कर दिया। 'जमीन में जैसा बीज बोया जाएगा वही तो उगेगा'।

ग्रामों और छोटे शहरों का विकास न हो पाना भी पलायन और पारिवारिक विखंडन को प्रेरित करता है। कई ग्रामों में पीने का पानी भी मीलों दूर से लाना पड़ता है, बिजली नहीं होती, सड़कें नहीं होती, अच्छे विद्यालय नहीं होते, जीवन की ये कठिनाइयां भी पलायन को प्रेरित करती हैं। स्वाभाविक भी है कि प्रत्येक व्यक्ति अपने बच्चों को अच्छा जीवन और अच्छी शिक्षा देना चाहता है। उसे मजबूरन बच्चों को बड़े शहरों और विदेशों में भेजना पड़ता है। इससे परिवार विखंडित होते हैं।

हम युवाओं को ऊँची नौकरी की ललक जगाकर, विदेशी नौकरियों के लिए प्रेरित करते हैं, ताकि समाज में हमारी गर्दन ऊँची हो सके, बाद में रोते हैं कि बच्चा हाथ से निकल गया। बाजारवाद की प्रवृत्ति ने भी स्वभाव और आचरण को बहुत प्रभावित किया

है। आज बाजार ही तय करने लगा है कि हमारे बच्चे और हम क्या खाएं विज्ञापनों के प्रभाव में हमें अब ताजा और पौष्टिक भोजन नहीं सुहाता। हमें पिज्जा और वर्गर सुहाता है। जो कई बीमारियों को न्यौता दे रहा है, जबकि कहा गया है, कि स्वस्थ शरीर में ही स्वस्थ मन–मस्तिष्क का निवास होता है। विदेशी सभ्यता का आक्रमण भी एक बहुत बड़ा कारण है जो हमारी युवा पीढ़ी दिशाहीन होकर पारिवारिक विखंडन और धर्म विमुखता की ओर बढ़ रही है।

वास्तव में हम अपने घर में दो दुश्मनों को ले आये। एक टेलीविजन और दूसरा मोबाइल। इन्होंने हमें नशे की हद तक जकड़ लिया। इनके आते ही हम और हमारा परिवार पथभ्रष्ट होने लगा। धार्मिक ज्ञान हमें आडम्बर लगने लगा। हमने विदेशों की अच्छी बातें तो नहीं अपनाई, जैसे अनुशासन, ईमानदारी, परिश्रम आदि, परन्तु होड़, दिखावा, नशा, मांस–मदिरा, अंधाधुंध दिन रात कमाने की होड़, उलटे सीधे कपडे, फटी जींस, जरूर अपना लिए। हमारे आदर्श अब ऋषि–मुनि, धर्म–शास्त्र, राम–कृष्ण, महावीर, गौतम नहीं रहे, वरन मार्क जुकरबर्ग, बिल गेट्स, अम्बानी, अडानी हो गए। हमने अपने कमाने की होड़ में 'साधनों की शुचिता' का ख्याल नहीं रखा, शुभ–लाभ का विचार नहीं रखा। पाप–पुण्य का विचार नहीं रखा, तब यह कहावत चरितार्थ होने लगी कि 'जैसा खाओगे अन्न, वैसा होगा मन्न, जैसा पियोगे पानी, वैसी होगी वाणी।'

यदि सरकारी नीतियों की बात की जाए, तो जब देश का धार्मिक आधार पर बंटवारा हुआ, तब मुस्लिमों के लिए पाकिस्तान, हिन्दुओं के लिए हिन्दुस्तान बना। क्यों और किससे पूछकर इसे धर्मनिरपेक्ष देश घोषित किया गया, बगैर किसी जनमत संग्रह के। पश्चात् कई ऐसे क़ानून बना दिए गए कि हम अपनी धार्मिक शिक्षा नहीं दे सकते, पर भारत में आये दूसरे धर्मों के लोग बाकायदा विद्यालय खोलकर अपनी धार्मिक शिक्षा दे सकते हैं। धर्मांतरण कर सकते हैं, फलस्वरूप कई शातिर तरीकों या हिंसा का सहारा लेकर हमारे युवाओं और छोटे नाबालिग बच्चों तक का धर्मांतरण हो रहा है। अब अपने धर्म और संस्कृति की रक्षा करना एक कठिन कार्य हो गया है। इन नियम क़ानूनों ने हमारे धर्म, संस्कृति, परिवार, पर कुठाराघात किया है और हमारी धार्मिक स्वतंत्रता को बन्धक बनाया है।

समाधान

उपर्युक्त सारी विसंगतियों और विपरीत परिस्थितियों को देखते हुए प्रश्न उठता है कि इन सबका समाधान क्या है। हमारी भागती हुई युवा पीढ़ी को परिवार, संस्कार, सामाज धर्म व परोपकार से कैसे जोड़ें? निश्चित ही हमें निम्न उपाय करना होंगे। हमें.....

युवा पीढ़ी को प्राकृतिक जीवन शैली की और मोड़कर धर्म सम्मत आचरण की शिक्षा देना होगी इसके लिए हमें भी अपने आचरण को भी सुधारना होगा, तथा युगानुकूल भाषा और माध्यम यथा वीडियो, आडियो, सतसाहित्य, कला, संस्कृति आदि का सहारा लेना पड़ेगा।

अपनी व्यावसायिक व्यस्तता में से कुछ समय निकालकर, वह समय अपने परिवार को देना होगा। युवाओं को समझाना होगा कि 'पैसा बहुत कुछ है, पर सब कुछ नहीं'। परिवार से बड़ा तो कुछ भी नहीं।

बचपन से ही बच्चों को मंदिर, देवालय, अनाथाश्रम, अस्पताल ले जाकर उनमे ईश्वर के प्रति श्रद्धा, मानवता के प्रति करूणा और दया जागृत करना होगी।

सिखाना होगा कि क्या खाद्य है और क्या अखाद्य। उनको उत्तम स्वास्थ्य हेतु व्यायाम और योग का महत्त्व बताना होगा, तभी उनका शरीर और मन स्वस्थ रहेगा।

स्वयं बुजुर्गों को सम्मान देना होगा, तभी युवा अपने बुजुर्गों को सम्मान देना सीखेंगे।

उनको सिखाना होगा कि 'अहिंसा परमोधर्मः, धर्म हिंसा तथैव चः' क्योंकि विश्व में शक्तिशाली की ही बात सुनी जाती है। 'क्षमा सोहती उस भुजंग को, जिसके पास गरल हो।'

जनभागीदारी एवं सरकार से सहयोग लेकर ग्रामों और छोटे शहरों को सर्व सुविधा संपन्न बनाना होगा तभी पलायन और पारिवारिक विखंडन रूक सकेगा।

बच्चों को शैशव काल से ही प्रेरक कथाएँ, आध्यात्मिक प्रसंग, सुनाकर संस्कारों का बीजारोपण करना होगा। इसके लिए महिला शिक्षा और सशक्तिकरण आवश्यक है क्योंकि प्रथम गुरु माँ ही होती है।

युवा पीढी को सभी धर्मों का तात्विक विश्लेषण करके अपने धर्म और संस्कृति की श्रेष्ठता उनके मन में रोपित करना होगी, क्योंकि युवा पीढ़ी मात्र आस्था से नहीं, तर्क-सिद्ध बातों से प्रभावित होती है। साथ ही हमें पुरुषार्थ चातुष्ट्य अर्थात धर्म, अर्थ, काम, मोक्ष का संतुलित मार्ग बताना होगा। ही काम, क्रोध, मद, लोभ, मोह से भी सावधान रहने की शिक्षा देना होगी। इनसे चारित्रिक अधोपतन रूकेगा।

अपने धर्म और संस्कृति की रक्षा के लिए, एकजुट होना होगा। तभी हम धर्म-विरुद्ध कानूनों को समाप्त करा पायेंगे। साथ ही नैतिक पथों को स्कूली शिक्षा में शामिल करना होगा।

युवाओं को सिखाना होगा कि अपनी कमाई का कुछ अंश जरूर धर्म सम्मत कार्यों और भलाई में खर्च करें।

विश्वास है कि भागती हुई युवा पीढ़ी को परिवार, संस्कार, समाज, धर्म व परोपकार से जोड़ने हेतु उपर्युक्त बिंदु उपयोगी सिद्ध होंगे। □

समाज, माता-पिता व संत समागम से सम्भव

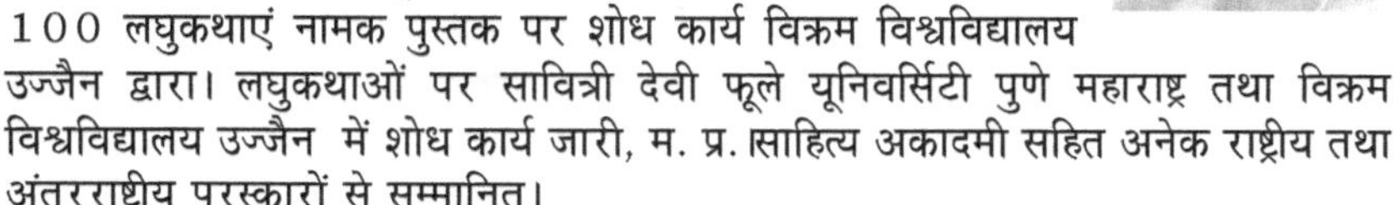

नाम– श्रीमती मीरा जैन

जन्म स्थल– जगदलपुर (छ.ग.)

शिक्षा– स्नातक

प्रतिष्ठित पत्र-पत्रिकाओं में लगभग ढाई हजार रचनाओं का प्रकाशन, 11 किताबें प्रकाशित, गृह मंत्रालय भारत सरकार द्वारा 2019 में देश के हिंदी विद्वानों की सूची में शामिल, सन 2011 में मीरा जैन की 100 लघुकथाएं नामक पुस्तक पर शोध कार्य विक्रम विश्वविद्यालय उज्जैन द्वारा। लघुकथाओं पर सावित्री देवी फूले यूनिवर्सिटी पुणे महाराष्ट्र तथा विक्रम विश्वविद्यालय उज्जैन में शोध कार्य जारी, म. प्र. साहित्य अकादमी सहित अनेक राष्ट्रीय तथा अंतरराष्ट्रीय पुरस्कारों से सम्मानित।

संप्रति– सदस्य बाल कल्याण समिति पद– प्रथम श्रेणी न्यायिक मजिस्ट्रेट

पता– 516, साँईनाथ कॉलोनी, सेठीनगर, उज्जैन (म.प्र.)– 456 010

फोन– 09425918116

jainmeera02@gmail.com, http://www.meerajain.in/

प्रत्येक राष्ट्र का युवा वर्ग चाहे वह युवक हो या युवती वे देश, समाज व परिवार के भावी दिशा निर्धारक होते हैं। उनके रहन-सहन, आचार-विचार को समाज निर्माण की नींव कहें तो कोई अतिशयोक्ति नहीं होगी। इसी संदर्भ में वर्तमान परिवेश पर यदि दृष्टिपात किया जाए तो अपवाद स्वरूप कुछ को छोड़कर युवा वर्ग का एक बड़ा तबका स्व में रमा हुआ है, रहते तो वे समाज में हैं किंतु समाज के प्रति अपनी जवाबदेही से विमुख होते जा रहे हैं। परिवार के नाम पर एकलता सर्व प्रचलित होती जा रही है। अनमोल संस्कारों का मोल शनैः-शनैः क्षरित होता हुआ समाप्ति के कगार पर पहुंचने को आतुर है। यदि यही हाल रहा तो आने वाला कल निश्चित ही संयुक्त परिवार विहीन हो जाएगा। नैतिकता किताब के पन्नो में सिमट कर रह जाएगी। इस स्थिति में धर्म की आकांक्षा का शून्यता के धरातल को अंगीकृत करना स्वाभाविक है। स्वयं में रहने वालों में परोपकार ढूंढना सूरज को दीप दिखाने जैसा है। आखिर ऐसी स्थिति समाज में निर्मित क्यों हो रही है। सर्वप्रथम तो हमें उनके कारणों को ढूंढना होगा।

कारणों में यदि सर्वप्रथम बच्चों के लालन-पालन पर दृष्टि दौड़ाई जाए तो पाएंगे कि आज से तीन चार दशक पूर्व तक बच्चों की परवरिश में खान-पान, शिक्षा आदि के साथ संस्कारों को भी विशेष महत्व दिया जाता था। माता-पिता, बड़े बुजुर्ग एवं गुरुजनों की नजर भी हमेशा अन्य गतिविधियों के साथ बच्चों के आचरण पर भी

विशेष रूप से होती थी कि कहां वह गलत कर रहा है। बच्चे की उस गलती को सुधारने के लिए व स्नेह, समझाईश, डांट-फटकार यहां तक कि कभी-कभी पिटाई के माध्यम से बच्चों के इर्द-गिर्द संस्कारों की परिधि आवश्यक रूप से येन केन प्रकारेण निर्मित कर ही देते थे। बच्चों को शैशव काल एवं बाल्यावस्था में दी गई शिक्षा उनके साथ ताउम्र चलती है, इस तथ्य पर आज विज्ञान ने भी प्रमाणिकता की मोहर लगा दी है। पांच-छः वर्ष की आयु तक बच्चा अपने जीवन का 80 प्रतिशत व्यवहारिक ज्ञान अर्जित कर लेता है शेष 20 प्रतिशत वह ताउम्र सीखता रहता है। बड़े होने पर अपवाद स्वरूप किसी किसी को कुसंगति गलत रास्ते पर भी ले जाती है किंतु अधिकांश का जीवन उन्हें बचपन में प्राप्त संस्कारों के अनुरूप ही गुजरता है। यही कारण है कि अतीत की पीढ़ी में आज भी वे गुण परिलक्षित हो रहे हैं, जो स्वस्थ समाज, परिवार, एवं व्यक्ति स्वयं के लिए उपयोगी हैं किंतु पिछले दो-तीन दशकों से बच्चों की परवरिश के मापदंड बहुत तेजी से परिवर्तित हुए हैं। भौतिकता एवं बाह्य चकाचौंध की अंधी दौड़ और अर्थोपार्जन की अमित लालसा के व्यापीकरण ने आवश्यक हो अथवा ना हो, पति-पत्नी दोनों ही कमाई के साधन जुटाने में जी जान से लगे हुए है। इसी महत्वाकांक्षा के चलते प्रारंभ में तो युवा घर से दूर हुए और समयाभाव के कारण वह ना तो अपने बुजुर्गों की देखभाल कर पा रहे हैं और ना ही संतानों को समय दे पा रहे हैं। स्नेह व आत्मीयता विलोपित होती जा रही है। आज परिवार के मायने ही बदल गए हैं। माता-पिता अपने बच्चों का पालन पोषण संस्कारों से नहीं वरन धन से कर रहे हैं। बच्चा जो चीज मांगता है तुरंत उपलब्ध हो जाती है। दादा-दादी और माता-पिता का स्थान अब आया ने ले लिया है। थोड़े बड़े हुए नहीं कि मोबाइल, दूरदर्शन का उपयोग, शैक्षणिक संस्थाएं भी पूर्णतया रोजगारोन्मुख हो चुकी हैं। माता-पिता का मुख्य ध्येय बच्चे के संस्कार नहीं बल्कि परीक्षा परिणाम ही हो गये हैं। संतानों को यह जो धन से पोषित करने की प्रवृत्ति समाज में व्याप्त हो रही है। इसी का परिणाम है युवा पथभ्रमित हो मानवीय, धार्मिक व नैतिक मूल्यों की अवहेलना कर स्वेच्छानुरूप आचरण करने में संलग्न है। अब प्रश्न यह उठता है कि संस्कारों की अवहेलना पर अंकुश कैसे लगाया जाए–

यह निर्विवाद सत्य है कि जहां संस्कारों का अभाव होता है। वहां दुराचरण का प्रभाव तीव्रता से पग पसारने लगता है। समाज के वर्तमान परिवेश में अधिकांश युवाओं की भूमिका भौतिकता एवं स्वयं में समाहित होकर सिमटती जा रही है। आज समाज और परिवार को आवश्यकता है। स्व से उभरकर युवा वर्ग पूर्व की भांति सर्व पर भी ध्यान देने के साथ ही विलोपित होती धार्मिकता को हृदय में पुन:

प्रस्फुटित कर धर्माचरण करें, परिवार के बुजुर्गों के प्रति सम्मान का नजरिया पुनर्स्थापित कर आवश्यकता अनुरूप उनकी सेवा करें। ऐसा आचरण परिवार, समाज और स्वयं युवाओं के हित में है क्योंकि आने वाली पीढ़ी भी वैसा ही करेगी, जैसा देखेगी, इस हेतु प्रस्तुत हैं कुछ प्रयास एवं सुझाव–

1. सहभागिता

समय–समय पर सामाजिक, पारिवारिक तथा धार्मिक कार्यक्रम आयोजित होते ही रहते हैं। इन कार्यक्रमों में युवा वर्ग से आत्मीयतापूर्वक चर्चा कर उनकी इच्छा एवं सुविधानुरूप सहभागिता निश्चित की जानी चाहिए। कम समय के लिए ही सही किंतु उन्हें कार्यक्रमों की महत्ता बताते हुए उनकी उपस्थिति दर्ज कराने हेतु उन्हें प्रोत्साहित करें। निश्चित ही कुछ स्वेच्छा से और कुछ संकोच वश आना आरंभ कर देंगे। इस तरह धीरे–धीरे उन्हें श्रेष्ठ कार्यों की ओर अग्रसर किया जा सकता है।

2. परस्पर वार्ता

प्रायः ऐसा होता है कि जो व्यक्ति पूर्णतः स्वार्थी होता है उससे अन्य समाजजन व परिचित कन्नी काटने लगते हैं। इस प्रकार के युवाओं से कन्नी काटने के बजाय जब कभी भी, कहीं भी मुलाकात हो उसकी अनदेखी ना करें, बल्कि उससे हंसकर मिलिए, वार्तालाप के दौरान हमेशा कुछ अच्छी बातें उसके समक्ष अवश्य प्रस्तुत करें। कभी–कभी सुसंगत से भी आचरण में बदलाव आने लगता है।

3. भावी चिंतन

जिन युवाओं ने संस्कार रूपी कपड़ों को अपने मन से उतार फेंका है। उन्हें यह आभास दिलाना बहुत जरूरी है कि वे जो कुछ भी कर रहे हैं, उसका कुप्रभाव आने वाली भावी संतानों पर निश्चित ही पड़ेगा, जिससे संतानों का भविष्य अंधकारमय तथा उनका बुढ़ापा बिगड़ना एवं समाज में विकृति आना संभव है।

4. सम्मानित करना

आज भी कई युवा ऐसे हैं जो संस्कारित होने के साथ ही साथ समाजसेवा, परोपकारिता के क्षेत्र में भी अव्वल है। ऐसे युवाओं की खोज कर उन्हें प्रति वर्ष विशेष रूप से सम्मानित किया जाना चाहिए और इसकी चर्चा सोशल मीडिया तथा समाचार पत्रों में भी प्रसारित व प्रकाशित होनी चाहिए, ताकि उनका तो उत्साहवर्धन हो ही साथ ही अन्य युवा भी इससे प्रेरित होते हुए उनका अनुसरण करें।

5. प्रशंसा करना

प्रशंसनीय कार्य करने वाले युवाओं की बढ़ा चढ़ाकर भूरी–भूरी खूब प्रशंसा की जानी चाहिए। प्रशंसा का माध्यम सोशल मीडिया, व्हाट्सएप ग्रुप, फेसबुक अथवा

युवाओं के समूह आदि के मध्य किया जाना चाहिए। ऐसे युवा तो प्रशंसा के पात्र बनेंगे ही तथा इस प्रक्रिया से अन्य युवाओं मे भी सेवा, परोपकारिता के भाव जागृत होना स्वाभाविक है।

6. लघु फिल्में

सद्भावना, धर्म, मानवता, नैतिकता, परिवार आदि से संबंधित छोटी-छोटी प्रभावी लघु फिल्मों का निर्माण कर उन्हें सोशल मीडिया पर खूब प्रसारित किया जाना चाहिए क्योंकि समयाभाव के कारण लघु फिल्में बहुत चलन में है और युवा वर्ग इसे बहुत चाव से देखता है। फिल्मों का असर मनोभाव पर शीघ्र तथा स्थाई होता है।

7. कथनी और करनी एक हो

माता-पिता, गुरुजन अथवा कोई भी व्यक्ति जो युवाओं का मार्गदर्शन कर रहा है। उनकी कथनी और करनी एक होनी चाहिए। इसके अभाव में उनके प्रयासों की सफलता संदिग्ध ही रहेगी।

8. संस्थाओं का सहयोग

देश में अनेक संस्थाएं ऐसी हैं, जो समाज सेवा परोपकारिता, धार्मिक कार्यों इत्यादि में संलग्न है। ऐसी संस्थाओं को चाहिए कि वे युवाओं को अधिक से अधिक जोड़ें। कुछ संस्थाएं जो सामान्य अथवा भारी-भरकम सदस्यता शुल्क लेती है। ऐसी संस्थाओं को भी सदस्यता हेतु युवा के आर्थिक स्थिति को ध्यान में रखना चाहिए। आवश्यकता हो तो उसे निःशुल्क सदस्यता भी दे।

9. संसाधनों का सदुपयोग

वर्तमान में लगभग प्रत्येक युवा के पास मोबाइल एवं अधिकांश के पास दो पहिया वाहन हैं। इन साधनों की उपलब्धता प्रारंभ में तो माता-पिता द्वारा ही कराई जाती है। अतः माता-पिता का यह फर्ज है कि उन पर निगरानी भी रखें कि उन संसाधनों का अनावश्यक उपयोग अथवा दुरुपयोग तो नहीं कर रहे हैं। इस दिशा में उन्हें समय-समय पर हिदायत व समझाईश देते रहे अन्यथा मनोवांछित परिणामों से वंचित रह जाएंगे बच्चों को स्वतंत्रता दे स्वच्छंदता नहीं।

10. संत समागम

नगर में जब भी संतों का आगमन हो, तब समझा बुझा कर युवा संतानों को भी साथ में ले जाएं। संतवाणी में इतनी शक्ति होती है कि गलत रास्ते पर जा रहा युवा भी उनकी वाणी सुन सही रास्ते पर चलने का प्रयास करने लगता है। यह निरंतरता बनी रहे तो भविष्य में समय-समय पर वह रुचिपूर्वक धार्मिक क्रियाओं

को भी संपन्न कराने में अपनी सहभागिता कुशलतापूर्वक निभायेगा।

11. शैक्षणिक संस्थाओं में व्याख्यान

प्रत्येक स्कूल तथा महाविद्यालय में यह प्रावधान अनिवार्य रूप से होना चाहिए कि प्रतिदिन या सप्ताह में दो—तीन दिन नैतिकता व मानवीय मूल्यों पर आधारित किसी अनुभवी एवं विशिष्ट व्यक्ति, शिक्षक आदि का व्याख्यान अवश्य कराया जाना चाहिए यह युवाओं को उचित मार्ग प्रशस्त करने का महत्वपूर्ण माध्यम है।

12. व्याख्या

युवाओं के समक्ष दुष्प्रवृत्ति से होने वाले दुष्परिणामों तथा सुप्रवृत्ति से उपजने वाले सुपरिणामों की बढ़—चढ़कर व्याख्या करें, यह भी श्रेष्ठ कार्यों के लिए युवाओं को प्रोत्साहित करने का एक अचूक अस्त्र है।

13. रोजगार

उच्च शिक्षित युवाओं के लिए स्तरीय एवं उच्च स्तरीय रोजगार के साधन उपलब्ध कराए जाएं ताकि वे रोजगार हेतु विदेश जाने के मोह को त्याग सकें और यही रहकर अपनी पारिवारिक तथा सामाजिक जिम्मेदारी का निर्वहन कर सके।

उक्त सुझावों पर यदि अमल किया जाए तो परिवार समाज, धर्म, परोपकारिता आदि से विमुख होते युवाओं में संस्कारों को पुनः स्थापित किया जा सकता है। यदि पहले से सचेत रहा जाए तो युवाओं के पथभ्रमित होने की आशंका अति क्षीण हो जाएगी। ▫

निबंध प्रतियोगिता पुरस्कार वितरण समारोह के कुछ बिम्ब

पुरस्कार वितरण समारोह 14 अक्टूबर 2023 अमृता हॉस्पिटल फरीदाबाद.

क्या खोया क्या पाया

नाम– देवीप्रसाद गौड़, मथुरा
पता– बी–50, मोतीकुंज एक्सटेंशन, मथुरा। 281 001
मोबाइल– 9627719477

परिवार, समाज, धर्म, संस्कृति एक–दूसरे के पर्याय हों या न हों किंतु पूरक अवश्य हैं। एक ही पेड़ की भिन्न–डालियों के भिन्न उत्पाद प्रतीत होते हैं। ये सभी मानवीय जगत के कारक बिंदु, मानव जीवन जीने की कलाओं के घटक हैं, जो मानवीय मूल्यों के अंकुरण से उनके पोषित होने तक ऊर्जावान, उर्वरक धरा के पोषक तत्व हैं। जिनसे जन्मे आदर्श, समाज को संवारते हुए संस्कृति को संरक्षित करते हैं। परिवार तो समाज की एक इकाई है। ये प्रतिमान शांति, प्रेम, अहिंसा, नैतिकता का पाठ पढ़ाते हुए धर्म के बिंब में प्राण प्रतिष्ठा करते हैं। जो सृष्टि की सम्पूर्ण मानव जाति को सुखी बनाने के रहस्यों को उदघाटित करते हैं। इन सुखों की परिणति पराशक्ति की चौखट चूमने तक का मार्ग प्रशस्त करती है, जो सुखों का अक्षय भंडार और पूर्ण विराम है।

आदर्शों की फसल में दीमक समाज, संस्कृति, परिवार तक जड़ों को खोखला कर देती है। किसी भी समाज का शिष्टाचार उसका सौंदर्य एवं मर्यादा उसके तट हैं। खोखले समाज का लालित्य कुरूप होने एवं उसके कगारों को ध्वस्त होने में देर नहीं लगती। स्वयं के खोदे हुए गड्ढे समुद्र बनने लगते हैं, फिर इनसे जो सुनामी आती है, पूर्वजों द्वारा पोष्य हजारों वर्ष पुरानी सभ्यता के खंडहर बन कर ढेर होने लगते हैं। युग–युग तक इन खंडहरों की खाक छानते रहते हैं इतिहास के पन्ने। इसके अलावा कुछ और बचता ही क्या है? समाज कल्याण को समर्पित कितने ही श्रावक लोक की श्रेष्ठ और आदि सभ्यता के संरक्षण के लिये कृत संकल्प द्वार–द्वार पर अलख जगा रहे हैं लेकिन कौन सुनेगा? जिन्हें सुनना चाहिये वे कानों में उंगली डाल कर बैठे हैं।

संस्कृति का विदेशी प्रभाव से हताहत होना, विकलांग मानसिकता स्वदेशी शीलवत्ता को धीमा जहर पिलाये जा रही है। सामूहिक परिवार अवधारणा की हत्या, चतुर्दिक असहाय वृद्धों की चीख–पुकार, श्रवण कुमार की धरती पर बहुत बड़ी आबादी का अनाथालयों में जाकर बस जाना। जन–जन का क्लांत मन जो झूठी

मान्यताओं के वास्ते जीवन मूल्यों को नीलाम करने के लिये भौतिक चकाचौंध की मंडियाँ तलाश कर रहा है। भोग-विलासी लिप्सार्थ भारतवर्ष की धर्म धरा और स्वधर्म संरक्षण का त्याग कर पश्चिमी संस्कृति के शरणागत ही नहीं, वहाँ की नागरिकता के लिये प्रार्थी बनना तो एक गौरव का विषय बन गया है।

विसंगतियों के पिटारे से कराहते हुए तमाम प्रश्न बाहर आना चाहते हैं। आखिर ऐसा क्यों? इस महाविनाश की संभावना के लिए जिम्मेदार कौन? इस त्राशदी से उबरने के लिये किसको क्या करना चाहिए? बुद्धिजीवी वर्ग तो स्वयं इस दल-दल में फँसता दिखाई दे रहा है। जब से हमने अपने मूल निवास से शहर की कृत्रिम चमक-दमक की ओर मुँह मोड़ा है, संस्कृति की मौलिकता रुग्ण हो, आहें भरने लगी है। जिन बस्तियों में कई सौ वर्षों से पीढ़ियाँ रह रहीं थीं। वहाँ धर्म, जाति, पड़ोस के नाम पर संगठित सामाजिक इकाइयाँ अपने सदस्यों को हर प्रकार से सुरक्षा प्रदान करने के साथ-साथ मर्यादित रहने के लिये नियंत्रित भी करती थीं। कोई भी सदस्य अगर सामाजिक मर्यादा को भंग करता है तो गाँव का समाज चुपचाप बैठ कर तमाशा नहीं देखता चाहे वह विसंगति नितांत पारिवारिक ही क्यों न हो।

बूढ़े-माँ-बाप की रोटी से जुड़ा प्रश्न हो या सहोदरों में आपसी विवाद या फिर किसी भी परिवार की सदस्य के साथ किसी तरह का उत्पीड़न। पास पड़ोस के झगड़े, संपत्ति की बटवारे जिन्हें न्यायालय तक हल नहीं कर पाये पंचायत की व्यवस्था के रूप में समाज न्याय और नीति पक्ष के साथ खड़ा होकर प्रतिवादी अन्याय पक्ष का दमन करना अपना कर्तव्य समझा जाता रहा है। अगर दोनों पक्षों में कोई एक पक्ष पंचायत के फैसले से सहमत नहीं होता है तो पंचायत के दंड विधान के अनुसार उसे समाज से बहिष्कृत कर दिया जाता है। यह बहुत बड़ा दंड है बाबा तुलसीदास जी ने कहा है, 'यद्यपि जग दुख दारुण नाना सबसों कठिन जाति अपमाना।' इस प्रकार गाँव, परिवार, समाज, धर्म, संस्कृति को सदैव संतुलित करता रहा है।

छोटे शहरों में जो परिवार पिछले सैकड़ों वर्षों से रह रहे हैं, उनका फिर भी एक समाज है। दीर्घकाल से रहने के करण नाते-रिश्तों का जाल सामाजिक संरचना कर चुका है। जीवन-मरण शुभ-अशुभ हर अवसर पर एक दूसरे के साक्षी बनते रहते हैं। अगर कोई किसी तरह मर्यादा की चौखट लाँघने का दुस्साहस करता है तो वह स्वभावतः लोक-लाज मान-प्रतिष्ठा से बुने सामाजिक जाल में फँसने से बचने का प्रयास करता है।

अगर आपको समाज का गला घुटता हुआ देखना है तो दो-चार दिन के लिये देश के किसी महानगर की यात्रा पर चले जाइये। अपने अड़ोस-पड़ोस या नाते-

रिश्तों पर मन की आँखों से सरसरी नजर घुमा कर देखिये मुश्किल से दो मिनट के मौन चिंतन में दस–पाँच परिवार आपको ऐसे मिल जायेंगे, जो मुंबई, दिल्ली, मद्रास कलकत्ता में रह रहे हैं। लेकिन बिना कोई सूचना दिये जाना अन्यथा वे आपसे न मिलने का कोई न कोई बहाना बना देंगे। क्योंकि संबंधों की दृढ़ता मैत्री–सहयोग महानगर के दूषित वातावरण में सबके–सब बीमार हैं। यहाँ तो एक पड़ोसी दूसरे पड़ोसी का फोटो नहीं पहचानता कोई एक वर्ष पहले बगल वाले पड़ोसी की सोसाइटी के कार्यालय में शक्ल देखी थी। पिछले हफ्ते उसकी पत्नी परलोक चली गई मुर्दा उठाने के लिये मजदूर भी बड़ी मुश्किल से मिले थे।

भला वो बेचारा आपको कैसे पहचानेगा। जब शरीर अस्वस्थ होता है तो चिकित्सक सबसे पहले अस्वस्थता के कारणों का परीक्षण कराता है। निदान के बाद चिकित्सीय विकल्पों को परामर्श करता है। बीमारी दवाओं से चली जायेगी या फिर शल्य चिकित्सा को मजबूर होना पड़ेगा। ऐसा भी नहीं है कि सामाजिक अस्वस्थता के कारण बुद्धिजीवी वर्ग की पहुँच से बाहर हों। वर्तमान में तो जन सामान्य भी अनविज्ञ नहीं किंतु जब हम सामाजिक विसंगतियों पर दृष्टिपात करते हैं तो अपने आप को भयभीत, असहाय सा पाते हैं। सुरसा की तरह मुँह फैलाये किंतु सुरसा तो एक हनुमानजी को ही निगलना चाहती थी। लगता है यह असाध्य ब्याधि तो सम्पूर्ण युग को ही निगल कर रहेगी।

समाचार पत्रों के संपादकीय हों या चाय की दुकान पर बैठे शिक्षित, अशिक्षित ग्राहकों की चर्चा या फिर प्राइमरी स्तर से उच्च शिक्षा तक के पाठ्यक्रम का आवश्यक अध्याय या किसी भी प्रतियोगी परीक्षा के प्रश्न का उत्तर बढ़ती हुई आबादी विकासशील भारत की समृद्धता के लिये अकाट्य अभिशाप है। जो सारे संसाधनों को लीलते हुए रोजी–रोटी को भटकने के लिये मजबूर कर रही है। भूख न मुम्बई को पहचानती है न कलकत्ता को वह तो सिर्फ़ पेट को पहचानती है। मुंबई, दिल्ली जैसे महानगरों में मैंने देखा है वहाँ की ऑटो, टैक्सी सेवा में अधिकांशतः पूर्वी उत्तर प्रदेश और बिहार के लोग अपनी सेवा देकर परिवारों का भरण पोषण कर रहे हैं। शायद अपने पैतृक गाँव में रह कर न बच्चों को निवाला दे पाते न शिक्षा। ये लोग गाँव छोड़कर महानगर में नहीं आना चाहते किंतु विशेष परिस्थितियों पर ऐसा करना पड़ा।

कुछ मजदूर गाँव, कस्बे छोटे–छोटे शहरों में मजदूरी के अभाव में तरह–तरह की मजदूरी के लिये एवं उद्योगों से जुड़े कुशल मजदूर महानगरों की शरण लेते हैं। अकुशल मजदूरों की लम्बी लाइन महानगरों की ओर प्रस्थान कर रही है, अगर इन्हें अपने क्षेत्र में मजदूरी मिलती तो शायद महानगर की भीड़ में धक्के नहीं खाते। कोरोना

काल खंड में महानगरों से मजदूरों के शैलाव उमड़ रहे थे।

महानगरों के निकट जैसे दिल्ली के निकटवर्ती क्षेत्र नोएडा, गुडगाँव जो दिल्ली के मुहल्ले बने हुए हैं। कुछ लोग मृग तृष्णा के शिकार इसका अपवाद भी हैं जो भिन्न–भिन्न व्यवसायों से जुड़े सोने के सिक्कों से अपना पेट भरना चाहते हैं। इस तरह पूरा देश महानगरों में सिमट रहा है। इन परिस्थितियों में धर्म, समाज, संस्कृति जैसे नाम पुस्तकों में ही पढ़े जाते हैं।

सामाजिक अस्वस्थता के कारणों पर तो पूरा देश एक मत हो गया किंतु इनसे जनित समस्याओं का समाधान अभी तक यक्ष प्रश्न ही बना हुआ है। वर्तमान परिस्थितियों को देखकर लगता है यह सिलसिला भविष्य में चलता ही रहेगा। मेरे विचार से आगामी पीढ़ियों को सुसंस्कारित किया जाना चाहिए। वे जहाँ भी रहें अपने परिवार, समाज और संस्कृति से जुड़े रहें।

स्वधर्म में आस्था और उसकी मर्यादाओं का अनुपालन निसंकोच गर्व के साथ करें। मैं जिनवाणी चैनल पर देखता हूँ श्री श्री 1008 श्री महामुनि प्रमाण सागर जी महाराज द्वारा अपने शंका समाधान कार्यक्रम में यह कार्य बखूबी किया जा रहा है। अब इस ज्ञान यज्ञ में बच्चों की भागीदारी भी बढ़ती जा रही है। यह इस कार्यक्रम के उद्देश्यों की पूर्णता एवं सफलता की गुणवत्ता का परिचायक है। राष्ट्र कल्याण के लिये इस तरह के कार्यक्रम सभी धर्मों द्वारा अपना दायित्व समझ कर संचालित किए जाएँ।

सच्ची धार्मिकता अपरिग्रह की भावना जाग्रत करती है, जो राष्ट्रीय विकास में सहायक है। व्यक्ति विशेष द्वारा जरूरत से अधिक संपत्ति एकत्रित करना देश के दूसरे नागरिकों को गरीबी का अभिशाप देकर कष्ट का कारण बनती है। इसलिए हमारी संस्कृति में इसे हिंसा कहा है। इस पर कानूनी शिकंजा कसा जाय। यद्यपि देश की प्रगति के लिए हम किसी भी मुद्दे के प्रति उदासीन नहीं है। फिर भी कृषि और उद्योगों के गहन विकास के लिये आधुनिक एवं नवीनतम तकनीक पर विशेष ध्यान दिया जाय। हम अपनी सभी जरूरतों के लिए आत्मनिर्भर बनें ताकि चाइना जैसे बाजारों के लिए हम अपने देश के दरवाजे हमेशा के लिए बंद कर दें। सुझाव बहुत हैं किंतु इस लघु पत्रावली में सबका उल्लेख संभव नहीं। ▢

भागती हुई युवा पीढ़ी

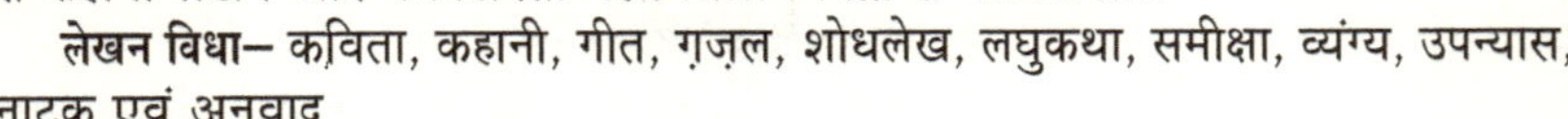

नाम– आशा शैली

जन्म– 2 अगस्त 1942

जन्मस्थान– 'अस्मान खट्टड़' (रावलपिण्डी, अविभाजित भारत)

मातृभाषा– पंजाबी

शिक्षा– ललित महिला विद्यालय हल्द्वानी से हाईस्कूल, प्रयाग महिला विद्यापीठ से विद्याविनोदिनी, कहानी लेखन महाविद्यालय अम्बाला छावनी से कहानी लेखन और पत्रकारिता महाविद्यालय दिल्ली से पत्रकारिता।

लेखन विधा– कविता, कहानी, गीत, ग़ज़ल, शोधलेख, लघुकथा, समीक्षा, व्यंग्य, उपन्यास, नाटक एवं अनुवाद

भाषा– हिन्दी, उर्दू, पंजाबी, पहाड़ी; महासवी एवं डोगरीद्ध एवं ओड़िया।

नागरिकता– भारतीय (हिमाचल प्रदेश/उत्तराखण्ड)। साहित्यिक यात्रा निगत 50 से अधिक वर्षों से देशभर की प्रतिष्ठित पत्र, पत्रिकाओं में श्रेष्ठ रचनाओं का प्रकाशन व आकाशवाणी, दूरदर्शन के कार्यक्रम में सहभागिता।

प्रकाशित पुस्तकें– लगभग 40 पुस्तकों का श्रेष्ठ प्रकाशकों द्वारा प्रकाशन।

उपलब्धियाँ– देश-विदेश की पत्रिकाओं में रचनाएँ निरंतर प्रकाशित, 1974 से आकाशवाणी एवं 1984 से दूरदर्शन के विभिन्न केन्द्रों से निरंतर प्रसारण, भारत के विभिन्न प्रान्तों के साहित्य मंचों से निरंतर काव्यपाठ, विचार मंचों द्वारा संचालित विचार गोष्ठियों में प्रतिभागिता।

सम्मान– राष्ट्रीय स्तर के ढेर सारे सम्मान।

सम्प्रति– प्रधान सम्पादक, हिन्दी पत्रिका शैलसूत्र (त्रैमासिक)

स्थाई पता– साहित्य सदन, इंदिरा नगर–2, पो. ऑ. लालकुआँ, जिला नैनीताल (उत्तराखण्ड) 262402, मो.9456717150, 7055336168,

ई मेल– asha.shaili@gmail.com

कहा जाता है कि बचपन और बुढ़ापा दोनों ही युवा कंधों के सहारे चलते हैं, जो बिल्कुल सच है। युवा शक्ति किसी भी देश की रीढ़ की हड्डी होती है। जिस प्रकार किसी भी जीवधारी की रीढ़ ही शरीर का आधार होती है, उसी प्रकार किसी देश का आधार युवा शक्ति होती है। कमजोर और भ्रान्त मनुष्य को अक्सर बिना रीढ़ का केंचुआ कहकर अपमानित भी किया जाता देखा गया है। रूप-सौंदर्य की दृष्टि से भी युवावस्था ही सर्वोत्तम होती है। नई पीढ़ी का आगमन भी युवा पीढ़ी का दायित्व होता है और धनार्जन भी। उदाहरणार्थ प्रातःकाल के सूर्य को बाल रवि कहा जाता है। दोपहर को वह अपनी पूरी शक्ति के साथ तप रहा होता है, अर्थात् सम्पूर्ण सृष्टि की यही सर्वोच्च अवस्था होती है। यही बात मनुष्य की भी है। मानव शरीरधारी जीव भी युवावस्था में सम्पूर्ण हो चुकता है तो वार्धक्य में उसका अस्त होना प्रारम्भ

हो जाता है और वह धीरे-धीरे अंत की ओर अग्रसर होता है।

अब हम अपनी मूल समस्या की ओर आते हैं। हमारा देश विश्व में सर्वश्रेष्ठ सांस्कृतिक मूल्यों का देश रहा है। हमारी सनातन संस्कृति की देन हैं भारत की अमूल्य परम्पराएँ किन्तु यहाँ भी हम युवावस्था अथवा यौवन को नकार नहीं सकते। हालांकि वैदिक संस्कृति अब लुप्तप्राय हो चुकी है, फिर भी अभी बहुत कुछ बचा हुआ है, जिसकी सुरक्षा अनिवार्य हो गई है। इसे न तो बालक ही बचा सकते हैं और न ही वृद्ध बचा सकते हैं। यदि हमारी संस्कृति को कोई बचा सकता है तो वह है मात्र हमारे देश की युवा पीढ़ी।

प्रत्येक जीव को जहाँ उदरपूर्ति के साधन चाहिए, वहाँ मनुष्य को उदरपूर्ति के साथ ही और भी बहुत कुछ चाहिए और आज आपाधापी के इस युग में तो उसे और भी बहुत कुछ चाहिए। इस चाहिए में बहुत बड़ा स्थान झूठे दिखावे का होता जा रहा है। आज से मात्र कुछ दहाई पूर्व हमारे सामाजिक आडम्बर इतने अधिक नहीं थे। जब पुरुष कमाने जाते थे और महिलाएँ घर और संतान का दायित्व सम्भालती थीं। एक ही पुरुष की आय से पूरा परिवार पलता था। जीवन में सादगी थी, घर की महिला पूरे परिवार को स्वादिष्ट और पौष्टिक भोजन उपलब्ध कराती थी।

बच्चे संस्कारी होते थे और समाज परस्पर सहयोगी। देखते ही देखते परम्पराएँ बदलने लगीं। स्त्री घर की चौखट से बाहर आकर कमाने लगी, यहाँ तक तो ठीक ही था परन्तु अब धन की लिप्सा बढ़ने लगी। पुरानी स्वस्थ परम्पराओं को भी परिवर्तन के नाम पर नकारा जाने लगा, नई पीढ़ी पर कोई रोक-टोक नहीं। माता-पिता दोनों के बाहर रहने से नई पीढ़ी पर कोई अंकुश नहीं रहा। परिवार टूट गए तो दादा-दादी किस खेत की मूली हैं।

मनुष्य की असीमित इच्छाएँ उसे किस ओर ले जा रही हैं, इसका भी अन्दाज लगाना कठिन हो गया है। दिखावा बढ़ गया है और विडम्बना यह कि आज हमारी युवा पीढ़ी भाग रही है इसी चकाचौंध की दुनिया में बेलगाम होकर। जी हाँ, भाग रही है धन के पीछे, चकाचौंध के पीछे....भाग रही है विदेशी आकर्षण के पीछे। भाग रही है नकली और बनावटी प्रेम सम्बंधों के पीछे। विवाह सम्बंध! जिसे भारत में जन्म-जन्मांतर का सम्बंध माना जाता था, कुछ वर्ष में ही टूट रहा है। इसे न तो अपने उत्तरदायित्व की चिन्ता है, न कर्तव्य का बोध। बस चिन्ता है तो अपनी असीमित उड़ानों की, अपनी इच्छाओं की। इसके अतिरिक्त और भी बहुत कुछ है जिसके पीछे आज की युवा पीढ़ी भाग रही है दिशा हीन होकर। किसने दिखाई आज की युवा पीढ़ी को यह राह ? न माँ को संतान की चिन्ता है और न पिता को। बच

रहे हैं तो देश में निरंकुश भागते नागरिक।

स्वर्ग जैसे भारत का आज पूरा परिवेष ही बदल गया है। परन्तु यह सब एक दिन में तो नहीं हुआ। इस परिवर्तन में बहुत समय लगा है। यह सब इतनी धीमी गति से हुआ कि हम या हमारे वरिष्ठों ने इसे अनुभव ही नहीं किया अथवा शताब्दियों के दासत्व ने सम्भलने का अवसर ही नहीं दिया। एक षड्यन्त्र के तहत हमारी शिक्षा, हमारा परिवेष, रहन-सहन, भोजन-वस्त्र, जीवन शैली आदि सब कुछ बदलता चला गया। जिसे भारतीय समाज प्रगति और आधुनिकता मानता रहा। इसी का परिणाम है कि युगों पुरानी हमारी सनातन संस्कृति आज विनाश के कगार पर खड़ी है। हरा-भरा स्वर्ग के समतुल्य भारत कैसे विदेशी संस्कृति के चंगुल में फंसकर रह गया। यह बहुत दुख का विषय है। परन्तु इसके लिए हम और हमारी पीढ़ी ही विशेष रूप से उत्तरदायी है। हमने ही अपने बालकों में इस चकाचौंध का बीजारोपण किया है जो उनके युवा होते मन और शरीर पर जमकर बैठ गया नहीं कर्ण के कवच की तरह चिपक गया है।

हम कूढ़मगज़ बच्चों से भी कक्षा में प्रथम आने की आशा रखते हैं, कलाकार की मानसिकता रखने वाले बच्चों को डॉक्टर और वकील बनाना चाहते हैं। हमारी बढ़ती महत्वाकांक्षाओं ने समाज से छोटे कार्यों को एक तरह से नकारना सिखा दिया है परन्तु आवश्यकताएँ तो मूलभूत हैं। गाया नहीं पालना, छोटा काम है। श्रम है और गोबर मिट्टी के साथ एकाकार होना है, फिर भी दूध तो चाहिए ही चाहिए। पैर में जूता चाहिए और बनाने वाले नहीं हैं। सबको बेटे-बेटियाँ डॉक्टर, वकील, इंजीनियर और नेता चाहिए तो बच्चा इसके लिए उत्तरदायी कैसे हो गया। मानसिकता तो हम ने ही बनाई है ऐसी और यह सब एक दिन में नहीं हो गया। इसके लिए हमारी दो पीढ़ियों से भी अधिक उत्तरदायी हैं। यहाँ तक आते-आते हमको सौ वर्ष से भी अधिक लगा है। परिणाम हमारे सामने है कि आज युवा पीढ़ी भाग रही है। आज न उसे अपने जन्मदाताओं की चिन्ता है और न देश की। जिस प्रकार रासायनिक खाद ने धरती की उपजाऊ शक्ति सोख ली है, उसी प्रकार आज हमारी नई पीढ़ियाँ कृत्रिम जीवन के आकर्षण में अपने संस्कारों से दूर भाग रही हैं जो न तो मानवता के हित में है और न देश हित में। परन्तु प्रश्न है कि इसे इस दिशा में भागने से कैसे रोका जाए? प्रश्न विचारणीय है कि युवा पीढ़ी को वापस संस्कारों, परिवार और समाज से कैसे जोड़ा जाए? आज की इस भागमभाग में गाँव तो गाँव छोटे-छोटे शहर भी उजड़ रहे हैं। बहुराष्ट्रीय कम्पनियाँ बड़ी-बड़ी राशि देकर नई पीढ़ी के रक्त की अंतिम बूंद तक निचोड़ लेती हैं। हमारे बच्चों को न रात

दिखाई देती है और न दिन और अब सब बर्बाद होने के बाद हम इसका समाधान खोज रहे हैं।

इसके लिए हमें फिर से अपने भारतीय मूल्यों की ओर लौटना होगा। मैं मानती हूँ कि यह बहुत आसान तो नहीं है परन्तु असम्भव भी नहीं। आइए अब तनिक पीछे लौट चलें। आप कहेंगे कि क्या आज स्त्री को फिर से चारदीवारी में बंद कर देना समयचीन या सम्भव होगा ? क्या हम फिर से बैलगाड़ी के युग में चले जाएँ ? नहीं, यह तो सम्भव ही नहीं, परन्तु क्या बदलाव सम्भव नहीं ? तनिक सोचकर देखिए वैदिक युग के आपको बहुत से उदाहरण मिल जाएँगे नारी सशक्तीकरण के। वेदों में बहुत सी विदुषी महिलाओं की ऋचाएँ मिल जाएँगी। यदि आज प्रेम विवाह हो रहे हैं तो क्या वैदिक काल में नहीं हुए थे ? सावित्री ने पति की खोज के लिए यात्रा की थी तो सत्यवती को एक संतान के बाद भी महाराज शान्तनू ने स्वीकारा था। हरिश्चन्द्र को वचन पूरा न कर सकने के कारण ही चाण्डाल का दास बनना पड़ा था। द्रौपदी को कर्ण स्वीकार नहीं था इसीलिए उसने विवशता वश उसका सूतपुत्र कहकर अपमान किया था, अन्यथा वह मछली को बींध सकता था और इस तरह उसे अनिच्छित वर मिलता जो उसे स्वीकार नहीं था।

इतिहास गवाह है कि सम्राट अशोक के रानी तिष्यरक्षिता चाहे दासी से रानी बनी परन्तु वह इतनी शिक्षित तो थी कि अपनी आँख से काजल निकालकर एक अनुस्वार लगाकर वाक्य का अर्थ बदल दिया और सौतेले बेटे को अंधा करवा दिया। मानव स्वभाव पूर्व में भी ऐसा ही था और आज भी वैसा ही है। गाँधारी ने विद्रोह स्वरूप ही आँखों पर पट्टी बाँधी थी।

कहने का तात्पर्य यह कि हमें अपनी प्राचीन परम्पराओं को आज के संदर्भ में जोड़कर जीवित करना होगा, तभी हम अपनी युवा पीढ़ी का रुख मोड़ पायेंगे। इसके लिए सरकार और समाज दोनों को कार्य करना होगा। इसके लिए हमें अपनी शिक्षा नीति में आमूलचूल परिवर्तन करना होगा। क्योंकि मसला युवा पीढ़ी का है। वर्तमान युवा को बदलना असम्भव है परन्तु सोचना इसी को है। नई पौध के कोमल तंतुओं को हम संवार सकते हैं, किन्तु इसके लिए भी पहल तो युवा समाज को ही करनी होगी। माता–पिता को अपने पूर्वाग्रह से मुक्ति पानी होगी। सहनशक्ति बढ़ानी होगी। आज के वार्धक्य का परिणाम देखकर युवाओं को अपना भविष्य तय करना होगा। नई पीढ़ी को स्नेहसिंचित करना अनिवार्य है तो मानवमूल्यों के बारे सचेत करना भी आज के अर्ध युवा अर्थात प्रौढ़ पीढ़ी का दायित्व बनता है। सरकार का दायित्व बनता है कि वह इस प्रकार की शिक्षा योजनाएँ प्रारम्भ करे, जिससे युवा पीढ़ी को

नैतिकता के मूल्यों की जानकारी हो। उनमें राष्ट्रप्रेम और दायित्वबोध जागृत हो। प्राणीमात्र के लिए करुणा और दया भाव जागे। केवल अक्षर ज्ञान ही शिक्षा का उद्देश्य नहीं होना चाहिए। समाजसेवियों का दायित्व है कि वे सरकारें बनाने–गिराने के बजाय सरकारों से उचित कार्य करवायें। मेरा दावा है कि मानवमूल्यों के प्रति जागरूकता बढ़ने से हमारे देश की युवा पीढ़ी की दिशा और दशा दोनों में सुधार होगा। ☐

निबंध प्रतियोगिता पुरस्कार वितरण समारोह के कुछ बिम्ब

पुरस्कार वितरण समारोह 14 अक्टूबर 2023 अमृता हॉस्पिटल फ़रीदाबाद.

Keep alive your moral

नाम– कु. सयोना जैन, गाजियाबाद

शौक– उपन्यास पढ़ना, यात्रा करना, संगीत सुनना, योग करना

उपलब्धियाँ– 1. विज्ञान, अंग्रेजी और फ्रेंच ओलंपियाड में प्रथम पुरस्कार जीता। 2. प्रथम पुरस्कार अंग्रेजी वाद–विवाद और द्वितीय पुरस्कार हिन्दी वाद–विवाद जीता। 3. विज्ञान प्रश्नोत्तरी में प्रथम पुरस्कार जीता। 4. दिगंबर नैतिक शिक्षा शिविर में कई बार प्रथम पुरस्कार जीता। 5. कक्षा 10–94% और अंग्रेजी में 100 अंक प्राप्त किए। 6. अर्हम योग में प्रथम स्थान प्राप्त किया। 7. कथक नृत्य में प्रथम पुरस्कार जीता। 8. कई इंटरस्कूल प्रतियोगिताओं और वेबिनार में प्रथम पुरस्कार जीता। 9. दिगंबर नैतिक शिक्षा शिविर में 'भाषण प्रतियोगिता' में प्रथम पुरस्कार जीता। 10. 'भारतीय संस्कृति ज्ञान परीक्षा' में दूसरा पुरस्कार जीता। 11. ज्वैलरी डिजाइनिंग में दूसरा पुरस्कार जीता। 12. कई 'प्रतिभा सम्मान समारोह' में सम्मान मिला। 13. परम पूज्य मुनि पुंगव सुधासागर जी मुनिराज के आशीर्वाद से आयोजित विराधना ज्ञान शिविर, सूर्यनगर में छहढाला में प्रथम स्थान प्राप्त किया।

A strong Jain education system is not only a powerful way to affect youth of the community positively but is also necessary if the Jain community hopes to survive. I want to discuss about things that can be done in order to get back the youth on right track. Make sure young people know why they should get involved in social action. What does social action and service mean to young people? Ask them. Have a conversation about why helping people in need living in your community is important. The main goal of the Pathshalas is to teach our kids based on current environment, the message of compassion and nonviolence in all aspects of life, encourage vegetarianism and vegan way of life, use environmentally friendly product, and live alcohol and drug free lifestyle. This stems from a desire to practice compassion and nonviolence as well as instill Jain values, our rich culture and heritage. "In life, if you have a solid walk with strong faith towards your principles and religious values, then you will not ever behold fear". This is something the kids should be reminded in their growing age to face the modern secular world. Which, I am certain will enable them to make wise decisions in life at the right time. It is the responsibility of the parents to nurture their children with values of spirituality and ethics making their roots grounded firmly to religious philosophy. But the generation striving today needs clarity and evidence for them to assimilate the knowledge and pursue the same. And hence it becomes significant to create the scenario that they readily accept religion and its values without any doubt. Apparently, besides it being the bitter fact, is certainly challenging to motivate the current generation and incline them towards religious practices. Although, if we diversify the approach to explain religious philosophy and persuade them to understand the same, it might not be so arduous. It is always better to have little than nothing. But for this little to be more in the future, the efforts need not be minimal or be it diminishing. It is our responsibility as Jain Shravak to uphold the values and importance of Jainism and bequest the essence of it to the future generation. To bring a change and make religion progressive in the current scenario, we all need to have a critical mind, but an open mind as well. But this begins right from your home! Understand and make others understand the essence of spirituality and religion. In our busy lives, have you ever thought about what is the purpose of your life? In this big universe, besides the materialistic gains, which you may gain today and lose tomorrow, what is the most essential element that can stay with you for life long and justify the purpose of your life? This essential element is to elevate your soul on the path of spiritual gains. These gains would stay with you till eternity and give you

immense self-gratification. Though in this glamorous society it is inevitable that one can be distracted by delusive happiness. But when we understand that these physical happiness and pleasure are just timely, and it is also followed by sorrows and pain, we would certainly seek for happiness that would be ceaseless and has nothing to lose. This immense contentment can only be enthralled by immersing oneself into the ocean of spirituality, balancing our life by controlling our senses, living this worldly life with values and principles of Jain religion, and serving our soul the purpose of this human life. By following this path of spirituality, there is no loss but just gain and that is gain of eternal peace & exhilaration, and an end to all the sorrows. The fact is, only the human race is advantageous to have the thought-provoking machine and that is the human brain. So, let us use it wisely to understand the right source of eternal happiness and understand our internal conflicts. But this is possible only if we comprehend Jainism in life. Understand Jain philosophy and practice the same in this modern secular world. Fortify the values of Jain principles in your children ever since childhood so that they prosper in the future with their roots firmly grounded with resilient ethics and values of Jainism. Live life with Jain moralities & makes others around us understand the same. Spread the world wisely! Bring Awareness that Jainism is one of the only scientific religions in today's era. We need to accept the teachings of Mahavira and acharyas as vital essentials without any doubt, and the same we need to endeavour to nurture our children with, who would contour the future tomorrow. In this modern scientific era, when the values of everything is changing, it is necessary to understand that after 20-25 years, these old essentials taught by Jain doctrines, would appear very scientific and will become necessary to pursue to live a healthy life. Not eating after sunset is not mere traditionalism of Jain practice, besides the objective of nonviolence by doing so, it is also proposed for our physical wellbeing. This practice in recent times has been accepted all around the world by non-Jain individuals as well. Drinking boiled water, instead of mineral water as suggested by health advisers today, was directed in Jain doctrines for decades. Inclination towards Veganism and vegetarianism in today's epoch is the primary canon of the Jain religion suggested by Mahavir Bhagwan way earlier. Moreover, analysing the situation of epidemic, everyone is bound to cover their mouth and wear a mask, which is inevitably comparable to Jain practice of covering mouth for not harming living beings in the surrounding (Vayu Kaya jeevs). Well, such a scientific façade to Jain religion can go on and on. We accept the theory of science because it is logical, rational, and structured. Jain religion is structured on the same logistics and is absolutely rational.

Jain philosophy & rituals are practical and hold no existence to pretentiousness and dogmatism. It only focuses on the purification of soul, mind & self-conduct. It teaches you to live a balanced life and a comprehensive lifestyle. When these personas of Jain philosophy and rituals are understood, it would be effortless to thrive Jain practices in today's era. Using social media and Satellites to spread the word is much in practice in today's eon but taking a few more advanced steps towards it might help. In today's contemporary time, social media and technology is the key while communicating with the youth. When the current generation is leaning towards programmed languages and IT media, why not use the same to enhance the religious teachings and make it spread worldwide? In current busy life, when essential teachings of Jain

doctrines can be made available with just one click then why not? Why not make it more convenient? To appeal to youth may be proposed teachings of Jainism making it more interactive using quiz apps, games, animated visual arts, and explore technology to reach masses, persuade young cohorts who are responsible to prosper the future. Technology can enable the conduction of information and teachings more quickly, accessible, and achievable. Let us rediscover the style of imparting Jain religion. When nurtured from childhood, the values will be endorsed within the soul & they will make the imminent society seamless & optimistic. Besides all these modified processes of teaching Jain religion, it is very essential to understand that we need to conduct the rituals of understanding and practice it every day, not just occasional. Reciprocate to the spiritual knowledge you aspire and breathe through it, live with it, practice it at every stage of your life, and explain the same to others around you. Make spirituality, religion and its philosophy as an essential part of your life. If you understand this with the right approach and practice the same with true sanctity, you will be able to disseminate the same to your children. As Mahatma Gandhi always mentioned, if you want to bring a change in the world, change yourself first! Practice it thoroughly before you preach.

"Religion that ignores society has no chance of survival" because man and society are interdependent. There is an intense interaction between an individual and his social surroundings. Every individual is expected to be socially mature and responsible. Instead, the individuals face a number of problems in their social day-to-day affairs viz socio-economic inequalities, poor status of women in society, ill-treatment of elderly, child abuse, dowry, modern day stress, suicide, non-vegetarianism, alcoholism, materialistic ambitions, poverty, cultural and religious conflicts, casteism etc.

As per Lord Mahavira – Jainism is open to people belonging to all walks of life irrespective of caste, colour, creed, gender, wealth etc. He propounded that 'Man' himself is the architect of his own life and he is guided by his own "Karma". No power can save a man from the implications of his own good or bad deeds. Jain philosophy believes in self-reliance, individual cum social equality, inter-faith tolerance, non-violence, non-possession and adheres to limiting one's needs and wants. In short, Jain philosophy can pave the way towards resolution of all of life's problems, but it requires true faith and dedication on our part. Christopher Key Chapple said the Jain concept of nonviolence is an eco-friendly concept as violence never brings peace and happiness to man and the society at large.

I have concluded that Jainism has the most to offer to resolve the problems of all humans. This religion has the treasure of knowledge and wisdom that has the power to awaken, make us happy, serene, and peaceful, and unlock our potential to lift us much higher. Unfortunately, most of us have neither recognized this power; nor made the efforts in a correct way. ☐

'हम बनाते हैं घर'

नाम– डॉ. अमिता दुबे

जन्मतिथि– 15 मार्च, 1965

पता– प्रधान सम्पादक, उत्तर प्रदेश हिंदी संस्थान, 6, महात्मा गांधी मार्ग, हजरतगंज, लखनऊ –226001,

शिक्षा– एम ए (हिंदी, अर्थशास्त्र), पी-एच डी (हिंदी),

व्यवसाय– सरकारी सेवा,

विशेष– साहित्य की विभिन्न विधाओं में 52 पुस्तकें प्रकाशित, 125 सम्मान, चार पुस्तकों का अन्य भारतीय भाषाओं में अनुवाद,

मेल आईडी– amita.dube409@gmail.com, मोबाइल –9415551878

वर्तमान जीवन शैली में दिल्ली, मुम्बई, बैंगलोर जैसे महानगरों एवं विदेश की ओर पलायन करती युवा पीढ़ी के कारण कस्बों की रौनक अपेक्षाकृत छोटे महानगरों तथा विभिन्न प्रदेशों की राजधानी– लखनऊ, भोपाल, रायपुर, पटना.... आदि–आदि की यह सबसे बड़ी सामाजिक व्यवस्था हो गयी कि परिवार में एक या दो बच्चे हैं, वे बाहर है छठे–छमहे आने का प्रयास करते हैं घर में उत्सव सा वातावरण हो जाता है दो चार दिन पलक झपकते बीतते हैं फिर वही सन्नाटा वही एकांत, वही नीरसता माता–पिता के जीवन की नियति बन जाता है।

हम हजारों किलोमीटर दूर बैठे व्यक्ति का हालचाल पूछते हैं उसे 'लाइक' भेजते हैं, इमोजी से संवेदना व्यक्त करते हैं, कभी–कभी संदेश भी भेजते हैं लेकिन घर के गेट पर खड़े होकर पड़ोसी का हालचाल नहीं पूछते, बालकनी में खड़े होकर सामने की बालकनी में खड़े व्यक्ति की ओर नही देखते या देखना ही नहीं चाहते बस 'अपना परिवार ओर हम' के समीकरण में उलझे रहते है।

आगे और आगे बढ़ने की होड़ में हम भौतिकवादी हो गये। हम स्वयं भूलते जाते हैं–

> *'साईं इतना दीजिए जामें कुटुम्ब समाये*
> *मैं भी भूखा न रहूँ साधू न भूखा जाय।'*

देखा जाय तो कुटुम्ब दिनों–दिन छोटा होता जा रहा है। 'स्वीगी', 'जुमैटो' के जमाने में रसोई में खाना बनाने के बजाये मोबाइल पर आर्डर करना सहज हो गया है। जन्म दिन हो या विवाह की वर्षगांठ घर में अकेले रह–रहे माता–पिता को बुके, महंगे उपहार, केक, तैयार भोजन आर्डर कर बच्चे संतुष्ट हो जाते हैं, माता–पिता भी प्रफुल्लित होकर अपनी प्रतिक्रिया व्यक्त करते हैं लेकिन संकोचवश यह कह नहीं पाते कि हमें यह

नहीं चाहिए हमें तो तुम्हारा साथ चाहिए। मेरी दो 'आँखे नम' शीर्षक कविता की पंक्तियाँ निवेदित हैं –

एक समय था, जब जाते थे पापा,
सात समुंदर पार, लाने एक सुंदर सी गुड़िया,
गुड़ियों के बहुत बड़े बाजार से।।
आज वह समय है, जब जाती है बेटी,
सात समुन्दर पार, और कहती है पापा से,
मत होना तुम उदास, जब भी जी चाहेगा,
हम करेंगे बात, एक दूसरे को देखते रहेंगे।।
पापा सोचते हैं, है यह सही,
देख सकते हैं वे, कई हजार किलोमीटर दूर बैठी,
अपनी सुकुमार बेटी को, अपने घर के कम्प्यूटर पर,
हँसते चलते–फिरते, गुनगुनाते, कर सकते हैं उससे बात भी,
सुन सकते हैं उसकी आवाज, बहुत साफ–साफ,
लेकिन क्या होगा जब, वे पड़ेंगे बीमार,
और उसकी माँ की होगी, बेटी की मदद की जरूरत,
या बेटी की माँ, बीमार पड़ेगी,
और उन्हें होगी, पत्नी की देखभाल में,
उसकी मदद की जरूरत, या पता चलेगा कि,
बेटी बीमार है, और पड़ी है अकेले घर में,
दवा खाकर बिना कुछ खाये–पिये, कैसे होगी उन्हें तसल्ली,
और तब क्या करेगा, यह मुआ कम्प्यूटर, मोबाइल, आईपैड।

यह विडम्बना ही है कि अधिकाशंतः युवा पीढ़ी उन विवशताओं को समझ ही नहीं पाती जिनका सामना पिछली पीढ़ी को करना पड़ रहा है। देखा जाय तो इस वैश्रीकरण के युग में 'वसुधैव कुटुम्बकम्' की सैद्धान्तिक प्रस्तुति के स्थान पर व्यवहारिक प्रस्तुत हो रही है।

एक पीढ़ी दूसरी पीढ़ी से बस कुछ ही वर्ष बड़ी होती है यदि बालिग होती पीढ़ी की बात की जाय तो 21 वर्ष में एक पीढ़ी जवान होती है और पिछली पीढ़ी प्रौढ़ होने की दिशा में तेजी से बढ़ती है। वैसे हमारा संविधान 18 वर्ष की अवस्था में मत देने का अधिकार देता है तो 18 वर्ष का युवा समूची दुनिया मुट्ठी में बंद करने की क्षमता रखता है। यही पीढ़ी अन्तराल है। एक जवान होती पीढ़ी पिछली पीढ़ी को बहुत पीछे

छोड़ते हुए आकाश में उड़ती है। तब पिछली पीढ़ी डॉ. हरिवंश राय बच्चन के शब्दों में युवा पीढ़ी को सचेत करना चाहती है–

'पूर्व चलने के बटोही

राह की पहचान कर ले।'

पुस्तकों में है नहीं छापी गई इसकी कहानी

हाल इसका ज्ञात होता न औरों की जबानी

अनगिनत राही गए इस राह पर उनका पता क्या

पर गए कुछ लोग इस पर छोड़ पैरों की निशानी

यह निशानी मूक होकर भी बहुत कुछ बोलती है

खोल इसका अर्थ पंथी पंथ का अनुमान कर ले।

परन्तु पैरों में पंख लगाकर उड़ने वाली यह पीढ़ी पिछली पीढ़ी के विचारों से कभी सहमत नहीं होती इसलिए युवा पीढ़ी आगे निकल जाती है और प्रौढ़ पीढ़ी अपने अनुभवों को समेटे हुए युवा पीढ़ी को कोसने के अलावा कुछ नहीं कर पाती।

इक्कीसवीं शताब्दी के 60–70 के दशक में पैदा हुई पीढ़ी एक ऐसी पीढ़ी है जिसे सेतु बनना पड़ा है। यह पीढ़ी स्वतंत्रता के कुछ वर्ष पूर्व या उसके तुरन्त बाद पैदा हुई पीढ़ी के साथ कदमताल मिलाते हुए तेजी से बदल रही युवा पीढ़ी को नयी ऊँचाइयाँ देने को तत्पर दिखायी देती है। यह वह पीढ़ी है जो पिछली मान्यता से बँधी होकर भी भविष्य के सुनहरे सपनों में खोई पीढ़ी के सपनों से स्वयं को गहराई से जोड़ती दिखायी देती है।

स्वतंत्रता के कुछ वर्ष पूर्व या उसके तुरंत बाद उत्पन्न पीढ़ी ने जब गाँव से शहर की ओर पलायन किया था तब अपनी पिछली पीढ़ी को वह अकेला नहीं छोड़ आयी थी। वह पीढ़ी अपने परिवेश के साथ सामंजस्य बैठाती हुई अपने निकट सम्बन्धियों के साथ थी इसलिए यह पीढ़ी कुछ–कुछ निश्चिंत थी कि चलो माँ–बाबू के साथ काका, मामा, चाचा, काकी, मामी, बुआ या इष्ट मित्र तो हैं एक हम ही तो नहीं हैं फिर तीज त्योहार, छुट्टियों में आना–जाना तो है। यह निश्चिंतता कुछ और बढ़ी तो आने–जाने के क्रम में कमी आने लगी यह कमी विवशता में बदलती गयी और हमारा परिवार पति–पत्नी और बच्चों में सिमट कर रह गया।

अब प्रश्न यह उठता है कि दूर भागती हुई युवा पीढ़ी, परिवार, संस्कार, समाज, धर्म व परोपकार से कैसे जुड़े और इस दिशा में हमें क्या करना चाहिए या हम क्या कर सकते हैं। मेरे विचार से सबसे पहले हमें परिवार में ही संस्कार के रूप में सामाजिकता को संयुक्त करना होगा। अधिकांशतः देखा यह जाता है कि जब कोई

पारिवारिक या सामाजिक कार्यक्रम होता है तब हम माता-पिता स्वयं तो उसका हिस्सा होते हैं और बच्चों को उसमें सम्मिलित ही नहीं करते, बहुत सहजता से कहते हैं– उनकी पढ़ाई का हर्जा होगा या उनका समय बर्बाद होगा। जबकि वास्तविकता यह है कि इस प्रकार के आयोजन संस्कार विकसित करते हैं परस्पर स्नेह का तंतु मजबूत करते हैं।

आगे बढ़ती युवा पीढ़ी के साथ हमें सामंजस्य बिठाने की भी दिशा में अपने कुछ सिद्धान्तों से समझौता करते हुए आगे बढ़ना होगा। केवल यह कहने से काम नहीं चलेगा कि हम उनकी जीवन शैली के साथ 'मिस-फिट' हैं इसलिए अकेले हैं या वे हमें छोड़कर चले गये हैं।

आज के बच्चे हमसे अधिक सूचनाओं से समृद्ध हैं उनकी समस्याओं का समाधान करने के लिए उनके पास 'गूगल जी' है। हमें सोचना होगा कि क्या हम उनके लिए 'गूगल' बन सकते हैं।

अधिकांशतः देखा जाता है कि पहले तो बच्चे हमसे अपनी समस्याएँ साझा ही नहीं करना चाहते, जब करने को प्रस्तुत होते हैं तो हम उन्हें सुनते ही नहीं है या उनकी विवशता को समझे बिना निर्णयात्मक भूमिका में आ जाते है इसलिए दूरियाँ बढ़ जाती हैं। कुछ कदम जब हम चलेंगे तो निश्चित रूप से कुछ कदम वे भी हमारी ओर चलेंगे।

हमें यह भी ध्यान रखना चाहिए कि एक समय हमने अपने बच्चों को अपनी महत्वाकांक्षा पूर्ति का साधन बनाया यदि वे उस पर खरे उतरे तो फिर मलाल कैसा यह रास्ता तो उन्हें हमने ही दिखाया है। हम उनके साथ यदि सहयोगी की भूमिका में रहकर उनके जीवन को सहज बनाने की दिशा में सक्रिय होंगे तो निश्चित रूप से वे भी हमारी तरह परिवार, समाज के लिए उपयोगी होंगे। हम उन्हें स्वार्थी होने से बचा सकते हैं अपनी तीसरी पीढ़ी को पुष्पित-पल्लवित करने में सहयोग कर हम जिम्मेदार माता-पिता का आदर्श उपस्थित कर सकते हैं।

हमारे समाज में दो प्रकार के माता-पिता हैं एक वे जिनके बच्चे पढ़-लिखकर अच्छे निकल गये हैं, उनके लिए अपने शहर में रोजगार नहीं है, उन्हें बाहर जाना होता है माता-पिता को छोड़कर यदि वे अपनी नौकरी में सफल हो रहे हैं तो इसके लिए उन्हें बहुत कुछ छोड़ना भी पड़ता है, ऐसे में उनकी स्थिति को समझना हमारा भी कर्त्तव्य है।

दूसरे वे माता-पिता जिनके बच्चे कुछ विशेष नहीं कर पा रहे, वे तनाव में रहते हैं और बच्चों को कोसते हुए यही कहते हैं कि चाहे कहीं जाए कुछ भी करें कम से कम हम पर बोझ तो न बनें। इन दोनों स्थितियों में मानसिक उत्पीड़न तो युवा पीढ़ी का ही होता है।

एक तथ्य और भी सामने आता है कि युवा पीढ़ी अपने पुश्तैनी काम काज को

सम्हालना नहीं चाहती। हम उन्हें दोष तो दे देते हैं लेकिन यह नहीं सोचते कि वे पुश्तैनी काम को क्यों नहीं करना चाहते। हम अपने मैनेजर को तो वेतन देते हैं, सहयोगी को भी देते हैं लेकिन अपनी संतति को यह सोचकर कि इनका खर्चा ही क्या है ? घर में तो रहते हैं, खाते–पीते हैं, कपड़ा–लत्ता भी है तो पैसे की क्या आवश्यकता है, तब युवा पीढ़ी पुश्तैनी काम से विरत हो जाती है। इन स्थितियों से भी हमें अवगत होना होगा।

अन्ततः, अब समय आ गया है कि हमें युवा पीढ़ी का मित्र बनते हुए उनके तनावयुक्त जीवन को रसमय बनाने का प्रयास करना होगा। हम बड़े चाव से घर बनाते हैं लेकिन उसे संतति को सौंपते हुए उसे 'मकान' बना देते हैं। अपनी कविता से समापन करना चाहती हूँ –

हम बनाते हैं घर, और रहते हैं उसमें,

खिलौनों के साथ, अपने बचपन को जीते हुए।।

हम बनाते हैं घर, और रहते हैं उसमें,

सपनों के साथ, अपने यौवन को जीते हुए

हम बनाते हैं घर, और रहते हैं उसमें,

बच्चों के साथ, अपने सपनों को जीते हुए।।

हम बनाते हैं घर, और रहते हैं उसमें,

परिपक्वता के साथ, अपने विचारों को जीते हुए।।

हम बनाते हैं घर, और रहते हैं उसमें,

नौनिहालों के साथ, अपने अनुभवों को जीते हुए।।

हम बनाते हैं घर, और सौंप देते हैं उसे,

अपनी संतति को, क्योंकि हम बनाते हैं घर, उन्हीं के लिए।।

घर को घर बनाएं, सुख सुविधाओं से सुसज्जित मकान नहीं क्योंकि घर सदा भरा रहता है, प्रेम, सौहार्द समर्पण से कभी–कभी स्मृतियों से भी लेकिन मकान तो मकान ही होता है ईंट पत्थर, मोजैक, टाइल्स से बना हुआ।

विश्वास है युवा पीढ़ी मकान से तो विमुख हो सकती है घर से नहीं क्योंकि घर तो मन से बनता है मन–मन से जुड़ता है और मन का जुड़ना संसार को सुखद बनाता है। □

भ्रमित युवा

नाम– डॉ. चेतना उपाध्याय
प्रधानाचार्य मा शिक्षा विभाग राजस्थान
जन्म दिनांक– 14-06-1966
20 पुस्तकें प्रकाशित, 5 डाक्यूमेंट्री, 25 अंतर्राष्ट्रीय, 80 राष्ट्रीय
सम्मान प्राप्त, बाल साहित्य यूट्यूब पर उपलब्ध, चरित्र निर्माण व्यक्तित्व
विकास विषय संयोजक चित्तौड़ प्रांत राजस्थान, शिक्षा संस्कृति उत्थान
न्यास, महिला प्रमुख चित्तौड़ प्रांत राजस्थान,
भा शिक्षण मंडल– निवास 49 गोपाल पथ कृष्ण विहार कुंदन नगर अजमेर, राजस्थान
305 001, chetnaupadhyay14@gmail.com
मोबाइल– 9828186706, 8094554488

उक्त स्थिति वर्तमान समय की ज्वलंत समस्या बन गई है। आज जब इस समस्या से समाज पूरी तरह आहत होने लगा है, तब हमारा ध्यान इस विषय की तरफ गया है। इस कारणवश उक्त समस्या थोड़ा जटिल रूप धारण कर चुकी है। आइए इसके समाधान के प्रयास हेतु योजनाबद्ध प्रारूप में आगे बढ़े। सर्वप्रथम हम इसके कारणों को जानने का प्रयास करते हैं क्योंकि प्रत्येक क्रिया तब समस्या बनती है जब वह हमारे व्यक्तिगत हितों पर कुठाराघात करने लगती है। वह अनेकानेक विशिष्ट कारणों से जन्म लेती है। यदि हम उचित कारणों की पहचान कर पाए तो निवारण के प्रयास किया जाना सार्थक हो पाएगा।

प्रकृति का नियम है सूर्य पूर्व में उदय होता है व समय चक्र आधार पर सुनिश्चित समय पर पुनः सूर्योदय की संभावना के साथ आगे बढ़ता–बढ़ता पश्चिम की ओर अस्तांचल में पहुंच अस्त हो जाता है।

प्रकृति के उक्त नियमानुसार हमें भी इसी विश्वास के साथ आगे बढ़ना है कि हमारी युवा पीढ़ी आगे बढ़ते–बढ़ते अस्ताचल की ओर पहुंच रही है। कारणों पर ध्यान केन्द्रित करें तो निवारण रूपी सूर्योदय सुनिश्चित है।

विश्व में अपनी श्रेष्ठता का परचम फहराने वाले हम भारतीय बरसों पहले मुगलों के आक्रमण से आहत हुए। तब हमने अपनी सांस्कृतिक मर्यादाओं की खातिर अपने आप को सीमित किया और करते गए परिणामस्वरूप हमें अपनी विराट भारतीय संस्कृति की सीमाओं का बोध कुछ ही समय में आहत करने लगा। ऐसा बोध भी तब हुआ जब पश्चिम के अंग्रेज व्यापारियों ने व्यापार के माध्यम से धीरे–धीरे हमें गुलामी की बेड़ियों में जकड़ लिया। उनकी सांस्कृतिक स्वतंत्रता हमें आकर्षित कर

रही थी व अपनी अनुशासित मर्यादित संस्कृति हमें हीनता बोधक लग रही थी। हमें लगने लगा कि हमारी संस्कृति ने हमें बांधकर बंधन लाद दिए हैं। हम मुक्त नहीं हैं, इस कारणवश हम स्वयं ही हीनता बोधक ग्रंथियों से ग्रसित होने लगे। अंग्रेजों को हमारी इस प्रवृत्ति से लाभ उठाना सहज हो गया परिणामस्वरूप हमारे चहुंओर एक दुष्चक्र सा निर्मित होता गया। धीरे-धीरे अंग्रेज अपनी अंग्रेजियत के साथ हम पर हावी होते गए। हम मूक दर्शक बन अपनी सांस्कृतिक धरोहर से खिलवाड़ होता देखते रह गए। हमारी गंगा-जमुनी संस्कृति सर्व धर्म समभाव के साथ आगे बढ़ती गई। यह आगे बढ़ना इतना सहज था कि हम कुछ समझ पाए उससे पहले ही आगे बढ़ते गए। यह हमें दिखाई तो उस समय भी दे रहा था मगर उसकी कर्कश ध्वनि अब कानों में पड़ी हैं। यहां हमें विज्ञान का वह सिद्धांत याद आ रहा है जिसमें बताया गया है कि प्रकाश की गति ध्वनि की गति से कई गुना तीव्र होती है अतः प्रकाश दिखाई देने के लंबे समय बाद उससे संबंधित ध्वनि सुनाई दे पाती है। दूसरी संस्कृति की प्रमुख विशेषता उसका लचीलापन है। हम इस गुणात्मकता का दोहन करते-करते इतने आगे बढ़ गए कि हमारी सांस्कृतिक प्रत्यास्थता जगह-जगह से ढीली पड़ झोल खा गई आप सभी जानते हैं कि रबड़ का लचीलापन समाप्त होने पर उसकी उपयोगिता ही समाप्त हो जाती है। आज यही हाल हमारे समाज में हमारी संस्कृति व युवावस्था का हो गया है। अब इसे पुर्नजीवित करना है तो योजनाबद्ध चरणबद्ध प्रारूप तैयार करना ही होगा। तब ही हम अपनी युवा पीढ़ी को अपनी संस्कृति से जोड़ उर्जावान युवा पीढ़ी के रूप में देख पाने का स्वप्न पूरा कर पाएंगे।

जिस प्रकार रबड़ ढीला पड़ जाए तो वह निरर्थक हो ही जाता है उसकी गुणवत्ता हमारे लिए उपयोगी नहीं रह पाती। हम पुनः उसी गुणधर्म वाला अन्य रबड़ लेकर अपनी प्रवृत्तियों (गलतियों) पर ध्यान केंद्रित कर सही रूप में प्रयोग बाद उसकी गुणवत्ता लंबे समय तक बरकरार रख पाने में सहयोगी रह सकते हैं। अतः वही प्रयास हमें करने होंगे। और उक्त रबड़ का भौतिक रूप परिवर्तित कर इसका भी सदुपयोग कर पाएंगे।

हम अपने धर्म, समाज, खानदान, परिवार को छोड़ निजी स्वार्थवश आत्मकेन्द्रित होते जा रहे हैं। यह प्रवृत्ति हमारी अब हमें आत्मघाती सी महसूस होने लगी है। अतः हमें इससे निजात पाकर समग्रता की ओर बढ़ना होगा तब ही हम अपने परिवार, समाज, संस्कृति को बचा पाने के प्रयास में कामयाब हो पाएंगे। हमें अपनी युवापीढ़ी के दोष देखने से पहले अपने आप को सही व वास्तविक रूप में परखना होगा। उस पर कार्य करना होगा। 'हम सुधरेंगे युग सुधरेगा' को ध्येय वाक्य बनाकर स्वीकार

कर अमलीजामा पहनाने पर ही हम युवा पीढ़ी को धर्म, परिवार, समाज और संस्कृति से जोड़ पाने में कामयाब हो पाएंगे।

वर्तमान में हम अपनी पारिवारिक परंपराओं को नवरूप में गढ़ते-गढ़ते बहुत आगे बढ़ गए हैं। मैं, मेरा परिवार में खानदान तो बहुत पहले ही पीछे छूट गया था। आज जीवनसाथी और बच्चे से भी बहुत आगे पहुंच व्यक्तिगत व्यक्तित्व की स्वतंत्रता पर आ गया है जो कि वह खतरनाक हो गया है। यह सच है और इसकी जड़ें भी बहुत गहरी है यह भी उतना ही सच है। अतः हमें अपनी जड़ों पर कार्य करने की आवश्यकता है। इन्हें उचित खाद, पानी, वायु, वातावरण प्राप्त होगा तब ही नव पुष्प सार्थक स्वरूप में पल्लवित हो पाएंगे।

अतः सर्वप्रथम हमें हमारे दृष्टिकोण पर ध्यान केंद्रित करना होगा। ताकि हम सही और स्पष्ट देख पाएं। एक बार स्वामी रामकृष्ण परमहंस जी ने कहा था संसारियों के ज्ञान और सर्वत्यागियों के ज्ञान में बड़ा अंतर है संसारियों का ज्ञान दीपक के प्रकाश के समान है, उससे घर के भीतर के अंश में ही उजाला होता है, उसके द्वारा अपनी देह, घर, परिवार (जो कि वहां मौजूद हो) के काम, उनके अतिरिक्त और कुछ नहीं समझा जा सकता सर्वत्यागी का ज्ञान सूर्य के प्रकाश की भांति है। उस प्रकाश से घर का भीतर और बाहर सब प्रकाशित हो जाता है, सब देख लिया जाता है।

जहां तक मेरा व्यक्तिगत मत है कि हम सांसारिक, सामाजिक प्राणी दीपक बनने की सामर्थ्य रख पाए अतः बाहरी अंधकार बढ़ता हुआ देख नहीं पाए, धीरे-धीरे वह इतना बढ़ गया कि उसने हमारे व्यक्तित्व को ही अपने कब्जे में कर लिया, हम दृष्टिभ्रम के शिकार हो गए......... होते गए, परिणाम स्वरूप नवपीढ़ी का वर्तमान स्वरूप हमारे समक्ष अनुत्तरित सा खड़ा है। अंधकार बहुत गहरा हो गया है अतः हम अपनी सामान्य नेत्र ज्योति से स्पष्ट नहीं देख पा रहे हैं, हमें दिव्यज्योति की आवश्यकता है ताकि हम उचित रूप में सही-सही देख पाए समझ पाए, यह दिव्य ज्योति भी हमें ही जगानी होगी। निजी स्वार्थ से उठ परमार्थ की ओर कदम बढ़ाने पर ही वह जाग पाएगी। देह से अदेह की ओर बढ़ने पर ही हमें उस दिव्य ज्योति के दर्शन हो पाएंगे जिसके प्रकाश में हम सही व उचित देख पाने का सामर्थ्य जुटा पाएंगे। वर्तमान दौर में हम अधिकांश मानव, देह (शरीर) के चंगुल में फंसे हुए उसके ही चारों ओर घूम रहे हैं प्रकृति में पाए जाने वाले समस्त प्राणियों के पास देह (शरीर) है यह मानव ही है जो इस देह में विराजित आत्मा को उसके दिव्य स्वरूप में देखने की क्षमता रखता है। जो कि अन्य प्राणियों के पास उपलब्ध नहीं।

इतना सब कुछ होने के पश्चात भी हम इससे ऊपर उठ नहीं पा रहे हैं तभी हम और हमारी तीव्र गाति से आगे बढ़ती हुआ पीढ़ी रसातल की तरफ बढ़ती जा रही है। यहां हम मात्र दिशा निर्देशन देने मात्र से उसे रोक नहीं पाएंगे। हमें पहले स्वयं को रोकना होगा, समझना होगा। उस पर काम करना होगा तब जाकर ही हमारी कथनी—करनी समान हो पाएगी व अपनी प्रभावशीलता का दबदबा कायम कर पाएगी।

इस हेतु आवश्यकता है तो सिर्फ अपने आप को सकारात्मक बनाए रखने की। सकारात्मकता हमारी सफलता को सुनिश्चित करती है। सकारात्मकता की स्थिति में व्यक्ति मार्ग की प्रत्येक अड़चनों बाधाओं को अपनी शक्ति—सामर्थ्य और सफलता की प्राप्ति का माध्यम बना लेता हैं। ऐसे में उसके व्यक्तित्व की सारी खूबियां धीरे—धीरे प्रकट होने लगती है। वह धर्म, संस्कृति, संस्कार, सरोकार से जुड़ा रह पाता है। उसके संपर्क में आने वाले अन्य व्यक्ति भी उसके आभामंडल से प्रभावित हो। धर्म, संस्कृति और उसके सामाजिक सरोकारों से जुड़ाव महसूस करते हैं। परिणामस्वरूप परिवर्तन की बयार स्वतः ही सूक्ष्म रूप में बहने लगती है।

क्योंकि धर्म कोई अजूबा नहीं है, यह तो सत्य के खोज की यात्रा मात्र है। यह हमारी जीवन यात्रा का साधन मात्र है। धर्म तो वही होता है जिससे धारण किया जा सकें। वर्तमान पीढ़ी की यही प्रमुख समस्या है कि हमने छल, कपट, लूटपाट, व्यक्तिवाद, भोग विलास, स्वार्थ आलस, आमोद, प्रमोद, झूठ मक्कारी को धारण किए बगैर अपना लिया है। इसे हम स्वीकाराते तो नहीं है मगर वर्तमान समय में प्रकटीकरण तो यही हो रहा है। परिणामस्वरूप समस्याएं दिनों दिन बढ़ती नजर आ रही है। और हम धारण योग्य (मूल्य) धर्म से दूर होते प्रतीत हो रहे हैं। हम स्वयं अपने आपको देख नहीं पाते दूसरे हमें सहज ही दिखाई दे जाते हैं। अतः हमें सामने वाली पीढ़ी में अधार्मिकता के लक्षण नजर आते जा रहे हैं। जिन्हें पुनः पुनः धर्म से जोड़ने को हम लालायित होते जा रहे हैं। हम प्रयास कर रहे हैं, मगर हमें असफलता ही हासिल हो रही है कारण मात्र इतना सा ही कि धर्म से जुड़ा जा सकता है किसी को जोड़ा नहीं जा सकता। हम दूसरों को धर्म से जोड़ने के चक्कर में खुद आडम्बरों से जुड़ते जा रहे हैं। नवीन पीढ़ी जिसे धार्मिक पाखंड का नाम दें अधार्मिक प्रवृतियों की और मुड़ती जा रही है। दो पीढ़ियों के मध्य पीढ़ी दर पीढ़ी अंतराल बढ़ता जा रहा है। एक प्रतिद्वंदिता सी छाने लगी है। दोनों पीढ़ियों के मध्य जुड़ाव हेतु सेतुबंध के रूप में तीसरी पीढ़ी आज नदारद है। अब आप ही विचारिए हम भला कैसे जुड़ पाएंगे।

धर्म कहता है धारण करो। हम धारणा करने को कह रहे हैं। हम दूसरों को जोड़ने के लिए निरंतर प्रयासरत हैं। इस चक्कर में खुद खुद से टूटते जा रहे हैं। दिखावे के चक्कर में बिखरते जा रहे हैं। हमारी टूटी हुई बिखरी हुई पीढ़ी में सामर्थ्य नहीं कि वह अब आगामी पीढ़ी हेतु मार्ग प्रशस्त कर सके। अतः हमें अब जरा रूक कर अपने आप को समझना होगा। हम क्या करना चाहते हैं और क्या कर रहे हैं। उसे हमें ही पाटना होगा नव पीढ़ी तेजी से पाश्चात्य संस्कृति की ओर आगे बढ़ती नजर आ रही है। वह फिसलन भरा मार्ग हैं। अतः वहां तेजी से आनंददायक स्वरूप में फिसलना स्वाभाविक है।

यदि हम चाहते हैं, वे रूके, तो उस हेतु हमारा सामर्थ्यवान होना बेहद जरूरी है। क्योंकि एक ऊर्जावान पीढ़ी को रोकने हेतु हमारा खुद का शारीरिक, मानसिक, आत्मिक सामाजिक, आर्थिक स्वरूप में बलशाली होना सामर्थ्यवान होना बेहद जरूरी है। क्योंकि यहां रोकने मात्र से काम नहीं चलेगा रूकने से तो ऊर्जावान पीढ़ी की उर्जा उसे तहस—नहस कर देगी। यह कटु सत्य है। ऊर्जा का सकारात्मक सदुपयोग ना हो तो तुरंत स्वतः ही दुरुपयोग प्रारंभ हो जाता है। रोकने के पश्चात उस ऊर्जावान पीढ़ी का आत्मीयता के साथ मार्गदर्शन करते हुए दिशा बोध करवाना बेहद जरूरी है।

यहां फिर यह प्रश्न समक्ष आ खड़ा हुआ कि क्या किसी को रोक कर हम कहें, समझाएं, दिशा बोध करवाएं तो सामने वाला हमें सच स्वीकार कर पाएगा ?

यह बेहद जटिल प्रश्न है इसका उत्तर 'हां' में देना भी सहज नहीं। चाहे हम इसके संबंध में अनेक तर्क दे दें मगर अप्रत्याशित रूप में सहजता से हां सुनने को कान तरस जाएंगे।

कारण मात्र इतना ही कि हम (.........) सिर्फ और सिर्फ उन्हें ही सुन व समझ पाते हैं जिनके प्रति हमारे भीतर सम्मानजनक भाव हैं। दूसरा वह कि हमारे कथन के साथ ठोस वैज्ञानिक तथ्य आधारित धरातल होना चाहिए। तीसरा हमारी कथनी और करनी में समानता होनी चाहिए।

अतः यदि हम वास्तव में चाहते हैं कि दूर भागती हुई युवा पीढ़ी, परिवार, संस्कार, समाज, धर्म व परोपकार से जुड़े तो सर्वप्रथम हम स्वयं मन, वचन और कर्म से खुद को खुद जोड़ें। खुद के व्यक्तित्व व चरित्र को इस तरह इतना तराशे कि हमारा व्यक्तित्व सम्मानजनक स्वरूप में परिभाषित व स्वीकार्य हो।

हमारा दिशाबोधन हमारी कथनी ठोस वैज्ञानिक तथ्यों पर आधारित हो हमारे उदाहरण समसमायिक हो। वर्तमान समय, परिस्थितियों, वातावरण के अनुकूल हो।

हमारी कथनी हमारी करने का दर्पण हो। जब हमारा व्यक्तित्व बगैर कुछ कहे बोल उठेगा........ तो आगामी पीढ़ी हमें सुन व समझ पाने का प्रयास कर पाएगी। शुरुआती प्रथम कदम जब स्वैच्छिक होगा तो स्वमेव ही सफलता की गुंजाइश शत-प्रतिशत बन जाएगी।

युवा पीढ़ी को धर्म व संस्कृति से जोड़ने में एक और बाधक तत्व है वह है हमारा अभिव्यक्ति का माध्यम, हम समस्त प्राणी अपने हाव भाव से अपनी मूक अभिव्यक्ति से सहजता से कर जाते हैं। सामने वाला हमारी इस मूक अभिव्यक्ति को उतनी सहजता से सही सही समझ पाए यह आवश्यक नहीं। क्योंकि इस तरह से समझने में उस व्यक्ति की अपनी सूक्ष्म, समझ उसके अपने व्यक्तिगत पूर्वाग्रह भी साथ जुड़े होते हैं। अतः आमतौर पर हम अपनी अभिव्यक्ति हेतु भाषा को माध्यम के रूप में चुनते हैं। प्रयोग करते हैं।

यह कटु सत्य है कि प्रत्येक भाषा की अपनी संस्कृति होती है। हम अपनी संस्कृति की जननी संस्कृत को कहते हैं। संस्कृत एक भाषा होती है भाषा के साथ उसकी संस्कृति का प्रवाह भी स्वभाविक रूप में ही होता है वैश्रीकरण के इस युग में हमें आजादी प्राप्त हुए 76 वर्ष बीत चुके हैं। इसके बावजूद भी अंग्रेजी भाषा का दबदबा यहां कायम है। आंचलिक भाषा/प्रादेषिक भाषा / हिंदी भाषा धीरे-धीरे काफी पीछे छूट गई है। हम रोजगार, व्यापार प्रगति पथ की अपेक्षा में अनेकानेक ठोस कारणों से अंग्रेजी को अपनाना अनिवार्य मान बैठे हैं। समाज में हिंदी भाषी विद्यालयों की दुर्दशा (नामांकन, मानवीय संसाधनों) किसी से छिपी नहीं। जब अभिव्यक्ति का माध्यम भाषा ही पिछड़ने लगी है, तो स्वाभाविक रूप में भाषायी संस्कृति भी पिछड़ेपन का शिकार होती नजर आने लगी है। अंग्रेजी भाषा के साथ उसकी भाषाई संस्कृति भी हमारे समाज में पैर पसार चुकी है। यह सहज स्वाभाविक प्रक्रिया है। वैश्रीकरण के इस युग में यदि हम प्रगति पथ पर बढ़ने हेतु अंग्रेजी भाषा को अभिव्यक्ति के माध्यम रूप में अपनाते हैं तो अंग्रेजी संस्कृति संस्कार भाषा का अभिन्न अंग होने से स्वमेव ही हमारे पहलु से जुड़े जाते हैं। उनसे बचना आसान नहीं होता है। यदि बचने का प्रयास हम करें भी तो आधे अधूरे से हो जाते हैं। परिणामस्वरूप हमारी युवा पीढ़ी हमें स्वीकार नहीं पाती स्वतः ही हमारी सांस्कृतिक चेतना कटघरे में आ जाती है। वर्तमान सामाजिक स्थितियां इसका सशक्त उदाहरण है।

इस हेतु हमें मात्र यह करना है कि आगामी पीढ़ी को हम प्रारंभिक शिक्षा अपनी अंचलिक मातृभाषा में व अपनी आगामी शिक्षा अपनी मातृभाषा – राष्ट्रभाषा में ही

प्रदान करवाएं। हिंदुस्तानी संस्कृति को बचाना है तो शिक्षा का माध्यम मातृभाषा (हिन्दुस्तानी भाषा) हिंदी ही होना चाहिए अंग्रेजी भाषा को अन्य विषय के रूप में सीखने पढ़ने के अवसर होने चाहिए। ताकि अन्य भाषा को सीखने, समझने के पर्याप्त अवसर हों। वैश्रीकरण के इस युग में नव पीढ़ी अपनी संस्कृति, धर्म, समाज, परोपकार के साथ जुड़ वैश्विक स्तर पर अपना परचम फहरा सके। आवश्यकतानुसार अन्य भाषाओं को भी सीख व समझ अपनी योग्यताओं को बढ़ा सकें। यह नवीन राष्ट्रीय शिक्षा नीति, 2020 में भी सिफारिश की गई है। आवश्यकता मात्र इस बात की है कि हम उसे अमलीजामा पहनाने में बगैर किंतु परंतु किए कामयाबी हासिल करें।

धर्म को जाने बगैर धार्मिकता का निर्वाह मात्र परंपराओं की रस्म अदायगी रह जाता है। जिससे हमारी संस्कृति खतरे में आ जाती है। इस हेतु भाषायी सुदृढ़ता बेहद जरूरी है हमें इस दिशा में प्रयास करने ही चाहिए। तभी हम अपनी युवा पीढ़ी को अपनी धर्म, संस्कृति, समाज, संस्कार, परोपकार से जुड़े रखने में कामयाब हो पाएंगे। हम स्वयं धर्म ग्रंथ पढ़े, समझे ताकि आगामी पीढ़ी की संबंधित जिज्ञासाओं का समाधान कर पाने का हौसला साथ रख पाएं। साथ ही बालकों को भी विद्यार्थी जीवन काल में प्राथमिक कक्षाओं में रामायण, महाभारत, माध्यमिक कक्षाओं में चारों वेद, उच्च माध्यमिक में गीता अध्ययन का अवसर प्रदान करें। धर्म वेद ग्रंथ को पढ़ने समझने से वे भी अपनी संस्कृति के मूल भाव को समझ पाएंगे। इस तरह से हमारी आगामी पीढ़ी धर्म, संस्कृति, समाज से जुड़ पाएगी। अपनी संस्कृति को ठीक से समझ पाएगी। स्वतः ही अपनी संस्कृति से जुड़े रहने को प्रेरित उत्साहित रह पाएगी। सांस्कृतिक मर्यादाओं में खूबियां देख पाएगी। खामियां ढूंढने देखने का विचार स्वतः ही दम तोड़ देगा। नव पीढ़ी में सांस्कृतिक ठहराव आने से अस्ताचल की ओर आगे बढ़ने की गति में कुछ कमी आएगी। परिणामस्वरूप आशाओं का नव सवेरा प्रकट होता नजर आएगा। ☐

मानना चाहिए हम स्वयं हैं ज़िम्मेदार

नाम– बुशरा तबस्सुम
पति– श्री राशिद अली
शिक्षा– स्नातकोत्तर (हिन्दी)
लेखन– लेख
छंद मुक्त कविताएं, क्षणिकाएं, हाइकु इत्यादि।
एक काव्य संग्रह 'कहीं कुछ रिक्त' प्रकाशित।
अहर्ताएं– लेख, कविताएं पुरस्कृत हुई हैं, अन्तर्राष्ट्रीय कवि सम्मेलन में भाग लिया है, दूरदर्शन व आकाशवाणी पर काव्य पाठ किया है।
पता– बुशरा अली, द्वारा श्री राशिद अली 197, सत्ती मोहल्ला रुड़की
जिला– हरिद्वार उत्तराखंड (247667), मोबाइल – 8954763787

बात अधिक पुरानी नहीं है, थोड़ा सा ठहरकर, 'भूतकाल में झांका जाए तो बड़ा सा आंगन, प्रेममयी रिश्ते त्यौहारों की रौनक सब कुछ एकदम स्पष्ट दीख जाएगा, परंपराएं थीं और उन्हें मन से निभाने का समय भी था। इन्हीं परंपराओं धार्मिक अनुष्ठानों बड़ों के आशीर्वचन से देखते सीखते बड़े होते थे बच्चे और फिर स्वयं उन परंपराओं के संवाहक बन जाते थे एक दायरा था, जिसके मध्य शालीनता थी संस्कार थे और था सुख, शान्ति, परंतु धीरे–धीरे और फिर द्रुत गति से बदलाव की एक आंधी चली और समाप्त हो गया, जो बचा है वो नष्ट होने की कगार पर है, इसका स्पष्ट और सबसे गहरा असर हुआ युवा पीढ़ी पर, जिनमें न तो संस्कार है– न शालीनता, न देश प्रेम न परोपकार– यह कहना अतिशयोक्ति न होगी कि इस बदलाव का सबसे बड़ा कारण संयुक्त परिवारों का विघटन है, विचारणीय है कि आखिर संयुक्त परिवार टूटे क्यों? संयुक्त परिवार टूटने का सबसे कारण महत्वाकांक्षा है, गांव के लोगों को नगर ने आकर्षित किया और नगर के बाशिंदों को महानगर ने बात यहीं पर समाप्त नहीं हुई, महानगर पहुँच कर भी कब संतुष्टि हुई, पलायन विदेशों तक जाकर ठहरा, नगर, से महानगर और उससे भी आगे, विदेशों तक पहुंचने वाला व्यक्ति इतना सक्षम कहां था कि पूरे परिवार का भार वहन करता सो वह अपनी पत्नी व बच्चों तक ही सीमित रहा, महत्वाकांक्षा ही 'नहीं संयुक्त परिवार दूरदर्शिता के अभाव में भी टूटे, उचित' मार्गदर्शन न होने के कारण जनसंख्या पर कोई नियंत्रण नहीं था, परिवार बढ़े तो आंगन कम पड़ा खेत कम पड़ा और फिर अभाव की पूर्ति को परिवार छोड़ना ही पड़ा। 'शिक्षा' भी एक वजह थी, अब वो समय नहीं था कि केवल साक्षर होना शिक्षित होना। मान लिया जाए, शिक्षा के क्षेत्र मे नये आयाम खुले नयी–नयी पद्धतियां नये विषय इसको 'अर्जित करने

हेतु एक स्थान से दूसरे स्थान पर जाना आवश्यक था, नये कारोबार नयी नौकरियाँ जिनमें धन भी था और शहरी चकाचौंध को पास से देखने के अवसर भी। इन सभी कारणों से लोग खासकर युवा परिवार छोड़ निकल पड़े एक अनजानी परंतु आकर्षक राह पर, परिवार छोटे होते गए केवल पति-पत्नी और बच्चों तक सीमित। स्थिती अब भी इतनी बुरी नहीं थी। शहर में रहकर भी परिवार अपनों से जुड़ा था समय-असमय आवश्यकता होने न होने पर एक होता ही था, परंतु धीरे-धीरे स्थितियाँ बद से बदतर होती गयीं, अधिक और अधिक धन अर्जित करने के लालच में हम समय को खोते जा रहे हैं। हमारे पास इतना समय है ही नहीं कि परिवार के साथ बैठकर दुख सुख साझा किया जाए हम रिश्तों से वंचित हो रहे हैं हम स्वयं से दूर हो रहे हैं।

समयाभाव इतना कि हम अपनी संतति को भौ समय नहीं दे पा रहे महत्वाकांक्षा पुरुषों की ही बपौती नहीं सो स्त्रियाँ भी अब परिवार को गौण समझ अपने कैरियर के प्रति सचेत है। अतः संतान या तो नौकरों के भरोसे पल रही है या फिर बस यूँ ही बड़े हो रहे हैं। माता-पिता संतान को सारे सुख सारी सुविधाएँ दे रहे हैं, समुचित शिक्षा भी, पर सवाल यह है कि क्या इतना भर काफी है, यही कारण है कि आज के बड़े होते बच्चों में न तो संस्कार हैं न शालीनता, न वो बड़ों का आदर करना जानते हैं और न ही धर्म का सम्मान यह सहज सरल गुण नहीं है तो फिर अन्य विशेष गुण परोपकार, मैत्री भाव रिश्तों का आदर देश के प्रति प्रेम इनकी बात तो छोड़ ही दी जाए, संयुक्त परिवारों में बड़े होते बच्चों को दादी-दादी नाना नानी कहानियों के. माध्यम से पारिवारिक धर्म अनुष्ठानों के माध्यम से सहज ही सब सिखा देते स्कूली शिक्षा में अध्यापकों द्वारा भी विशेष रूप से बच्चों का आचरण सुधारा जाता था परंतु अब वैसा संभव कहाँ। किशोरावस्था से ही बच्चों के कुसंस्कार दर्शनीय हो जाते हैं, बड़ों का अनादर झूठ फरेब भोजन का अनादर धर्म से दूरी, इन सब को वह आधुनिकता का नाम देते हैं। समस्याएं विकट है, परंतु तभी विकट है कि जब तक इन्हें विकट माना जाए हो तो यह रहा है कि अब माता-पिता इस प्रकार के बच्चों पर ही गर्व का अनुभव कर रहे हैं, परंतु कहीं न उनका हृदय स्वीकारता है कि स्थिति ठीक है नहीं, परंतु समस्या है तो समाधान भी होगा ही। यदि प्रयास किया जाए अभी भी बहुत देर नहीं हुई है सही दिशा में उचित प्रयास किए जाएं तो इस पीढ़ी को वापस उस परिवेश में लौटाया जा सकता है जो वास्तव में भारतीयता की पहचान है।

समाधान हेतु पीछे नहीं लौटा जा सकता है जहाँ है वहीं से शुरुआत करनी होगी तनिक ठहरना होगा विचारना होगा और दृढ़ प्रतिज्ञ होना होगा, कहावत पुरानी है कि बालक एक कच्ची मिट्टी का लौंधा है उसे जैसे चाहे आकार दे दीजिए, पक गया और फिर आप उसे अपने अनुसार ढालना चाहेंगे तो उसे तोड़ना पड़ेगा अतः शुरुआत बहुत पहले से हो।

सबसे पहले बच्चों को समय देना होगा, ऐसा नहीं है उसके लिए आप अपनी महत्वाकांक्षा को ताक पर रख दें, अपनी कार्यावधि अपनी जीवन शैली में थोड़ा सा बदलाव अपेक्षित है, छुटपन से ही उन्हें – हाथ जोड़ना, पैर छूना, अभिवादन आदि सिखाया जाना चाहिए इससे विनम्रता आएगी और विनम्र मन कभी कुछ बुरा नहीं कर सकता, कैसे भी हो घर पर धर्मानुष्ठान हो त्योहारों को मनाया जाए इससे मेल मिलाप की भावना पनपेगी कहानियों के माध्यम से बहुत कुछ सिखलाया जा सकता है, बड़े होते बच्चों से भी यदि कुछ समय संस्कारों को लेकर बातचीत हो तो परिणाम अच्छे होंगे, गुरु शिक्षक ही नहीं मार्गदर्शक भी है वह भी अच्छे संस्कारों का रोपण बालक मन में कर सकता है, यदि स्कूली शिक्षा में ग्रंथों को पढ़ाया जाए चाहे सीमित मात्रा में इसका प्रभाव भी अच्छा रहेगा, अच्छे संस्कारों की नींव माता–पिता ही रख सकते हैं फिर इमारत खड़ी करने के लिए और भी उपाय है, अन्न का आदर, प्रकृति से प्रेम समय का सदुपयोग बड़ों का आदर छोटों से स्नेह यह वो बुनियादी बातें हैं जिन्हें संतान को अवश्य ही सिखायी जाना चाहिए, आधुनिकता समय की मांग है, इसे नकारा भी नहीं जा सकता, आधुनिक होने का यह अर्थ नहीं है कि पश्चिम की नकल की जाए, हमारी वो पहचान जिससे पाश्चात्य संस्कृति भी प्रभावित थी। आज हम भुलाते जा रहे केवल अंधदौड़ में शामिल हम है कि इससे हम कहीं नहीं पहुंचेंगे बल्कि अपनी ज़मीन को भी पराया कर देंगे। होना यह चाहिए कि आधुनिकता को अपने संस्कारों अपनी पहचान को सुदृढ़ बनाने के लिए प्रयोग करें। आधुनिक गजेट मोबाइल फोन आदि युवा होते बच्चों पर सर्वाधिक असर डाल रहे हैं, समयाभाव में, विलासिता में लाड में आज हर अभिभावक कम उम्र बच्चों के हाथ में मोबाइल फोन थमा देता है, नासमझ बच्चे उसे अपने अनुसार प्रयोग करते हैं, जबकि इसके माध्यम से भी हम अपने बच्चों को सही राह पर ला सकते हैं उन्हें शिक्षाप्रद कहानियाँ, लेख आदि डाउनलोड करने और उनसे सीखने को प्रेरित करें तथा मोबाइल पर उनकी निर्भरता सीमित रखें। आगामी पीढ़ी में संस्कार रोपने उन्हें शालीन बनाने देश के प्रति, मानवता के प्रति प्रेम भावना उनमें विकसित, करने हेतु सिनेमा का सहयोग भी उल्लेखनीय है। परंतु दुख का विषय है कि आजकल शिक्षाप्रद या देश–प्रेम के विषय पर फिल्में कम निर्मित हो रही हैं, आवश्यकता है कि इन विषयों पर पुनर्विचार कर फिल्में बनाई जाएं और बच्चों को इन्हें देखने और इनसे सीख लेने को प्रोत्साहित किया जाए। खेलों के प्रति रुचि जागृत करके भी अच्छे परिणाम प्राप्त किए जा सकते हैं। छोटी आयु में ही किसी भी खेल में बच्चे को प्रशिक्षण दिलाने से उसका शारीरिक व मानसिक विकास भी होगा और समय का सद्उपयोग होने से वह बुराई की ओर जाएगा भी नहीं खेल से वह अनुशासन भी सीखेगा, सार यही कि पथभ्रष्ट हो रही पीढ़ी विशेषरूप से युवा पीढ़ी

पूर्णरूपेण दोषी नहीं है, हमने ही उसका सही मार्गदर्शन नहीं किया उसे समय नहीं दिया उसे सिखाया ही नहीं, अतः इन बातों पर गहनता से विचार किया जाना और उस क्षेत्र मे समुचित प्रयास किए जाने से स्थिति को सुधारा जा सकता है। प्रेम देकर, समय देकर उचित मार्गदर्शन से अभी भी अपने होनहारों को सही दिशा सुझाई जा सकती है अभी बहुत देर नहीं हुई है सुधार अपेक्षित है परिणाम सुखद ही होंगे। □

निबंध प्रतियोगिता पुरस्कार वितरण समारोह के कुछ बिम्ब

पुरस्कार वितरण समारोह 14 अक्टूबर 2023 अमृता हॉस्पिटल फरीदाबाद.

नम्बर एक की दौड़

नाम– डॉ. दविंदर कौर होरा

आपका जन्म – 17 फरवरी 1965 उज्जैन, मध्य प्रदेश में हुआ। आप की शिक्षा विक्रम विश्वविद्यालय, उज्जैन में पूर्ण हुई। आपने कंप्यूटर एप्लीकेशन में डिप्लोमा किया है। वर्तमान में डॉ.दविंदर कौर होरा कोचिंग क्लासेस का संचालन कर रही हैं। 2010 से काव्य कुंज त्रैमासिक की प्रधान संपादक संपादक हैं।

उपाध्यक्ष – साहित्य कलश, इंदौर, संस्कार भारती, इंदौर

लेखन– हिंदी, अंग्रेजी, पंजाबी में आदि में आप पिछले 20 वर्षों से सतत लेखन कर रही हैं।

विधा– कहानियां, कविताएं, ग़ज़ल, लघुकथा एवं लेख आदि लिख रही हैं।

प्रकाशित पुस्तक– खिली कलियाँ (काव्य संग्रह)

खिली कलियाँ पुस्तक का अनुवाद असम भाषा में हुआ

दुती प्रानां स्पंदन

अनुवादक– महचिना खातुन फराजी

असमिया साहित्य समिति द्वारा प्रकाशित व सम्मानित किया गया।

कई संकलन में रचनाएँ प्रकाशित, आपको देश भर की कई संस्थाओं ने कई बार सम्मनित किया है।

गोल्डन बुक ऑफ द अर्थ में बायोग्राफी शामिल हुई।

संपर्क– Devender kaur hora., 24/2 North Rajmohalla, Indore M.P. 452002, M.N. 9827451260

E - Mail hora_davinder@rediffmail.com

● **प्रस्तावना**

इक्कीसवीं सदी टेक्नोलॉजी की सदी कही जाती है।

इस सदी में समय की रफ्तार को पकड़ना मुश्किल ही नहीं टेढ़ी खीर भी है। समय की रफ्तार के साथ भागता– हांफता युवान् पल भर भी सांस नहीं ले पा रहा है। लेकिन समझ नहीं आता कि यह दौड़ किस चीज के लिए है और कहां जाकर खत्म होगी।

महत्वकांक्षी होना अच्छी बात है लेकिन अति सर्वत्र वर्जयते।

अति हर चीज की बुरी होती है। युवा यदि भागता है तो हाँफता है और यदि नहीं भागता है तो पिछड़ जाता है। इस भागम– भाग और जीत के चक्कर में वह अपने परिवार–समाज और धर्म को समय नहीं दे पा रहा।

युवान् देश का भविष्य है, देश की आत्मा है। युवाओं का पलायन मतलब आत्मा

का पलायन। यदि आत्मा ही नहीं रहेगी तो देश मृतप्राय हो जाएगा और देश की तरक्की की जगह जो उद्योग-धंधे चल रहे हैं वे भी अंतिम सांसें ना लेने लगे, इसके लिए कठोर कदम उठाने होंगे और युवान के विदेश पलायन पर ब्रेक लगाने जरूरी हैं।

लेकिन इस दौड़ और पलायन के जिम्मेदार आज के युवा तो नहीं ही हैं ना...

उन्हें इस दौड़ में दौड़ाने में बहुत बड़ा योगदान पिछली पीढ़ी का भी है।

● **युवान् के पलायन के मुख्य कारण**

21वीं सदी ने बदलाव की बयार को मनमाफिक तरीके से उड़ाना शुरू कर दिया है। इसके पैरों में अब लगाम लगाना टेढ़ी खीर है।

आधुनिकता का जामा पहनने की चाह ने महिलाओं को उन्मुक्तता की तरफ खदेड़ा। महिलाएं चौके-चूल्हे से बाहर निकलकर किटी कल्चर तथा होटल पार्टी की तरफ मुड़ चलीं और अपने नौनिहालों को आया बाई की गोद में सौंप दिया।

अब घर और देश का भविष्य संभालने का जिम्मा नौकरानियों और आया बाई के हाथों में आ गया।

बच्चों और बुजुर्गों के सम्वेत ठहाकों-वार्तालाप से गुंजारित होने वाले घर ने हम दो हमारे दो तक सीमित मापदंड अपनाया तो उस घर में किसी पांचवें व्यक्ति के लिए कोई स्थान ही नहीं रह गया फिर चाहे वह घर का मुखिया पिता या माता ही क्यों ना हों। इनके लिए वृद्ध आश्रम खुलने शुरू हो गए।

आधुनिकता अपने नए-नए पैंतरे दिखाती रही। महिलाएं पुरुषों के साथ कंधे से कंधा मिलाकर जॉब करने के लिए घर से बाहर निकलने लगीं। अकेला बच्चा घर में टीवी, वीडियो गेम, मोबाइल के साथ पलने लगा। अपने अकेलेपन से लड़ने के लिए उसने तकनीकों का सहारा लेना शुरू कर दिया। सावधान इंडिया, सीआईडी, पुलिस फाइल आदि डेली सोप ने उसके दिमाग में डर –भय तथा हमारा कोई सगा नहीं जैसे विचारों से पोषित करना शुरू कर दिया।

वह मुंहजोर और उद्दण्ड होने लगा।

जब बच्चा छोटा था तो उसे घर में साथ देने वाला कोई नहीं था ,अब वह किसी की साथ नहीं चाहता। उसने अपने फैसले खुद लेने शुरू कर दिए हैं। जब उसे माता-पिता की सबसे ज्यादा जरूरत थी, वह रोता था तो उसका मन बहलाने के लिए उसे धूस के रूप में मनचाही वस्तु थमा दी जाती थी। धीरे-धीरे जिद उसकी आदत में शुमार होती चली गई और अब उसकी इच्छा की पूर्ति नहीं होती तो हाथ-पैर चलाता है। चाकू-छुरे और बंदूक उसके हाथों में कब आए यह ना तो आज का युवा समझ

पा रहा है और ना ही उसके अभिभावक जान पाए हैं।

युवान के भटकाव का एक बड़ा कारण पीढ़ी अंतराल भी हो सकता है।

दो पीढ़ियों के बीच की सोच सदैव जुदा होती है। हर नई पीढ़ी को लगता है कि हमारे माता-पिता पुराने ख्यालात के हैं। वह हमारी भावनाओं को नहीं समझ पाते हैं, जिसकी वजह से उनके मतभेद होते हैं। बढ़ती उम्र उग्र व जोश से भरपूर होती है, उन्हें लगता है कि वे नव क्रांति ला सकते हैं, दुनिया का नक्शा रातों-रात पलट सकते हैं, लेकिन अनुभव उन्हें सिखाना चाहता है कि 'बेटा जख्म ना खाओ, संभल कर कदम बढ़ाओ'

ये बात नवयुवकों को नागवार गुजरती है, उन्हें लगता है कि बड़े सिर्फ रोक-टोक कर सकते हैं और कुछ नहीं।

आज की युवा पीढ़ी तेज म्यूजिक, डांस आदि को तवज्जो देती है। उन्हें खाने में फास्ट फूड, चाइनीस पसंद है। पिछली पीढ़ी भक्ति भाव वाली और धार्मिक सांस्कृतिक महत्व वाली थी। आज की पीढ़ी इन सब को अहमियत नहीं देती वह फैशन और टेक्नोलॉजी की तरफ तेजी से कदम बढ़ा रही है, साथ ही युवाओं की सोच भी तेजी से बदल रही है।

तेजी से बदलते युग में इंसान को चीजों से पैसों से प्यार करना सिखा दिया है।

देखा-देखी में माता-पिता अपने बच्चों पर अत्यंत दबाव देते हैं वह पढ़ाई का हो या किसी और फील्ड जैसे- गाना, डांस, ड्राइंग कंपटीशन आदि.. माता-पिता अपने बच्चे को हर जगह नंबर वन पर देखना चाहते हैं वो यह नहीं समझ पाते कि बच्चा किस काबिल है या क्या बनना चाहता है।

नशा अपने पैर बुरी तरह से फैला रहा है युवा पीढ़ी तेजी से इसकी और बढ़ रही है नशे के व्यापारी अपना जाल स्कूल-कॉलेज में तेजी से फैला रहे हैं। जब बच्चा एक बार इसका आदि हो जाता है तो अपनी जरूरतों की पूर्ति के लिए उसे पैसों की जरूरत पड़ती है। फिर वह चोरी-डकैती या किसी का खून करने से भी गुरेज नहीं करता क्योंकि नशे की लत में उसके दिमाग और सोचने-समझने की शक्ति को शीर्ण कर दिया होता है।

बच्चे आजादी का मतलब फैशन, देर रात तक सड़कों पर घूमना, डांस-कैफे और मटरगश्ती को समझते हैं। उन्हें आजादी सही मायने में समझानी होगी।

आजादी का मतलब है मन की आजादी, उच्च ख्यालात, उच्च आचरण के साथ सही समय पर सही फैसले लेना।

बच्चों के परिवार से कटने के और भी बहुत से कारण है, जैसे चाइल्डएब्यूज,

माता-पिता के झगड़े, तलाक आदि का भी बच्चों पर बहुत असर पड़ता है और बच्चा धीरे-धीरे माता-पिता से अलग होने लगता है।

सोशल मीडिया का गलत प्रयोग उसके मन पर नकारात्मक प्रभाव डाल रहा है। डिजिटल मीडिया के माध्यम से युवा कई जघन्य अपराध कर रहे हैं और अपनी ऊर्जा व जीवन नष्ट कर रहे हैं। उनकी संगति और वातावरण दोनों उन्हें गर्त में धकेलने का काम कर रही है। धीरे-धीरे वह अपने जीवन के मूल लक्ष्य और ध्येय से दूर होते जा रहे हैं।

समय तेजी से बदल रहा है समय के साथ-साथ रहन-सहन का स्तर भी बदल रहा है पहले भाईचारा और आपसी सहयोग के साथ समाज को साथ लेकर चलने की अवधारणा थी। व्यक्ति पारिवारिक, सामाजिक प्राणी था। उसे समाज के बंधनों कानून का भय रहता था। वह हर किसी को साथ में लेकर चलने में अपनी इज्जत और शान दोनों समझता था। अब भाईचारा बिखराव में बदलता नजर आ रहा है। आज का युवा अकेले चलना ज्यादा पसंद करता है। यहां तक कि वह अपने माता-पिता को भी साथ लेकर नहीं चल पा रहा।

दो-चार जिंदगी के कदम चलते ही उसके कदम लड़खड़ाने लगते हैं।

आज का युवा भाग रहा है अपनी आकांक्षाओं के लिए अपनी जिम्मेदारियों से ..।

युवा परिवार, समाज और धर्म से आगे अपनी ख्वाहिशों को रखता है।

कंपटीशन– पढ़ाई पहले भी होती थी लोग पढ़ते भी थे और डॉक्टर, इंजीनियर, वकील बनकर उच्च पदों पर विराजमान होते रहे हैं, लेकिन समय के साथ पढ़ाई और पढ़ाने के तरीकों में बदलाव आ रहा है। पढ़ाई की ऊंची फीस और नंबर गेम में युवा के साथ उनके माता-पिता भी बुरी तरह पिस रहे हैं।

अच्छी शिक्षा के लिए बच्चों को बड़े शहरों और महानगरों में जाना पड़ता है। भारी फीसें भरकर और कड़ी मेहनत करके बच्चे और उसके माता-पिता का एक ही ख्वाब होता है कि उसे उच्च सैलरी वाली जॉब मिल जाए। देश के बाहर अच्छा पैकेज मिलता है तो युवा विदेश चले जाते हैं। युवा एक बार देश के बाहर जॉब करने लगते हैं। वहां का रहन-सहन साफ-सफाई और काम करने के तरीके आदि मनमाफिक और अच्छे होते हैं इस कारण युवा वापस नहीं आते। कई बार अपने देश आना चाह कर भी नहीं आते क्योंकि भारत में इतनी अच्छी जॉब, सैलरी और सुविधाएं नहीं मिलती।

महंगी फीस और लोन लेकर पढ़ रहे बच्चों पर डबल मार पड़ती है।

युवा कई सालों तक कड़ी मेहनत करके, लाखों रुपए की फीस भरकर, कॉन्पिटिटिव एग्जाम की तैयारी करते हैं... नतीजा, सीटें बिकती है या पेपर आउट हो जाते हैं और युवाओं का पैसा, समय तथा सपनें सब धराशायी हो जाते हैं।

● **इनका जिम्मेदार कौन..?**

ना तो युवान, ना ही उनके माता-पिता, जिन्होंने पेट काटकर ज़मीन बेचकर अपनी बूढ़ी आंखों में बच्चों के उज्जवल भविष्य के सपने सजाए हैं ..ना ही वह बच्चे जिन्होंने अपनी जवानी बंद कमरे में कमर दुखाते हुए गुजारी हैं।

अपने सपनों को पूर्ण करने के लिए घंटों कड़ी मेहनत की है और नतीजा सिफर..।

कांपटीशन के दौर में हर पल बहुत कीमती है।

ऐसे में युवा जॉब करते हुए तथा लोन की किश्तें भरते अपने परिवार का भार वहन करते अपने पीछे कदम नहीं ला सकते।

एक ही समय पर मल्टीपल टास्क करते युवाओं के लिए भी घर से दूर रहना असंभव होता है। वो भी अपने परिवार के साथ रहना चाहते हैं लेकिन ना वह वापस आ सकते हैं ना ही पेरेंट्स को साथ लेकर जा सकते हैं।

एक बार आगे बढ़ते कदम ना थम सकते हैं और ना ही मुड़ कर वापस आ सकते हैं।

● **समाधान**

आज का युवान दिगभ्रमित हो रहा है। उसमें संस्कारों-संवेदनाओं की कमी हो रही है, पर वह पूरी तरह संस्कार हीन नहीं है। युवा पीढ़ी को समझने के लिए अभिभावकों को भी बदलना होगा। वर्तमान का यूवा व्यस्त और तनावपूर्ण जीवन व्यतीत कर रहा है। उसे भी अपनों के प्यार – स्नेह और अपनेपन की आवश्यकता है, जो कि उन्हें व्यस्त चुनौतीपूर्ण एवं तनाव से परिपूर्ण जीवन का सामना करने में सहयोग प्रदान करेगा, इसके लिए उसे संयुक्त परिवार की जरूरत है। संयुक्त परिवार में बच्चों का सुरक्षित शारीरिक एवं चारित्रिक विकास होता है। उन्हें अकेलापन नहीं लगेगा। किसी भी समस्या के समय सभी परिजन उसका साथ देंगे। बुजुर्गों का भय असामाजिक गतिविधियों में लिप्त नहीं होने देगा।

बच्चों का माता-पिता से अटूट रिश्ता होता है उनका कर्तव्य है कि वो अपने बच्चों को समय दें। उनकी जरूरतों को सुने।

उन्हें प्यार से समझाएं। बच्चों के प्रश्नों के उचित जवाब दें।

उनकी जिज्ञासाओं को शांत करें। युवाओं के वातावरण और संगति में बदलाव करना होगा।

उन्हें प्रेम स्नेह और अपनों के समय की दरकार है जिसके वे भी भूखे हैं, उन्हें दिया जाए। उनकी बातों को ध्यानपूर्वक सुना तथा उन्हें उनकी प्राथमिकताओं का भान करवाना होगा।

● **उपसंहार**

युवान हमारे देश की कोमल जड़ हैं। उन्हें उखड़ने से बचाने के लिए हमें कई उपाय करने होंगे।

शिक्षा में बदलाव– सबसे पहले शिक्षा में बदलाव करना अति आवश्यक है। 25– 27 वर्ष मतलब आधी उम्र सिर्फ किताबी ज्ञान लेने के बाद भी इस पीढ़ी के हाथ बेरोजगारी ही लगती है। शिक्षा रोजगार संवत् हो, जिससे वह कुटीर उद्योग लगा सकते हैं और नौकरी करने से बच सकते हैं।

शिक्षा या व्यापार– आज की शिक्षा बहुत बड़ा व्यापार बन चुकी है। बीएएसी, एमबीबीए, एमबीए की फीस लाखों करोड़ों तक पहुंच गई है। इन पर लगाम लगाने की बहुत जरूरत है। एक देश, एक फीस होने से अभिभावकों पर भी अधिक भार नहीं पड़ेगा।

भ्रष्टाचार पर लगाम– जब तक सीटें बिकती रहेंगीं। पेपर आउट होते रहेंगे और नौकरियों की बोली लगती रहेगी, तब तक युवाओं का पलायन यूं ही जारी रहेगा। हमें अपनी बगिया को खिला कर रखना है। अपने नौनिहालों को अपने पास रखना है तो भ्रष्टाचार को जड़ से उखाड़ना ही होगा। वरना वह दिन दूर नहीं जब हमारा देश सिर्फ बुजुर्गों का देश बन कर रह जाएगा।

● **मुख्य बिन्दु**

1. नए रोजगार पैदा करने होंगे।
2. देश से भ्रष्टाचार को दूर करना होगा।
3. कानून व्यवस्था में सुधार की बहुत जरूरत है।
4. उच्च शिक्षा पद्धति में बदलाव करना
5. स्कूल – कॉलेज तथा कोचिंग सेंटर में एक फीस लागू करना ❑

कार नहीं संस्कार

नाम– कु. पूर्ति जैन

पिता– इं. संजय कुमार जैन

शिक्षा– स्नातक (B.sc maths, b.ed, d.el.ed)

जन्मतिथि– 17–11–1995

पता– डेम रोड, आजादपुरा, ललितपुर (उ.प्र) 284 403

व्यवसाय– अध्यनरत

रुचियाँ– निबंध लेखन में, धार्मिक कार्य में, अध्ययन में, कलात्मक एवं रचनात्मक कार्यों में, प्रस्तुतिकरण में।

सामाजिक कार्यों में विशेष उपलब्धिया– कई विशिष्ट सम्मानों से देश भर के मंचों से सम्मानित। निबंध लेखन प्रतियोगता में कई बार सम्मानित। विज्ञान के क्षेत्र में सम्मानित। Handwritting compition में सदैव प्रथम स्थान प्राप्तकर्ता। कोरोना काल में लॉकडाउन के अनुभव विषय पर निबंध प्रतियोगिता में विशेष पुरस्कार से प्रथम स्थान प्राप्तकर्ता। जन समर्पित सेवा समिति द्वारा सम्मानित। विभिन्न एनजीओ द्वारा सम्मानित।

फोन नंबर– 7880932373

(1) **प्रस्तावना –** जब किसी के हृदय की वेदना अपनी चरम सीमा पर पहुंच जाती है तो साधारण व्यक्ति हो या कितना भी गंभीर इंसान ही क्यों ना हो हर कोई अभिव्यक्ति प्रकट करने के लिए आतुर हो जाता है यही जैन इंजीनियर्स सोसाइटी के साथ हुआ। आज जब उन्होंने युवाओं की स्थिति देखी तो सब का मन सिहर उठा और मन ने उनको विचार करने के लिए विवश कर दिया।

युवा– आखों में उम्मीद के सपने, नई उड़ान भरता हुआ मन, कुछ कर दिखाने का दम खम और दुनिया को अपनी मुट्ठी में करने का साहस रखने वाले को युवा कहा जाता है। युवा शब्द ही मन में उड़ान और उमंग पैदा करता है। उम्र का यही वह दौर है जब ना केवल उस युवा के बल्कि के उस के राष्ट्र का भविष्य तय किया जा सकता है। युवा पीढ़ी समाज की रीढ़ होती है, उसकी नींव उसकी आधारशिला और जब नींव ही कमजोर हो तो एक स्वस्थ सुन्दर समाज की कल्पना करना निरर्थक ही नहीं अनुचित है। आज आधुनिक युग में समाज की रीढ़ कमजोर होती नजर आ रही है। जहाँ इस आधुनिक दुनिया की चकाचौंध में युवा पीढ़ी के कदम डगमगाते दिखाई दे रहे हैं। मैंने इस युवा पीढ़ी के डगमगा ने का कारण जानने की कोशिश की तो लोग कहते मिले कि जमाना बदल गया है। मेरा प्रश्न है– क्या संस्कार को भूल जाना ही विकास है?

क्या आज की नई पीढ़ी माता पिता का तिरस्कार या उनकी अवहेलना करके

उनकी बातें ना मानने में ही अपना विकास समझ रही है?

यदि ऐसा है तो मेरे विचार से ये पूर्णतः गलत है क्योंकि बिना माता पिता के आशीष के तो भगवान भी किसी का साथ नहीं देते।

कहते हैं कि युवा समाज सबसे सशक्त कड़ी है वे उस तूफानी नदी के समान है, जिसको समय पर रोककर बांध बना दें। तो वह आप पास की बंजर भूमि को भी उपजाऊ बना देती है।

(2) आधुनिक युवा पीढ़ी– उधडी जींस की निक्कर, हांथों में सुलगती सिगरेट, बिखरे बेतरतीव बाल, उल्टी टोपी, एक कान में बाली पहनें आखों पर रंगीन चश्मा, शरीर को ढाकते कम दिखाते अधिक उत्तेजक वस्त्र पहने युवती। यह कोई इंग्लैण्ड या अमेरिका के युवाओं का वर्णन नहीं है। ये तो आज के भारतीय युवा हैं। जी हाँ! अपने वाले भारतीय युवा। पाश्चात्य सभ्यता या संस्कृति में आकर डूबे तथा भारतीय संस्कृति और सभ्यता से बिल्कुल अंजान से हैं आज के युवा जिन्हे इतना भी मालूम नहीं कि भारतीय सभ्यता और संस्कृति कहते किसे हैं?

वर्तमान युवा पीढ़ी का जीवन– 'खिलते हुये गुलशन वीरान हो गये,

अश्लील उपन्यास आज के पुराण हो गये।

आज की युवा पीढ़ी मन्दिर नहीं आना चाहती,

क्योंकि फिल्मी हीरो ही उनके भगवान हो गये।।'

आज के युवा वर्ग – 'आज के युवाओं की मत पूछो, फैशन का है भूत चढ़ा नहीं नहाते हफ्तों बालों में ना तेल डला।'

(3) बुद्धिजीवी बढ़ रहे, लेकिन समझदार हो रहे कम– आजकल की युवा पीढ़ी में बुद्धिजीवी बढ़ रहे हैं समाज में विषमता और संघर्ष बढ़ रहे हैं। बुद्धि तो बढ़ रही है लेकिन समझदारी घट रही है। आज का युवा वर्ग विवेकहीन होकर संतुलन खोकर चकाचौंध की अंधी रफ्तार में भागता चला जा रहा है। युवाओं का यह जोश होश खो बैठता है।

इसलिए ध्यान रखें – 'मत फिसलो ऊपर की चिकनाई पर,

कि चांदी का वर्क है गोबर की मिठाई पर।'

(4) युवा पीढ़ी की बनती व बिगड़ती सूरत व सीरत– युवा पीढ़ी के भटकाव में आधुनिकता का दौर भी जिम्मेदार है।

आज की युवा पीढ़ी चित्र जीवी हो रही है, उनको चरित्र की कोई परवाह नहीं है।

वर्तमान में युवाओं का जीवन जटिलताओं से कसता और कुटिलताओं से ग्रस्ता चला आ रहा है और उत्पन्न हो चुका है संस्कार हीनता का संघर्ष। आज संस्कारों

की शोभा हमारे मध्य नहीं रही, इसलिए चारों ओर से भारतीयता और मानवता खिसक रही है और सिसक रही है। संस्कार हीनता की रस्सी ने हमारी वास्तविकता को जकड़ डाला है। आज कल की वेश–भूषा देखकर कुछ वाक्य याद आता है।

सादगी के वस्त्र सत्कार कराते हैं,

और वासना के वस्त्र बलात्कार कराते हैं।

पाश्चात्य संस्कृति और तिलिस्म शिला आज युवाओं को तरह तरह से घायल कर रही है उसने सांस्कृतिक परम्पराओं श्रद्धा और आस्थाओं को लील लिया है आज की भागती हुयी युवा पीढ़ी अंधी दौड़ में है।

1

पड़े वासना फेर में, बिगड़े काम तमाम,

दाम गया बल भी गया, नाम हुआ बदनाम।

आज के युवा निर्भर प्रवृत्ति में इतने लीन हो गये हैं कि उसे सब कुछ आर्टिफीशियल चाहिये। आज के युवा सोशल मीडिया में तो सोशल होना चाहते हैं मगर सामाजिक नहीं बनना चाहते।

(5) युवा वर्ग हो रहे हैं खोखले– भारत का भविष्य ये युवावर्ग है नशे की आदत इन युवाओं को खोखला किए जा रही। शराब आज के युग में आधुनिक फैशन का रूप ले चुकी है। यह नशा हमारे देश और परिवार के अंतरिक ढांचे को खोखला बना रहा है।

हर युवा कुछ पाने की चाह में है लेकिन उसे पता नहीं कि वह क्या चाहता है, युवा को अपेक्षित है रिश्तों में प्रेम, व्यवहार में सच्चाई, आपसी विश्वास जीवन में शांति, संतुष्टि, सांसरिक साधनों में युवा इसे तलाशता है अंधेरा अंदर है घर में और युवा बाहर की रोशनी में घर में खोया सामान को ढूंढ रहा है इसलिए युवा आनंद से वंचित है।

(6) पाश्चात्य संस्कृति के कारण धूमिल होते संस्कार– पाश्चात्य संस्कृति की चकाचौंध में आज युवा पीढ़ी अपने संस्कारों से दूर होती जा रही है। युवा उच्च शिक्षा प्राप्त करने के लिए विदेश जाना ज्यादा पसंद करते हैं और वे नौकरी की तलाश में भी विदेश जाते है। समाज में उन लोगों को शुरू से ही काफी इज्जत दी जाती है जो लोग विदेश घूम कर आए या जिनके घर का कोई व्यक्ति विदेश में रहता है। इस वजह से आज के लोग बच्चों को पढ़ाई के लिए विदेश भेजते हैं। लेकिन दिक्कत तब खड़ी हो जाती है जब वहीं बच्चे अपने मां बाप को छोड़कर विदेश में बस जाने का सोच लेते हैं और फिर वापस मुड़कर कभी नहीं आते। उनके इसी व्यवहार के कारण जो समाज उन्हें इज्जत देता था वही समाज उनकी प्रतिष्ठा पर

प्रश्न चिन्ह खड़ा कर देता है।

विदेशों के सुख की परिभाषा अच्छा खाना, पहनना नहीं है। वह आजादी भरा जीवन बिना रोक टोक के जीना चाहता है। यह आकर्षण बहुत अधिक है। परन्तु सच तो यह है जो आत्मिक शांति, भाईचारा, अपनों के बीच है वह विदेशों में कहां ? धूमिल होते संस्कार— धर्म बदनाम हो रहा है, विदेशी झूठे फैशन पर।

न अब रहा कपड़ा, बहिन माता के इस तन पर।।

न लज्जा है, न धर्म कोई, न घूँघट है, आज सर पर।

यह क्या दर्शन प्रदर्शन हो रहा है, जिनवर के श्रीदर पर।।

(7) **पाश्चात्य संस्कृति से युवाओं में हो रही है संस्कृति मूल्यों में गिरावट—** आज देश का युवा ऐसे चौराहे पर खड़ा है कि उसे जीवन के लक्ष्य का ही बोध नहीं है। पाश्चात्य संस्कृति के पीछे दौड़ने की होड़ मच गई है। इसमें हम अपनी संस्कृति और सांस्कृतिक मूल्यों को भुला रहे हैं। संचार माध्यमों ने पाश्चात्य चकाचौंध से प्रभावित होकर सम्पूर्ण भारतीय समाज के समक्ष एक भौतिक तथा उच्छृंखल संस्कृति परोसी है जो हिंसा, नग्नता और अश्लीलता की चासनी से सराबोर है।

आज के युवा वर्ग का मन्दिर में भगवान जी को प्रणाम करने का तरीका ही बदल गया।

जीन्स–टॉप ने कर दिया मुझे इतना जाम।

हे प्रभु तुझे मेरा स्टैण्डर्ड प्रणाम।।

(8) **हमारी भारतीय संस्कृति द्राक्ष की नहीं रुद्राक्ष की है—** आज के युवा पाश्चात्य संस्कृति का अंधानुकरण करने पर आमादा है जबकि भारतीय और पाश्चात्य संस्कृति में इतना फर्क है कि विदेशी संस्कृति द्राक्ष (मदिरा) की संस्कृति है और भारतीय संस्कृति द्राक्ष की नहीं बल्कि रुद्राक्ष की संस्कृति है। द्राक्ष और रुद्राक्ष के फर्क को समझना होगा।

(9) **भारत केवल क्षमताशील मुल्क ही नहीं, बल्कि क्षमाशील मुल्क है—** आज के युवा समझो कि भारत की संस्कृति और संस्कारों का दुनिया में कोई मुकाबला नहीं। पाश्चात्य संस्कृति में शादियां ई–मेल से होने लगी हैं हमारे भारत में आज भी शादी फीमेल से होती।

(10) **आवश्यकता की पूर्ति तो संभव है, आकांक्षा की नहीं—** तीन चीजें होती है— आवश्यकता, आकांक्षा, आसक्ति। आज का युवा वर्ग आवश्यकता में संतुष्ट नहीं है उसकी आकांक्षाये बहुत है वह आसक्ति में लगा है।

(11) **भागती हुयी युवा पीढ़ी को कैसे संभालें—** आज की युवा पीढ़ी को बतायें

– 'फूलों का सार इत्र है और जीवन का सार चरित्र है।' युवाओं में जवानी का जोश होता है जिसमें होश नहीं होता।

आज की युवा पीढ़ी के जीवन में बाहर जितना शोर है उससे कहीं अधिक शोर तो अंदर है। युवाओं का मन मस्तिष्क विचारों का विश्वविद्यालय बन गया है।

इसमें बम्बई की चौपाटी और दिल्ली के चांदनी चौक से भी अधिक शोर है। युवाओं के दिमाग में कितना जबरदस्त कोलाहल है। जब तक युवा लोग पाश्चात्य विचारों का शटर नहीं गिरायेगा, तब तक वह धर्म, परिवार, समाज से नहीं जुड़ पायेगा। 'गंगा में डुबकी लगाकर, तीर्थ किए हजार।
इनसे क्या होगा अगर बदलें नहीं विचार।।'
आज की युवा पीढ़ी को संभालने के लिए मेरा हर माता पिता से यही कहना है कि –
'बच्चों / युवाओं को कार नहीं, संस्कार दीजिए।
आज कल के युवा जो चकाचौंध से भटक रहे हैं मैं उनसे इतना कहूंगी कि भटकें नहीं स्थिर रहें

तूफान कितना भी हो, हाथ उठाये रखना,

दल–दल कितना भी हो, पॉव जमाये रखना।

कौन कहता है कि छलनी में पानी नहीं रूकता,

बर्फ जमने तक धैर्य बनाये रखना।।'

(1 2) शिक्षा जीविका मूलक नहीं, जीवनमूलक होनी चाहिए– आज कल के युवा की शिक्षा अधूरी नजर आती है क्योंकि वह अच्छा डॉक्टर, इंजीनियर तो बनाती है लेकिन अच्छा इंसान बनाने का दायित्व भी उसी का है।

आज की शिक्षा मात्र नौकरी पाने का माध्यम है श्रेष्ठ मनुष्य बनाने का नहीं। लेकिन इस बात को समझना होगा और शिक्षा को जीवन मूलक बनाना होगा।

(1 3) भागती हुयी युवा पीढ़ी को परिवार, संस्कार, समाज व धर्म से कैसे जोड़ें / सुधार– क्या इस समस्या का कोई समाधान नहीं है? क्या हम यूँ ही पतन के गर्त में गिरने के लिए अभिशप्त हैं? नहीं! परिवर्तन संभव था, है, और रहेगा। आज आवश्यकता इस बात की है कि बड़े लोग युवा के सम्मुख एक ऐसा आदर्श प्रस्तुत करें। परिवर्तन अवश्य ही संभव है। अगर युवाओं को आज की अंधी दौड़ की हानियाँ बतायें तो क्या वे नहीं समझ पायेंगे? यह प्रक्रिया कठिन एवं श्रमसाध्य अवश्य है, परन्तु असम्भव नहीं है। युवाओं को उनके संस्कार, परिवार व समाज के कर्तव्य, परोपकार, धर्म आदि से परिचित करायें। आज जब संपूर्ण पाश्चात्य जगत अपनी भौतिक उन्नति, आर्थिक उत्कर्ष तथा वैज्ञानिक उपलब्धियों के दुष्परिणामों से

परिचित होकर सच्चे सुख तथा शांति की तलाश में भारत की ओर टकटकी लगाए देख रहा है। ऐसे में हमारी युवा पीढ़ी में व्याप्त भटकाव और भी चिन्ताजनक हो जाता है इससे पहले कि हम ठोकर खाकर गिरें, हमें, संभल जाना होगा। युवा पीढ़ी को सही मार्ग पर लाने का उत्तरदायित्व प्रौढ़ पीढ़ी पर है जो उसे प्रशासक बनकर समाज को चला रही है। आज हमें अपनी जीवनशैली में शामिल हुए इस पाश्चात्य प्रभाव को परिवर्तित करना होगा। जो हमारी जड़ों को काट रहा है। तथा हमें अपनी संस्कृति-सभ्यता एवं परम्परा से धीरे-धीरे जुदा कर रहा है और हमें धोबी के कुत्ते की स्थिति में ले जा रहा है, जो न घर का होता है न घाट का।

अतः हम सबको भटकती युवा पीढ़ी को भटकने से बचाने का अथक प्रयास करना होगा और बहुत जल्दी इस मंजिल पर पहुंच जाएंगे और भटकती युवा पीढ़ी को सही मार्ग पर ले जाएंगे।

संकल्प करो मन में, तब शक्ति आयेगी।

संघर्ष करो हरदम, मंजिल मिल जायेगी।

(14) **उपसंहार–** अंधेरे की ओर बढ़ती युवा पीढ़ी को संवेदनाशील बनाने के लिए प्रत्येक व्यक्ति को यह दायित्व निभाना चाहिए कि वह भटकी (14) हुयी युवा पीढ़ी को सही मार्ग दिखाए।

मैं अपनी स्वरचित कविता के माध्यम से भागती हुयी युवा पीढ़ी को सही राह दिखाने का छोटा सा प्रयत्न करके अपना दायित्व निभाने का प्रयास कर रही हूँ–

स्वरचित कविता

परिवार, संस्कार, समाज, धर्म परोपकार, ये सब युवा के लिए, जरूरी होना चाहिए।

अंधी चकाचौंध हैं ये, जाने ये हैं अंधकार, दौड़ नहीं होड़ है ये समझ होना चाहिए।

नई सोच तुम रखो और नये हो विचार, लेकिन संस्कार तुम्हें पुराने ही चाहिए।

तेरे लिए माता पिता बने एटीएम कार्ड, तो आधार कार्ड तुम्हें उनका जरूर बनना चाहिए।

फोटो बनाये कैमरा या बनाये चित्रकार, अपनी इमेज बनाने के लिए तो संस्कार चाहिए।

स्टेटस में टच फोन, नहीं तो सब बेकार, पर असल जीवन में तो सबके, टच में रहना चाहिए।

आस्तिक या नास्तिक, ये बातें तो बेकार, इन सबसे पहले खुद को वास्तविक होना चाहिए।

शिक्षा लो कहीं से भी पर, मिलेंगे घर से संस्कार, जड़ें तो जुड़ी सदैव, बुजुर्गों से होना चाहिए।

संसार में है आकर्षण, जिसकी तेज रफ्तार, गुरु के गुरुत्वाकर्षण से, सदैव जुड़ना चाहिए।

परफ्यूम या हो इत्र सबकी छिड़क बेकार, जीवन में संस्कार की महक होना चाहिए। ❑

–**पूर्ति जैन**

धन्यवाद

सही मार्गदर्शन का अभाव

नाम– इंजीनियर अनिल कुमार जैन
शैक्षणिक योग्यता– बी.ई. सिविल इंजीनियरिंग
(Board member – Jain Engineers Society, Bhopal Chapter)
जन्म दिनांक– 12 मार्च
पता– डी 223 मीनाल रेसिडेंसी ओल्ड, जे के रोड भोपाल
बी ई सिविल इंजीनियरिंग, रिटायर्ड असिस्टेंट जनरल मैनेजर (सिविल इंजीनियर), स्टेट बैंक ऑफ इंडिया

मुंबई से प्रसारित विवेक मासिक पत्रिका में मेरे अनेक लेख प्रकाशित हो चुके हैं। इस महीने मध्य प्रदेश स्थापना दिवस के उपलक्ष में एक विशेष अंक पत्रिका द्वारा निकाला गया, जिसमें मेरा लेख भी प्रकाशित हुआ है। इसके अतिरिक्त अनेक प्रतियोगिताओं में मेरे लेख को पुरस्कृत किया गया है।

मोबाइल नंबर– 7738069203, ईमेल आईडी– –aksheel223@yahoo.co.in

प्रस्तावना– असाधारण प्रतिभा संपन्न, चिकित्सा, विज्ञान, तकनीकी, साहित्य अथवा अन्य कलाओं में पारंगत युवा देश की प्रगति और समृद्धि में भरपूर योगदान देते हैं परन्तु यह कोई असाधारण बात नहीं है की इन योग्य युवाओं में से अधिकांश को अपने ही देश में संतोषजनक काम नहीं मिल पाता या किसी न किसी कारण से वे अपने वातावरण से तालमेल नहीं बिठा पाते एवं आकर्षक भौतिक सुविधाओं के रूप में प्राप्त होने वाले लाभ को देखते हुए दूसरे देशों में पलायन कर जाते हैं।

यद्यपि भौतिक संपदा बहुत बड़ा आकर्षण होता है और वह इन प्रतिभाओं को लंबे समय तक बाँध लेता है। इस तरह से युवा पीढ़ी विकसित देशों के रहन सहन के ऊंचे स्तर की चमक दमक के मोह जाल में फंस जाती हैं परिणाम स्वरूप वे अपने आपको परिवार, संस्कार, समाज, धर्म व परोपकार के कार्यों से चाहते हुए भी जोड़ नहीं पाते हैं। इस समय विदेशों में रहने वाले भारतीय मूल के युवाओं की संख्या लगभग 2,50,00,000 से भी अधिक है।

वैश्रीकरण का समाज पर सकारात्मक तथा नकारात्मक दोनों परिणाम, इस प्रकार देखे जा सकते हैं–

सकारात्मक प्रभाव	नकारात्मक प्रभाव
युवाओं को पूरे विश्व में सर्वोत्तम सामग्री और उत्पाद का चयन करने को मिलता है	अधिक उत्पादों और सामग्रियों की उपलब्धता ने युवाओं के बीच उपभोक्तावाद की स्थायी प्रथा को जन्म दिया

युवाओं को अपने भौतिक क्षेत्र से परे अंतर क्षेत्रीय संबंध बनाने का अवसर मिला

सूचना प्रौद्योगिकी ने विशाल संसाधनों से नये मनोरंजन के साधन प्रदान किए

वैश्रीकरण ने काम और शिक्षा के संबंध में युवाओं की गतिशीलता को बढ़ाया है

वैश्रीकरण से सामाजिक संबंध कमजोर होते हैं, जिसके परिणामस्वरूप आत्महत्या और अवसाद की प्रवृत्ति देखी जाती है

वैश्रीकरण युवाओं को गेमिंग डिसऑर्डर और नशीली दवाओं के सेवन की ओर धकेल रहा है

वैश्रीकरण के बीच विचारधाराओं और सूचना प्रौद्योगिकी के संयोजन से युवाओं पर विनाशकारी प्रभाव पड़ता है

विस्तार– अब प्रश्न यह हैकि इन युवाओं के पलायन को कम करने के लिए कौन से कदम उठाना चाहिए। हालांकि इस समस्या का आसान समाधान नहीं है परन्तु कुछ ऐसे तरीके अपनाए जा सकते हैं जिससे कुछ हद तक युवाओं के पलायन को रोका जा सकता है, इनमें शामिल हैं–

- अर्थव्यवस्था के क्षेत्रों में निवेश बढ़ाना
- प्रति स्पर्धा के अनुरूप वेतन वितरण
- कानूनी और सामाजिक सुधार हेतु नीति निर्धारण
- आवास और स्वास्थ्य सुविधाओं की गुणवत्ता में सुधार करना
- युवाओं की क्षमता का आकलन करना तथा उन्हें सम्मानित कार्य सौंपना इत्यादि

1. **भागती हुई युवा पीढ़ी परिवार से कैसे जुड़े–**

हमारे देश की कुल आबादी का लगभग 65% युवा हैं, जो 35 वर्ष की आयु से कम है। इन युवाओं को यदि सही दिशा दी जाए तो ये भारत को हर क्षेत्र में अग्रणी बना सकते हैं। युवा वर्ग तो कल की आशा होती है तथा उनसे बहुत सी उम्मीदें होती हैं। आज अगर कोई कमी है तो वह उनको सही समय पर मार्गदर्शन देने की है जिसके लिए उनके माता–पिता, गुरुजनों व पूर्ण समाज की जिम्मेदारी सर्वोपरि है। युवा वर्ग विदेशों में नौकरी करने के लिए जाते हैं और वहाँ की चमक धमक देखकर विदेशी बनकर ही रह जाते हैं। विदेश में रहकर भी वे अपने परिवार से जुड़ें रहे, उसके लिए यह आवश्यक है कि उन्हें बचपन से ही संस्कारित शिक्षा दी जाना चाहिए। बड़ों का आदर सम्मान और उनका आशीर्वाद प्राप्त करना, अहंकार का त्याग करना, परिवार के सभी सदस्यों की जरूरतों का ख्याल रखना, सादगी और विनम्रता आदि को बचपन से ही सिखाया जाना जरूरी है।

2. **भागती हुई युवा पीढ़ी संस्कारों से कैसे जुड़े–**

युवा पीढ़ी को संस्कारों से जोड़ने के लिए उन्हें किसी तरह से गुरुओं से जोड़ देना

चाहिए, गुरुओं के पास से यदि ठीक मार्गदर्शन मिल जाए, तो युवाओं के विचार बदल जाते हैं। कुल मिलाकर कहने का आशय यह है कि यदि समाज में सब कुछ अच्छा देखना सुनना है तो युवा पीढ़ी को संस्कारों की खुराक देनी ही होगी बिना इसके कुछ भी अच्छा होना संभव नहीं है। संस्कारों के भटकाव का कारण है संगति और वातावरण। हमें वातावरण को बदलना होगा, युवाओं को उनकी संगति के प्रति जागरूक करना होगा, उन्हें अपने जीवन की प्राथमिकताओं का बोध कराना होगा, इस बात का एहसास कराना होगा कि जीवन का मूल लक्ष्य क्या है, जीवन का ध्येय क्या है, जीवन का प्राप्तव्य क्या है लेकिन समय के चक्र व पाश्चात्य प्रभाव ने कई संस्कृतियों के संस्कारों को उधेड़ कर रख दिया है। आज अधिकांश लोग संस्कृति व संस्कारों के साथ जीने को पिछड़ापन मानते हैं लेकिन भारत की संस्कृति व सभ्यता ने पूरे विश्व को जीवन मार्ग पर चलना सिखाया है, तभी भारत को विश्व गुरु जैसी उपमाओं से अलंकृत किया जाता रहा है।

अपनी ताकत गलत कार्यों में लगाकर युवा पीढ़ी संस्कृति की जड़ों को काट चुकी है। पहले गुरु – शिष्य के संबंधों की महिमा लोगों की जुबां पर होती थी आज युवा गुरुओं को सम्मान देने की बजाय कई बार तो सामने आने पर रास्ता ही बदल दिया करते हैं। जहाँ त्योहारों व रीती रिवाजों को सामूहिकता व अपने पन की भावना तथा संस्कृति के एक हिस्से के रूप में मनाया जाता था, समाज में हर्षोल्लास रहता था, आज उन्हीं त्योहारों पर सोशल मीडिया में बधाई के फोटो डालकर इतिश्री करना व ऐसे अवसरों पर नशा करने का प्रचलन बढ़ गया है। त्योहारों के अवसर पर जहाँ लोक संगीत व लोक संस्कृति का परिचय देखने को मिलता था, वहाँ आज ऊंची आवाज में डीजे लगाकर इन त्योहारों की औपचारिकताएं पूरी होती नज़र आती हैं। इससे अच्छे तो गांव के अशिक्षित लोग एक आदर्श जीवन शैली को अपनाए हुए हैं, अपनी संस्कृति को संजोए हुए हैं।

3. भागती हुई युवा पीढ़ी समाज से कैसे जुड़े–

युवा वर्ग इंटरनेट, आर्टिफिशियल इन्टेलिजेन्स पर निर्भर हो गया है, इससे समाज से दूर होता जा रहा है। आज के समय में सोशल मीडिया पर रहने वाले लोगों की संख्या वास्तव में समाज में सक्रिय रहने वाले लोगों से कहीं अधिक हो चुकी है। आजकल सोशल प्लेटफॉर्म्स पर भावनाएँ व्यक्त की जाती हैं और लाइक, कमेंट व शेयर की अपील के साथ ही यह सफर समाप्त भी हो जाता है। आज का समाज चित्रजीवी हो रहा है, लोगों को चरित्र की कोई परवाह नहीं है।

भारत की संस्कृति नमस्ते वसुधैव कुटुम्बकमव स्वागतम की रही है, लेकिन आज इस पहचान को लोग भूलते जा रहे हैं। आधुनिकता की दौड़ की आंधी में भारतीय समाज के सांस्कृतिक मूल्यों का पतन हो चुका है। युवाओं की सोच में परिवर्तन हो, इसके लिए हमारी

सरकारों और शिक्षाविदों को आगे आना होगा। इसके लिए नई शिक्षा नीति में व्यवहारिक शिक्षा को भी अनिवार्य किया जाना चाहिए ताकि आज का युवा अपने समाज से जुड़ सके।

4. युवा पीढ़ी को धर्म से कैसे जोड़ें –

युवा पीढ़ी पाश्चात्य सभ्यता की ओर आकृष्ट हो रही है। हमें आवश्यकता है सांस्कृतिक निष्ठा और प्रतिष्ठा की। अगर युवाओं के मन में अपनी संस्कृति के प्रति निष्ठा जगा देते हैं, तो वे कभी विचलित नहीं हो सकते। यदि युवा को धर्म समझाया जाए तो वह बहुत अच्छे से स्वीकार कर लेता है परंतु युवा पर जब धर्म थोपा जाता है तो वह धर्म से दूर भाग जाता है, तो युवा वर्ग को धर्म सिखाएं, धर्म थोपे नहीं।

5. युवा पीढ़ी को परोपकार से कैसे जोड़ें–

युवा पीढ़ी धन एवं भौतिक सुविधाओं के अभाव में भी कई तरीके से परोपकार के कार्य कर सकते हैं जैसे कि

- यदि कोई व्यक्ति दान करना चाहता है तो अब सोशल मीडिया का उपयोग करके दान करने वाले व्यक्ति को, आवश्यकता वाले व्यक्ति से जोड़ सकते हैं
- अपने जन्म दिवस पर मित्रों और परिवार के सदस्यों से मिलने वाले उपहारों को दूसरों के लिए खुशी का अवसर बना सकते हैं
- सरल कार्य जैसे की किसी व्यक्ति को सड़क पार करने में मदद करना तथा बचा हुआ खाना आवारा पशुओं को खिलाना इत्यादि
- ऐसे संगठन जिन्हें वस्तु के रूप में दान की आवश्यकता हो तो किताबें, कपड़े, प्राथमिक चिकित्सा, भोजन पैकेट, राशन आदि उन्हें दिया जा सकता है
- स्वयं सेवक के रूप में कुछ संगठनों से जुड़कर उनके सेवाकार्यों में मदद कर सकते हैं

उपसंहार–

यदि तार्किक तरीके से हम आज के युवा को समझाते हैं तो उनमें व्यापक बदलाव की संभावना घटित होती हैं और उनमें बदलाव भी दिखता है। अगर युवा वर्ग जागता है और उनके हृदय में सांस्कृतिक निष्ठा है, तो निश्चित बदलाव आएगा एवं युवा स्वेच्छा से परिवार, संस्कार, समाज, धर्म व परोपकार से जुड़ जायेंगे।

अंत में इतना एक कहना चाहूँगा कि

बस जोश को जगाने की जरूरत है,

देश में युवा जोश की कमी नहीं है।

देश बढ़ेगा, युवा सोच के साथ,

क्योंकि देश में किसी चीज़ की कमी नहीं है।

संघर्ष मूल्यों का

नाम– डॉ. रूचि जैन

शिक्षा– एमएससी केमिस्ट्री एंड साइंस ऑफ लिविंग प्रेक्षा मेडिटेशन एंड योगा एम.ए. जैनोलॉजी एंड कंपरेटिव रिलिजन एंड फिलॉसाफी, पीएचडी इन जैन योगा (सर्वश्रेष्ठ शोध के लिए बिमला भंडारी अवार्ड) 15 आर्टिकल पब्लिश्ड इन डिफरेंट रिसर्च जर्नल एंड मैगजिन, न्यूज पेपर्स जॉइंट सेक्रेटरी– जिन फाउंडेशन, नई दिल्ली पब्लिशर– पागड़ भाषा (द फर्स्ट न्यूज पेपर इन प्रकृति लैंग्वेज)।

पता– प्रकृत विद्या भवन, ए९३/७ए, नंदा हॉस्पिटल के पीछे, छतरपुर एक्सटेंशन, नई दिल्ली– ११० ०७४

ruchijaintmu@gmail.com

ईसाभावेण पुण्णो के जिंदंति सुंदरं मग्गं।
तेसिं वयणं सोच्चाऽभत्तिं मा कुह जिणमग्गे।।

नियमसार की इस गाथा में युवाओं के लिए एक संदेश छिपा है कि कितने ही लोग इस स्वभाव से इस सुंदर मार्ग की निंदा करते हैं किंतु उनकी बातों में आकर अश्रद्धा मत करना। युवा शक्ति एक स्वस्थ, चिंतनशील और विकसित समाज धर्म दर्शन के संरचनात्मक पहलुओं में, युवा शक्ति की महत्वपूर्ण भूमिका होती है। इसका कारण है कि युवावस्था वह अवधि होती है जिसमें मनुष्य सबसे अधिक जोश, ऊर्जा और शक्ति से परिपूर्ण होता है। बचपन में खेल – कूद और जीवन की व्यवस्थाओं को समझने–जानने में व्यतीत हो जाता है, जबकि वृद्धावस्था में जीवन के सपनों का अनुभव होता है, लेकिन शारीरिक और मानसिक जोश की स्तरीय शक्ति धीमी हो जाती है। इसलिए, युवावस्था को जीवन की स्वर्णिम अवधि कहा जाता है।

युवा में असीम शक्ति होती है; कहा जाता है कि युवाओं के शब्दकोश में 'असंभव' नामक शब्द ही नहीं होता। यह एक प्रवाह है जो कभी तूफान की भांति और कभी सहजता से बहता रहता है। इस अवस्था में, चिंतन के स्रोत खुल जाते हैं, विवेक जाग्रत हो जाता है और श्रोत शक्ति निखार जाती है। जिस देश या समुदाय में जितनी सक्षम युवा पीढ़ी होती है, वह देश या समुदाय उतना ही सक्षम बन जाता है।

युवाओं के प्रति समाज का दृष्टिकोण

युवा पीढ़ी के प्रति दो प्रकार के दृष्टिकोण देखे जाते हैं। एक दृष्टि से युवकों को कोसा जा रहा है, क्योंकि वे अनुशासन हीन हैं, सामाजिक और योजनाओं को तोड़ने वाले हैं और अपनी परंपराओं की उपेक्षा तथा अवहेलना करते हैं। दूसरी दृष्टि युवा

पीढ़ी की कुछ विशेषताओं की ओर इशारा करती है। युवा कर्मठ होते हैं, उदार होते हैं, धैर्यवान होते हैं और आर्थिक क्षेत्र में अपेक्षाकृत चरित्रवान होते हैं।

उपर्युक्त धारणाओं के आधार पर, हमें युवकों को सापेक्ष दृष्टि से देखना चाहिए। हमें उनकी अच्छाइयों को प्रोत्साहित करना चाहिए और त्रुटियों को दूर करना चाहिए। हमें उनके प्रति घृणा के बजाय प्रेम का बीज बोकर उन पर वर्षा करनी चाहिए। हमें निराशा को तोड़कर नई आशा का संचार करना चाहिए। इस प्रकार करने से युवा पीढ़ी की क्षमताओं का विकास संभव हो सकता है। युवा पीढ़ी की सार्थकता आज ले रही है, और वह अपने विकास के लिए युवा पीढ़ी को आह्वानित करती है और चाहती है कि नवनिर्माण में उसका महत्वपूर्ण योगदान हो।

युवा और जीवन मूल्य

युवा चेतना भी अपनी कुछ आकांक्षाओं को रखती है, और उनकी पूर्ति के लिए उसे नए और प्राचीन मूल्यों के साथ संघर्ष करना होता है। मूल्यों को दो प्रकार में विभाजित किया जा सकता है – शाश्वत मूल्य और सामाजिक मूल्य। शाश्वत मूल्य स्थिर होते हैं और सामाजिक मूल्यों को स्थायी बनाने का प्रयास करते हैं। मूल्य निर्धारण की चेतना को कुंठित करने से कुंठित चेतना सत्य का साक्षात्कार नहीं कर सकती है। इसलिए, हमें दोनों प्रकार के मूल्यों को समझकर शाश्वत मूल्यों के साथ बदलते मूल्यों को स्वीकार करके संतुलन बनाना होगा।

धर्म से विमुखता का कारण और उसका निवारण

शायद ही कोई धर्म या संप्रदाय होगा जिसमें दिखावा, पाखंड या चमत्कारी कथाएं नहीं होंगी। धर्म मनुष्य की प्राकृतिक उन्नति में सहायक बनाया है और उसके ज्ञान का विकास करने का एक महत्वपूर्ण स्रोत रहा है। मनुष्य के लौकिक और पारलौकिक कल्याण का एकमात्र उपाय धर्म है। हालांकि, धर्म के नाम पर होने वाले ढोंग, अज्ञान, हिंसा, अत्याचार, आतंकवाद आदि ने मनुष्य के आंतरिक और बाह्य विकास को आदिम सभ्यता और राक्षसीय वृत्ति में धकेलने में अपना पूरा योगदान दिया है। धार्मिक विकृतियों की कथाएं भी उतनी ही प्राचीन हैं जितनी कि धार्मिक उत्थान की।

आज कम समय में सब कुछ हासिल करने के जूनूनी युवा धर्म क्षेत्र में भी सब कुछ पका पकाया चाहते हैं। यदि वे यह अपेक्षा रखते हैं कि उन्हें अध्यात्म किसी फास्ट फूड की तरह मुंह में ठूस दिया जाए और वह समस्त आत्मिक उपलब्धियों को क्षण भर में प्राप्त कर लें तभी उन्हें धर्म रास आएगा तो हमें उनसे माफी मांगने पड़ेगी क्योंकि यहां ऐसा कोई भी इंजेक्शन तैयार नहीं हुआ है जो लगाते ही आत्मानुभूति

के आनंद में डुबो देगा और ऐसा कोई वैक्सीन अभी तक नहीं बन पाया है जो लगाते ही आपको मिथ्यात्व के पोलियो से सदा के लिए बचा लेगा।

हम यह विनम्रतापूर्वक कहना चाहेंगे कि धर्म वह स्थल है जहां परिश्रम के अतिरिक्त कोई विकल्प नहीं है। मैं तो नई पीढ़ी के पूरे समुदाय से आगाज करना चाहती हूं कि वह धर्म से सिर्फ लाभ लेने की ना सोचे उसके मूल स्वरूप को बचाने का यत्न भी करें।

यदि आप वास्तव में समाधान चाहते हैं, तो धर्म क्षेत्र में व्याप्त बुराइयों का सामग्रीभूत अध्ययन करें और यदि संभव हो, उस बुराई को दूर करने का प्रयास करें। कारण इसमें कई प्रश्नों के उत्तर नहीं हैं और इसका मुख्य कारण यह है कि धार्मिक लोग युवाओं के तथ्यात्मक प्रश्नों को नकार देते हैं। धार्मिक लोग विवेकपूर्ण जवाब नहीं देते हैं या फिर उनके वैज्ञानिक प्रश्नों का ऐसा अंधविश्वासपूर्ण उत्तर देते हैं कि युवाओं को निराशा होती है। सामाजिक मान्यता के रूप में समाज को इसे स्वीकार करना चाहिए कि अब शिक्षा में यह समस्या नहीं है और न ही अंधविश्वासों का समय है। आप युवाओं के प्रश्नों को उनकी आस्था के बिना समझाएं, उनके प्रश्नों का समयानुकूल उत्तर दें, तो उनमें धार्मिक दर्शन में गहरी रुचि होगी।

समस्या यह नहीं है कि उनके प्रश्नों का उत्तर नहीं है, बल्कि समस्या यह है कि उनके स्तर के जवाब देने वाले लोग धर्म क्षेत्र में कम हैं। आज भी धर्म दर्शन को वैज्ञानिक अध्ययन को बहुत कम महत्व दिया जाता है। धर्म और विज्ञान दोनों एक-दूसरे के पूरक हैं, लेकिन इसे दोनों लोग विरोधी मानते हैं। इसके अलावा, यदि आप इस क्षेत्र में वह धार्मिक शिक्षा दें जो योग्य और वैज्ञानिक दृष्टिकोण वाली हो तो यह युवाओं को आकर्षित कर सकता है और उनके प्रश्नों के उत्तर देने के साथ ही, युवा पक्ष से उम्मीद है कि वे प्रश्न करें और निसंकोच समाज के सामने रखें। अगर आपको संतोषजनक उत्तर प्राप्त नहीं होते हैं, तो खुद खोज करें। इतिहास गवाह है कि जितने भी महान पुरुष हुए हैं, उनके प्रश्नों के उत्तर कभी तत्कालीन समाज ने नहीं दिए, वे अपने प्रश्नों के उत्तर खुद निकालते थे।

भगवान महावीर, बुद्ध, और अन्य सभी महापुरुषों ने अपनी साधना के माध्यम से समाधान प्राप्त किया है। आजकल, विज्ञान और यथार्थवादी दृष्टिकोण वाले कई विचारक लोग ऐसे विषयों पर पुस्तकें लिखते हैं। आपको उनकी ग्रंथों को पढ़ने की सलाह दी जाती है ताकि आपको आदर्श मार्गदर्शन मिल सके। आगम ग्रंथ भी भगवान की वाणी के मूल स्रोत हैं, और इसे सदियों से लोगों ने पढ़कर उनमें

जिज्ञासा पैदा की है। कई विचारकों और दर्शकों ने अपने द्वारा लिखी गई पुस्तकों के माध्यम से लोगों को उनके विचारों और ज्ञान का प्रचार किया है। इसके अलावा, हमने कई पुस्तकें लिखी हैं जिनके माध्यम से हमारी ९९% समस्याओं का समाधान मिल सकता है। लेकिन समस्याओं का समाधान प्राप्त करने के लिए हमें स्वयं पढ़ने का प्रयास करना होगा। मेरा युवा बन्धुओं को यही संदेश है कि वे केवल समस्याओं को ही नहीं देखें, बल्कि समाधान का भी हिस्सा बनें।

हमारा दायित्व

इन सभी समस्याओं के समाधान के लिए हमें एक खुले संवाद का मार्ग अपनाना होगा समाज में एक ऐसा माहौल तैयार करना होगा जहां युवा खुलकर प्रश्न पूछ सकें उनके गुस्से को सुनना होगा उनकी प्रतिक्रियाओं को सहना होगा और अपनी तरफ से एक सकारात्मक समाधान देना होगा।

उनकी क्षमता को पहचान कर उन पर विश्वास करना होगा। कौन सा अच्छ है कौन सा खराब है केवल नए पुराने के आधार पर किसी को अच्छा या बुरा नहीं कहा जा सकता। अतः यह नहीं मानना चाहिए कि युवा हमेशा गलत ही चलते हैं। वह भी ऐसी क्षमताएं रखते हैं जो पुराने से ज्यादा अच्छ करके दिखा सकते हैं अतः उन पर आप भरोसा करें। उन्हें धर्म नए प्रयोगों हेतु आमंत्रित करेगा।

इस विषय पर बहुत ही संतुलित तरीके से आगे बढ़ना है। आज की पीढ़ी उम्र की उठान पर ही घनघोर हताशा निराशा की शिकार है यह बाहर से जितने विकसित और गतिमान दिखाई दे रहे हैं उनका अंतर जगत उतना भी क्षत-विक्षत है यही कारण है कि अपने अंदर के खालीपन से घबराकर यह नशे जैसी कृति अपना लेते हैं हमें उनका समाधान करना पड़ेगा। अध्यात्म से जुड़ा व्यक्ति कभी निराशा तनाव में नहीं रहता। वह अपने अंदर के अन्धकार को मिटाने के लिए तत्वज्ञान का बोध प्राप्त करता है और संसार में रहकर भी संसार से ऊपर उठकर जीने की कला सीख जाता है। यदि हम युवाओं को यहाँ समझाने में सफल हो गए कि धर्म अध्यात्म कला का नाम है यहां कोई कार्य नहीं है जिसके लिए अलग से बहुत समय देना पड़े। कला तो ऐसी है जो सीख ले उसका पूरा जीवन सत्यम शिवम सुंदरम हो जाए तब युवा कभी धर्म से विमुख नहीं होगा। □

—डॉ. रुचि जैन, दिल्ली

मन की शान्ति पैसा या मन की अशान्ति पैसा

नाम– डॉ. आभा झा

जन्मतिथि– 25-12-52

पति– स्व. इंदुकांत झा

शिक्षा– बी.एससी., एम.ए. (अर्थशास्त्र व हिंदी), एम.एड पीएच.डी. सेवानिवृत्त सहायक संचालक

प्रकाशित कृतियां– लघुकथा संग्रह, रहन, मुखौटा, साझा संकलन, काव्य जीवन चक्र, झितिज और भी, पत्र–पत्रिकाओं में प्रकाशित, लघुकथाए कविताएं, कहानियां एवं संस्मरण, लघुकथा में शोधकार्य

विषय– लघुकथा उद्‌भव विकास एवं संभावनाएं

सम्मान– विभिन्न साहित्यिक एवं सांस्कृतिक संस्थाओं द्वारा सम्मानित

सम्प्रति– स्वतंत्र लेखन

सम्पर्क– भगवती कृष्ण विला रोहणीपुरम गोल चौक, रायपुर, छग

मो– 88393-82334।

आज की इस जीवन शैली में सर्वत्र भागमभाग ही नजर आता है। किसी के पास किसी को देने के लिए समय ही नहीं है। सब भागते चले जा रहे हैं, किसी को अपने कार्य क्षेत्र तक पहुँचने, बस पकड़ना है तो किसी को ट्रेन पकड़ना है और नहीं तो अपनी गाडी से जाने पर भी ट्रैफिक जाम से बचना है। सब को जल्दी है हर कोई भाग रहा है किसी को किसी से बात करने की, किसी की तरफ देखने तक की फुर्सत नहीं है। सबको जल्दी है हर कोई भाग रहा है बस भाग रहा है। हर बड़े शहरो का यही नजारा है।

आजकल युवा पीढ़ी पढ़ लिखकर अच्छी व अधिक वेतन देने वाली कंपनी में जाब ढूंढती है और फिर ये कारपोरेट सेक्टर वाले उन्हे बड़े–बड़े पैकेज देकर उनसे इतना काम कराते हैं, मानो खून चूस लिया जा रहा हो। कार्य के घंटों की गिनती ही नहीं रहती। थकहार कर जब वह घर पहुंचता है तो उसकी हिम्मत ही नहीं रहती किसी से बातचीत करने की।

पैसे तो बहुत मिलते हैं पर सुकून नहीं, जहां पति–पत्नी दोनों काम करते हैं वहाँ तो और भी बुरा हाल होता है। अपने बच्चों तक को वो समय दे नहीं पाते। माता–पिता तो दूर की बात है। कहीं तो पैसों को खर्च करने का भी उनके पास समय नहीं होता। अतः युवा पीढ़ी के लिए कुछ प्रश्न खड़े होते हैं।

प्रश्न यह उठता है आखिर हम इतने पैसे कमायें ही क्यूं? किसलिए किसके लिए? क्या हम पैसे कमाने की एक मशीन बनकर रह गए हैं? वह पैसा किस काम का जो हमारी खुशियों को हमारे सुख चैन को, अपने परिवार को ही हमसे दूर कर दे। क्या

हम थोड़े कम पैसों में गुजारा नहीं कर सकते? हम अपने बच्चों को जीवन के वास्तविक धरातल पर जीना नहीं सिखा सकते? आज देखा रहा है बच्चों की सोच कुछ ऐसी हो गई है, पिता पैसा खूब कमाये और हम उसका उपभोग करते रहें सारी सुख सुविधाएं हमें आराम से मिलती रहे। पत्नी और बच्चे अमीरी का दंभ भरते रहें। पैसा दो ही तरीके से घर आता, कठिन परिश्रम से या तो गलत तरीके (भ्रष्टाचार) से। अब इस पैसे को खर्च कैसे किया जाय। 'जो बंदा खून पसीने बहाकर ये पैसा कमा रहा है अपने परिवार को वो सब खुख देने के लिए इतनी मेहनत कर रहा है,'

क्या हम उसके सुख के लिए नही सोच सकते? पत्नी और बच्चे अपनी फरमाईशों को कम कर क्या ये नहीं कह सकते 'बस अब हो गया, अब बस करो अपना भी ध्यान रखो हम कैसे भी मैनेज कर लेंगे' तो पति भी राहत की सांस ले सकता है। गलत तरीके से कमाया धन गलत जगह पर जाकर निकल ही जाता है और भ्रष्टाचार से धन कमाने वाला व्यक्ति अपने मानसिक संत्रास से गुजरते रहता है कब क्या जाँच हो जाय और मैं फंस जाऊँ? पर परिवार वाले 'चैन की नींद सोते हैं, एशो आराम से जीते हैं। वे उसके पाप के भागीदार नहीं बनते वे केवल उसके द्वारा अर्जित किए गये धन के हकदार बनते हैं'। पैसे कमाने की इस भूख पर नियंत्रण अपने घर वालों को ही करना होगा। उन्हें ही रोकना होगा खासकर इसमें 'पत्नी और बच्चों' की ही अहम भूमिका होनी चाहिए। आज पैसे कमाने की होड़ में हमारी संवेदनाए मरती जा रही है। इस नौकरी के चक्कर में तो हम कभी किसी के सुख दुख में शामिल भी नहीं हो पाते। इस तथ्य को हमें स्वीकारना होगा, इस पर चिंतन करना होगा 'क्या ये पैसा हमारे दिल से जुड़ें रिश्तो को पुनः हमे इस दुनियाँ में दिखा सकता है? क्या परिवार मे सम्पन्न हुए खुशी के माहौल की पुनरावृत्ति कर सकता है?

नहीं! हम मन मसोस कर रह जाते हैं। चाहकर भी उस जगह उपस्थित नहीं हो पाते। अपनी इच्छा अपनी खुशी को हम दफन करते जाते हैं। अपनों से दूर इतने दूर चले जाते हैं कि समय पर पहुंच ही नहीं पाते। वहाँ हम पैसे बटोरते रहते हैं लेकिन अपनी खुशियां नहीं बटोर पाते। हम कितने प्रेक्टिकल हो गये हैं यह हमसे बढ़कर कोई और नहीं जानता। महंगाई के इस दौर में पैसा कमाना आवश्यक है पर वह कितना आवश्यक है यह हमें (युवा पीढ़ी को ही) ही निर्धारित करना होगा।

भौतिकतावादी सुख साधनों की होड़ में युवा पीढी भागते चली जा रही है। महंगी से महंगी गाड़ियां, महंगे फ्लैट्स, महंगे स्कूलों में बच्चों की शिक्षा, महंगे होटलों में डिनर करना, महंगे ब्रांड के कपड़े पहनना ये सब हमारे युवा पीढ़ी के स्टेट्स सिंबल बनते जा रहे हैं। आज वह अपने परिवार को, बच्चों को वह सब कुछ दे रहा है,

महंगी से महंगी चीजे उनके कदमों मे लाकर डाल दे रहा है। बस नहीं दे पा रहा है तो, वह है –मिथ्या आडंबर से दूर, जमीन पर पैर रखकर, मितव्ययिता से जीवन जीने की कला, अपरिग्रह की भावना, और संस्कार ये सब बाजार में नहीं बिकते जिसे खरीदकर दिया जा सके। ये सब अपने व्यवहार से ही सिखाए जाते हैं।

आज वह भौतिक वस्तुओं की पूर्ति के लिए धन कमाने मे ही केन्द्रित हो गया है।

वह चीजें इकट्ठी करते जा रहा है, अपरिग्रह से कोसों दूर भाग रहा है, उसे इसका महत्व समझना होगा और दूसरों को भी समझाना होगा।

आज के इस दौर मे परिवार छोटे होते जा रहे हैं। संयुक्त परिवार हमें बरगद के वृक्ष की छाया मे संरक्षित रखता था। आज अधिक से अधिक धन कमाने अपने माता–पिता से दूर एकल परिवार, न जाने कितनी मुसीबतों का सामना करता है। सारे कष्ट उन्हे स्वयं झेलने पड़ते हैं। पैसा केवल समृद्धि दे सकता है, परिवार का सहयोग नहीं। यह बात युवा पीढ़ी को समझना ही होगा। पैसा ही सबकुछ नहीं होता।

कुछ सीमित दायरों को भी ध्यान में रखना होगा। पैसा उतना ही कमायें, जितनी हमारी आवश्यकता है लेकिन आज आवश्यकता से अधिक धन संग्रह करने की प्रवृति सारी मुसीबतों की जड़ बन रही है। परिवार से दूरियाँ बढ़ रही है। थोड़े कम में जिये पर साथ जिये, यह भावना आज देखने को नहीं मिलती। पहले बेटा, मां–बाप की जिम्मेदारी छोड़कर बाहर नहीं जाता था, आज तो वह देश क्या विदेश तक भी कैरियर बनाने धन कमाने चला जाता है यह कैरियर का भूत इस कदर चढ़ा है कि उसे आगे पीछे कुछ सूझता ही नहीं। परिस्थिति और समय को देखते हुए जीवन की प्राथमिकताएं हमारी युवापीढ़ी को तय करनी होगी। संयुक्त परिवार से जुड़े हुए घटना चक्रों को लेकर बनी फिल्में या नाटक हमें युवा–पीढ़ी को दिखाना चाहिए, जिसके परिणाम स्वरूप वे उसके फायदे व महत्व को समझ सके। आज इस बिगड़ते सामाजिक परिवेश में हमें युवा–पीढ़ी को हमारे पूर्व के पारिवारिक संबंधों, प्रेम भाईचारा, कर्तव्य और संस्कारों से युक्त किस्से कहानियों को बताना होगा, बढ़ते बच्चों के पाठ्यक्रम में परिवार, समाज, और जीवन मूल्यों की शिक्षा को स्थान देना होगा। जगह–जगह पारिवारिक एकता से जुड़े नुक्कड़ नाटकों का प्रदर्शन करना होगा।

एक नई क्रांति लानी होगी, जो हमारे युवाओं को इस अंधी दौड़ से बचा सके, उसे भटकने से रोक सके, वर्ना देर नहीं लगेगी, विदेशी सभ्यता को अपने ही देश मे पैर फैलाते। देखरेख करने वाले न होने के कारण आज भी बहुत से मां–बाप वृद्धाश्रम में पहुँचा दिये गये हैं। बेटे विदेश में पैसे कमा रहे हैं और माता पिता आश्रम में पड़े हैं।

आज उनके पास पैसों की कमी नहीं है, फिर भी युवावस्था में शुगर, ब्लडप्रेशर, हार्ट प्राब्लम जैसी बीमारियों से वे ग्रसित होते जा रहे हैं। अच्छा खा पी रहे हैं। अच्छी लाइफ स्टाइल में जी रहे हैं, फिर भी आखिर क्या है? जो इन्हें इन सब से गुजरना पड़ रहा है। कम उम्र में भी हार्ट अटैक की घटनाएं घट रही हैं। युवावस्था में ही शुगर किडनी जैसी बीमारियों से घिरे हुए हैं। इसके पीछे का मूल कारण उन्हें समझना होगा।

गहन चिंतन मनन से एक ही तथ्य सामने निकलकर आता है वह है 'मन की शांति', जी हाँ, आजकल की युवा पीढ़ी के पास सब कुछ है, पर ये 'मन की शांति' ही नहीं है। मन अशांत है, तनाव से घिरा हुआ है किसी ना किसी प्रेशर से गुजर रहा है। आफिस का प्रेशर, बीबी बच्चों का प्रेशर और तो और कहीं अपने द्वारा ही लिए गये गलत निर्णय का प्रेशर। यह सब वह अकेले ही झेलते रहता है। मां बाप सामने हो तो वह अपने बेटे की आंखों मे वह सब कुछ पढ़ लेते हैं, मन हल्का हो जाता है और समस्या का समाधान भी निकल आता है।

अतः युवापीढ़ी को अपने 'मन की शांति' को प्रथमिकता देनी चाहिए, व्यर्थ की इस मृगमरीचिका की दौड़ में भागते नहीं रहना चाहिए, जिससे हासिल कुछ भी नहीं होगा और हम इस तृष्णा की प्यास बुझाते बुझाते खुद प्यासे रह जायेंगे।

परिवार जब साथ होगा तो संस्कार अपने आप ही ढलते चले जाते हैं। बड़े-बुजूर्गों की, दिनचर्या उनके व्यवहार, उनके क्रियाकलाप, अपने आप ही हमे बहुत कुछ सिखा देते हैं, यह तभी संभव है जब हम साथ रहे। अपने बच्चों में संस्कार डालने हमें संस्कार पूर्ण वातावरण में ही रहना होगा। पूजा पाठ करना, मंदिर जाना, घर में किसी धार्मिक आयोजन का होना, यज्ञ हवन करना, गरीबों में दान–पुण्य करना, असहायों की मदद करना, ये सब कार्य जब हम या हमारे बच्चे देखते हैं तो उनके मन में इसका गहरा प्रभाव पड़ता हैं, उन्हें इसका महत्व समझ में आता है। ये सब कार्य हमारे अंतःकरण को शुद्ध करते हैं और हमें अहंकार से दूर रखते हैं। अतः आज की युवा पीढ़ी को इन सब से जोड़ना होगा, उन्हें इन सब कार्यों की जिम्मेदारी देनी होगी। युवा पीढ़ी को अपने व्यस्ततम दिनचर्या से समय निकाल कर समाजिक कार्य से जुड़ना ही होगा। सामाजिक कार्य मे जुड़ना हमें एकता का मंत्र सिखाती है। हम साथ मिलकर किसी समस्या का समाधान निकाल सकते हैं। हमारे बड़े-बुजूर्ग समाज से जुड़कर परोपकार जैसा पवित्र कार्य करते हैं। युवापीढ़ी को अपनी संपूर्ण उर्जा व लगन के साथ इस कार्य में योगदान देना होगा, तभी वह उस आनंदानुभूति को महसूस कर पायेगा जो उसे घंटों अपनी आफिस में बैठने पर भी नहीं मिलती, उस पुण्य कार्य मे एक छोटा सा ही हिस्सा बनकर उसे असीम आनंद की प्राप्ति होगी।

अतः आज अत्यन्त आवश्यक है हमारी नौजवान पीढ़ी को सामाजिक कार्यों से जोड़ने के साथ ही इन कार्यों की जिम्मेदारी भी उनके कंधो पर डालने की। जब वह इन जिम्मेदारियों को अच्छे से निभा लेगा तो उसका आत्मबल बढ़ेगा और वह कुछ और बड़ा करने की सोचेगा।

उसकी धारायें राष्ट्रहित की ओर भी मुड़ेगी। धीरे—धीरे वह एक सच्चा नागरिक बन अपना राष्ट्र धर्म भी निभा पायेगा। वह अपने देश मे ही रहकर अपने परिवार समाज व राष्ट्र को भी बहुत कुछ दे पायेगा, जिससे एक सुंदर समाज व सुदृढ़ राष्ट्र का निर्माण हो सके। ▢

डॉ. आभा झा
रोहणीपुरम गोल चौक रायपुर छग
मो 88393 82334

पुरस्कार वितरण समारोह 14 अक्टूबर 2023 अमृता हॉस्पिटल फ़रीदाबाद.

21वीं सदी में युवाओं के समक्ष चुनौतियाँ और उनका समाधान

नाम– डॉ. राकेश चन्द्रा

पता– 610/60, केशव नगर कालोनी, सीतापुर रोड, निकट सेंट्रल बैंक, लखनऊ, उत्तर–प्रदेश–226020,

दूरभाष नम्बर– 9457353346.

शैक्षिक योग्यता– पी.एच.डी. लॉ

उम्र– 69 (जन्म प्रमाण पत्र : आधार– 964374584797)

ईमेल– rakeshchandra.81@gmail.com

21वीं सदी युवाओं की सदी है और ऐसा कहना कोई अतिशयोक्ति नहीं है। विश्वपटल पर जीवन के हर क्षेत्र में युवा अपनी असीमित प्रतिभा का लोहा मनवा रहे हैं। उनका साहस और आत्मविश्वास देखते ही बनता है। भारत भी इससे अछूता नहीं है। यहाँ के युवा विज्ञान एवं प्रौद्योगिकी, प्रबंधन एवं अभियांत्रिकी जैसे क्षेत्रों में न केवल अपने देश में वरन अमेरिका एवं अन्य पश्चिमी देशों में अपने बुद्धि कौशल के दम पर छाये हुए हैं। यह स्थिति सभी देशवासियों के लिए गौरवपूर्ण है। पर तस्वीर का एक और पहलू है जो अनायास ही ध्यान आकर्षित करता है। आजकल के युवाओं को लेकर यह आम धारणा है कि वे हमारी पूर्व प्रचलित सामाजिक धारणाओं में विश्वास नहीं करते हैं और उनकी सोच पाश्चात्य सोच से प्रभावित हैं। वैसे तो इस प्रकार के आरोप हर नई युवा पीढ़ी पर लगते आये हैं जिसके पीछे पीढ़ी अंतराल बड़ा कारण होता है जो सही भी है। लेकिन वर्तमान स्थिति कई नये सवाल खड़ा करती है जिनका विश्लेषण किया जाना आवश्यक है–

1. प्रथमतः ऐसा देखा गया है कि आज के युवा अपने बड़ों का यथोचित सम्मान नहीं करते हैं और अपने पारिवारिक जनों से इतर अपने इष्ट–मित्रों के अधिक निकट होते हैं। इसका प्रमुख कारण रहा है संयुक्त परिवार का विखंडन जिसके फलस्वरूप बढ़ते हुए बच्चों को सही संस्कार देने एवं उचित मार्गदर्शन हेतु अनुभवी निकट सम्बन्धी भी साथ नहीं रहते हैं। संयुक्त परिवार में इस भूमिका का निर्वाह सब मिलकर कर लिया करते थे। पर वर्तमान में यह सम्भव नहीं है। घरों में केवल माता–पिता ही बचते हैं जिनमें प्रायः दोनों लोग किसी न किसी कार्य–व्यवसाय में रत होने के कारण अपने बच्चों से ठीक से संवाद भी नहीं कर पाते हैं। सम्भवतः अतिव्यस्तता एवं समय का अभाव इसका बड़ा कारण है। ऐसी दशा में बच्चों की निर्भरता अपने दोस्तों पर बढ़ने लगती हैं और वे अपने परिवार से मानसिक रूप से धीरे–धीरे कटने लगते हैं। इन

परिस्थितियों में बच्चों में सही सामाजिक संस्कार डालने व उचित मार्गदर्शन देने की कल्पना करना भी बेमानी है।

2. युवा पीढ़ी से एक शिकायत यह भी रहती है कि वे हर समय सोशल मीडिया पर व्यस्त रहते हैं जिसका बुरा असर उनकी पढ़ाई व जीवन-शैली पर पड़ता है। यह आरोप अधिकांशतः सही भी है। अल्पायु से ही माता-पिता अपने बच्चों के कोमल हाथों में मोबाइल फोन, लैपटॉप आदि उपलब्ध करा दिये जाते हैं जिनके माध्यम से उनका परिचय वाट्सएप, फेसबुक, इंस्टाग्राम आदि सोशल मीडिया के उपक्रमों से शनै:-शनै: होता जाता है जिनसे कालांतर में पीछा छुड़ाना लगभग असंभव हो जाता है। यह सही है कि वर्तमान समय में मोबाइल फोन व लैपटॉप आदि का प्रयोग बच्चों की शिक्षा की दृष्टि से आवश्यक हो गया है पर इसके इतर इनका उपयोग यदि हो रहा है तो इसे कौन देखेगा ? यहाँ भी पहला दायित्व माता-पिता का ही है। शायद कुछ ही अभिभावक ऐसे होंगे जो इस बात की निगरानी करते होंगे कि उनके बच्चों द्वारा पढ़ाई के बाद शेष समय में उपरोक्त उपकरणों का प्रयोग किस रूप में किया जा रहा है। यही आदत बच्चों के युवा होने तक परिपक्व हो जाती है और इनका दुष्प्रभाव युवाओं में स्वतः स्पष्ट रूप से परिलक्षित होने लगता है। यहाँ तक कि उनमें पलने वाले संस्कारों पर भी विपरीत प्रभाव पड़ने लगता है। अतः यहाँ यह समझना आवश्यक होगा कि माता-पिता द्वारा बाल्यकाल में बच्चों को मोबाइल फोन आदि दिलाकर उनके शेष कर्तव्यों की इतिश्री नहीं हो जाती है। गलत संस्कारों से युक्त बच्चा अच्छा नागरिक नहीं बन सकता है।

3. वर्तमान समय में अधिकांशतः महत्वाकांक्षी होते हैं और कार्य-व्यवसाय में अच्छे अवसरों की तलाश में रहते हैं। ऐसी मन:स्थिति में उन्हें घर से बाहर जाकर अपनी सेवाएँ देने में कोई संकोच नहीं होता है। यहाँ तक कि विदेश जाने में भी उन्हें कुछ सोचना नहीं पड़ता है। फलस्वरूप वे अपने माता-पिता से भी दूर हो जाते हैं जो अपनी आयु के अन्तिम पड़ाव पर होते हैं और उन्हें किसी सहारे की आवश्यकता होती है। कभी-कभी तो उनकी संतानें किसी अन्य महानगर अथवा विदेश में ही बस जाते हैं। तब उनके लिए जीवन एक दंड के समान प्रतीत होने लगता है जो स्वाभाविक ही है। केवल अपने स्वार्थ व सुख-सुविधा को दृष्टिगत रखते हुए माता-पिता से विमुख हो जाना हमारी संस्कारों व जीवन-मूल्यों के बिल्कुल विपरीत हैं और हमें असहज भी करते हैं। सम्भवतः इसके पीछे भी संयुक्त परिवार का विखंडन एक बड़ा कारण है। संयुक्ति परिवार में सब लोग एक-दूसरे के सुख-दुख बाँटते हैं और एक-दूसरे के निकट रहना चाहते हैं। निकटता संबल प्रदान करती है। पर संयुक्त परिवार के विघटन की दशा में इस प्रकार की स्थितियाँ नहीं बन पाती हैं और बच्चों व युवाओं में परस्पर

जुड़ाव की अनुभूति पुष्पित-पल्लवित हो ही नहीं पाती है।

4. एक बड़ा आक्षेप आजकल के युवाओं पर यह लगता है कि वे अपनी प्राचीन भारतीय सभ्यता के मूलभूत सिद्धांतों को भूलकर पाश्चात्य सभ्यता से प्रभावित हो रहे हैं और इसका प्रभाव उनके खान-पान, वेषभूषा, चाल-चलन आदि पर स्पष्ट रूप से दृष्टिगोचर हो रहा है। यूं तो किसी भी विचारधारा से प्रभावित होकर अपने जीवन-मूल्यों में परिवर्तन करना कोई बुरी बात नहीं है पर यह ध्यान रखना आवश्यक है कि हम किसी अपसंस्कृति के दुष्प्रभाव से ग्रसित होने से बच सकें। यहाँ यह उल्लेख करना प्रासंगिक होगा कि युवा वर्ग मानसिक रूप से परिपक्व हो चुका होता है फिर भी वह अपसंस्कृति के आक्रमण से बच नहीं पाता है। इस प्रकार का सामाजिक-सांस्कृतिक संक्रमण अब आम होता जा रहा है। इसके लिए युवा वर्ग ही स्पष्ट रूप से दोषी हैं।

उपरोक्त संदर्भों से यह स्पष्ट है कि आज का युवावर्ग दिग्भ्रमित तो है पर इसके लिए पूर्ण रूप से उन्हें ही दोषी मानलेना उचित नहीं है। इसके पीछे के कारणों को समग्र रूप में जानना व उनका विश्लेषण करना आवश्यक होगा। एक बात तो स्वतः स्पष्ट है कि अपने देश में दरकते जीवन मूल्यों के बीच यह सोचना भी कल्पनातीत है कि युवा पीढ़ी इससे अछूती रहेगी। समस्या का समाधान बड़े-बुजुर्गों को ही करना पड़ेगा। उन्हें इस प्रकार का आचरण प्रस्तुत करना होगा जो सम्माननीय हो और जिसका अनुसरण किया जा सके। संयुक्त परिवार की पुनर्स्थापना की दिशा में उन्हें ही पहल करनी पड़ेगी। इसके अतिरिक्त यह भी स्वीकार करना होगा कि सभी बाहरी प्रभाव घातक व विनाशकारी नहीं होते हैं। अच्छे जीवन मूल्यों को अपनाने से अपनी जड़ें और अधिक सशक्त होती हैं। युवाओं को भटकने से बचाया जा सकता है पर इसके लिए सामूहिक प्रयास करना पड़ेगा। यदि घर में माता-पिता के बीच अक्सर झगड़ा ही होता रहेगा या फिर पिता आये दिन शराब पीकर घर की शांति भंग करता रहेगा या फिर खुलेआम भ्रष्टाचार में लिप्त रहेगा तो घर में रहने वाले बच्चों व युवाओं में इसका गलत संदेश जाना अवश्यंभावी है। छोटे बच्चे कच्ची मिट्टी के समान होते हैं जिन्हें एक सुयोग्य कुम्हार की भाँति माता-पिता द्वारा एक संस्कारवान एवं अच्छा नागरिक बनाया जा सकता है। पर इसके लिए संकल्पित होना पड़ेगा। मात्र युवाओं को दोष देने से समस्या का निराकरण संभव नहीं है। प्रथमतः इस बदलाव की शुरुआत विचारधारा के स्तर पर करना अभीष्ट होगा। ◻

पता– 610/60, केशव नगर कालोनी, सीतापुर रोड, निकट सेंट्रल बैंक, लखनऊ, उत्तर–प्रदेश–226020, दूरभाष नम्बर:9457353346

जोड़े रखने का जतन

नाम– सचिन जैन
पद– व्याख्याता अंग्रेजी, शिक्षा विभाग, राजस्थान
योग्यता– M.A. (Eng. Litt.), B. Ed
पता– अनोखीलाल जैन, मु. पो. लोहरिया, तहसील गढ़ी, जिला बांसवाड़ा (राज.)

मानव स्वभावतः समूह जीवी, उत्कर्षोन्मुखी, विकासशील प्राणी है। वह प्रतिपल अपने सोच विचार, क्रियाकलाप, सौंदर्य बोध, समूह भावना से नवाचार करता रहता है जो कालांतर में जाकर संस्कृति का रूप अंगीकार कर लेता है एवं जब वो सामूहिकता निर्धारित नियमों के अंतर्गत संचालित होने लगे तब वह समाज का रूप ग्रहण कर लेती है। समाज का प्राथमिक घटक परिवार एवं उदात्त सर्वमान्य नियम संस्कार होते हैं और जब ये ही संस्कार इहलोक और परलोक के चिंतन–मनन एवं क्रिया में आने लगे तो धर्म बन जाता है। समाज अपनी यह विरासत युगों से अपनी पीढ़ियों को हस्तांतरित करके न केवल इसे संरक्षित करता है अपितु पुष्पित–पल्लवित भी करता है। किसी शिशु के जन्म पर होने वाला उत्सव वस्तुतः समाज का उस नवीन पीढ़ी का स्वागत ही है, जो उसके संस्कार ग्रहण कर पुष्पित करेगा।

यह विडंबना ही है कि भारतीय परिवार, समाज, धर्म व संस्कृति व्यवस्था अन्य देशों के लिए ईर्ष्या का विषय रही है। अतः उन्होंने इसे तोड़ने का प्रयास हमेशा से ही किया है। ऐतिहासिक परिप्रेक्ष्य में लॉर्ड मैकाले का ब्रिटिश पार्लियामेंट में दिया गया भाषण मैकाले मिनट्स उल्लेखनीय है जो कहता है यदि समाज की उभरती पीढ़ी के मन में संस्कार व धर्म का महत्व खत्म कर दिया जाएं एवं एवं संस्कृति के प्रति हीन भावना उत्पन्न कर दिया जाएं तो समाज स्वतः ही ढह जाएगा। उसी चतुराई से उन्होंने समाज के आधारभूत तत्व जैसे– भाषा, भूषा, भोजन, रीति–रिवाज, चिंतन, लोक–कलाएं, साहित्य, धार्मिक कर्मकांड, शिक्षण पद्धति, परिवार व्यवस्था पर प्रहार करना शुरू कर दिया और आज लॉर्ड मेकाले के शब्द अक्षरक्षः सत्य हो चुके हैं।

वर्तमान समय उपभोक्तावाद का चरम है। उपभोक्तावादी सोच हर वस्तु, विचार, व्यक्ति को खरीदने व बेचने योग्य समझती है। इस उपभोक्तावाद व बाजारू संस्कृति

का आसान शिकार युवा पीढ़ी है। यह संस्कृति युवा पीढ़ी के नितांत व्यक्तिगत पलों में भी घुसपैठ कर चुकी है। अतः युवा पीढ़ी एक नशेड़ी की तरह पूर्णतः इससे ही संचालित हो रही है। उपभोक्तावाद झूठी महत्वाकांक्षाएं उत्पन्न करता है और युवा पीढ़ी उन सपनों को पूरा करने में किसी भी हद तक जाने को तैयार है। उन्हें पता है उनकी आसमान के तारे तोड़ने के सपने तभी पूरे होंगे, जब वह परिवार, समाज, संस्कार व धर्म को तिलांजलि देंगे। उनकी परवरिश निहायती स्वार्थी शिक्षण व्यवस्थाएं, ज्ञान को लादती कोचिंग संस्थाएं, अपने अधूरे सपनों को बच्चों में पूरे करने वाले माता–पिता, फूहड़ चलचित्र या घर–घर में कलह के बीज बोने वाले टीवी सीरियल्स है। जिन्होंने यही आदर्श परोसा है कि सफलता संबंधों, संस्कारों और समाज को रौंदने का ही नाम है। सफलता भारी भरकम सैलरी, पैकेज इंटरनेशनल डेस्टिनेशन, विजिट क्रेडिट कार्ड या फिल्मों का जीवन जीने का नाम है।

चिकित्सा शास्त्र का स्थापित सिद्धांत है कि रोग का सही निदान उपचार की दिशा में प्रथम कदम है। जब युवा पीढ़ी परिवार व समाज से दूर भाग रही है तो अवश्य ही परिवार व समाज की मूल व्यवस्था में आवश्यक संशोधन करने होंगे। युवा वर्ग स्वभावतः विद्रोही होता है जबकि परिवार व समाज बंधनात्मक स्वभाव के होते हैं। कभी–कभी उनका दमनात्मक रवैया भी दृष्टिगोचर होता है। समाज की बागडोर सामान्यतः वृद्ध अथवा पुरातन पंथी लोगों के हाथों में होती हैं जो बदलाव का आसानी से स्वागत नहीं करते। समाज का नेतृत्व युवा पीढ़ी पर आदर्श थोपना चाहता है। युवाओं द्वारा उठाए गए प्रश्न जैसे पुरातन परंपराएं, खोखले सिद्धांत, अंधानुकरण, झूठा प्रदर्शन, दकियानूसी विचार समाज नेतृत्व को स्वीकार नहीं होता। अतः युवा वर्ग इससे दूरी बनाता हुआ स्वयं को समाज से काट ही देता है। समाज की मूल संरचना में युवाओं को स्थान के साथ–साथ उनकी प्रगतिशील विचारों को भी मान्यता देनी होगी। विभिन्न संगठनों में उनको आवश्यक अधिकार देते हुए जिम्मेदारियां सौपनी होंगी ताकि पूरी पीढ़ी मुख्यधारा से जुड़ कर समाज को दिशा दे सके। समाज में बढ़ते पदलोभ, राजनीति, पंथवाद, जातिवाद को दूर कर देता है देता है समाज का नेतृत्व गैर राजनीतिक एवं समर्पित व्यक्तित्व हेतु ही दिए जाने चाहिए। बड़े–बड़े पद मात्र धर्म के आधार पर दिए जाते हैं जिससे युवा वर्ग में आक्रोश उत्पन्न हो जाता है और वह मानने लगते हैं कि समाज केवल धन की पूजा करता है और उन्हें येन केन प्रकारेण धन उपार्जन करना है अन्यथा उनका अस्तित्व संकट में रहेगा।

समाज अपने निम्न आर्थिक स्तर के लोगों को भावनात्मक एवं आर्थिक संकलन

अप्रत्यक्ष रूप से प्रदान करता चले तो उन परिवारों के युवा निश्चित रूप से समाज के प्रति कृतज्ञ रहेंगे। युवा वर्ग प्रतिभा से युक्त होता है लेकिन उचित मंच माध्यम अभिव्यक्ति के अभाव में वे धर्म, समाज एवं परोपकार से दूर हो जाते हैं उनकी शिक्षा-दीक्षा के लिए गुणवत्ता युक्त विद्यालय, महाविद्यालय, विश्वविद्यालय, छात्रावास, छात्रवृत्ति आदि सुविधाएं प्राप्त हो जाएं तो उनका रुझान बाहर की ओर क्यों होगा? हाल ही में पुणे में कामकाजी महिलाओं हेतु जैन समाज द्वारा प्रतिभा निर्माण आश्रय खोले जा रहे हैं जहां वे कामकाजी महिलाएं अपने संस्कार व धर्म के अनुरूप जीवन यापन कर पाएगी। इसी तरह टीएमयू, जेआईटीओ आदि संस्थाएं युवाओं को शिक्षा के साथ संस्कार भी दे पा रही हैं। यदि समाज व धर्म उसे प्रारंभ में ही संबलन दे देता है तो वे कभी अपना हाथ उनसे नहीं छुड़ा पाएगा। कहा भी है 'न धर्मः धार्मिकैः विना'। समाज का धनाढ्य वर्ग अक्सरदानशील होता है। लेकिन केंद्रीकृत व्यवस्था के अभाव में वह धन बिखर जाता है। यदि समाज के धन का केंद्रीयकृत रूप बन जाता है तो विश्व स्तरीय संस्थाएं आसानी से खोली जा सकेगी और भागती हुई युवा पीढ़ी परिवार, समाज व धर्म के काम आ सकेगी।

भारत में सामाजिक व्यवस्थाएं धर्म का अनुसरण करती हैं। यहां धर्म व समाज में भेद करना दुरूह है। धर्म की व्याख्या धर्म आचार्यों के पास है जो कई बार धर्म की युगानुकूल शब्दों में व्याख्या करने में असमर्थ हो जाते हैं जिससे युवा वर्ग को जोड़ने में असफल रह जाते हैं। हर धर्माचार्य अथवा संत कुशल प्रशिक्षण के अभाव में सही, सटीक, नई भाषा में धर्म को प्रस्तुत नहीं कर पाते जिससे वे युवा वर्ग को धर्म से दूर कर देते हैं। युवा वर्ग धर्म को मात्र क्रियाकांड या वृद्धों के समययापन का जरिया मात्र मान लेते हैं। प्रवक्ताओं की कथनी-करनी में भी विभेद, धर्म, क्रिया व अध्यात्म में समन्वय का अभाव, धर्म को मात्र त्याग रूप प्रस्तुत करना, उसके जीवन से संबंध का अभाव होना, इन कारणों से वे दूर रह जाते हैं। अतः ऐसे दक्ष प्रवक्ता सामने आए जिनका आचरण, वाणी न केवल प्रभावी बल्कि जीवन वह युगानुकू, तर्कणायुक्त, वैज्ञानिक दृष्टिकोण से भरपूर हो, युवा मनोविज्ञान के अनुकूल हो तो वे युवा वर्ग को भटकाव से लाकर मुख्यधारा में जोड़ सकते हैं। वर्तमान में मुनि प्रमाण सागर, मुनि वीर सागर तथा समाधिस्थ मुनि क्षमा सागर जी का नाम उल्लेखनीय है जिन्होंने उच्च शिक्षित युवाओं को पुनः धर्म और संस्कारों से जुड़ा।

पब्लिक स्कूल, मिशनरी व कॉन्वेंट विद्यालय एक निश्चित एजेंडे के तहत शिक्षा प्रदान करते हैं। निश्चित रूप से उनकी शिक्षा गुणवत्तापूर्ण है। लेकिन वे जड़ों से परिवार, समाज व राष्ट्र से दूर करने का कार्य करते हैं। अतः समाज द्वारा सायं

कालीन साप्ताहिक पाठशाला संचालित हो जहां बालक प्रारंभ से ही धर्म और संस्कार प्राप्त कर सके। संप्रति पाठशाला है तो सही किंतु इनका कोई राष्ट्रीय व अंतरराष्ट्रीय स्वरूप नहीं है यदि ऐसा हो तो निश्चित पाठ्यक्रम एवं गतिविधियों से युवा वर्ग का बचपन से ही भटकाव रोका जा सकता है। निःसंदेह संस्कार पाठशाला में पढ़ा हुआ युवा उम्र भर धर्म व समाज से जुड़ा रहता है। साथ ही यह हमारे युवक-युवतियों में रोजगार का सृजन भी करेगा।

समय-समय पर प्रादेशिक, राष्ट्रीय खेल प्रतियोगिताएं कला-संगम, ओलंपियाड, सेमिनार, वार्ताएं, वेबीनार इत्यादि आयोजित की जाएं। यह कार्यक्रम उन्हें अपनों से व अपनी संस्कृति से जोड़ने का माध्यम बनेगा। जैन समाज का भोजन विश्व में अनूठा है। अतः जैन शेफ कॉन्टेस्ट करके जैन फूड, कुकिंग की ब्रांडिंग करके युवा वर्ग में अपने भोजन को, भोजन पद्धति के प्रति आदर विकसित किया जा सकेगा। 'मैत्री समूह' संगठन प्रतिभाशाली युवाओं को जोड़ने का सशक्त माध्यम बना है। पर्व उत्सव, त्योहार, सामाजिक समरसता के प्रेरक होते हैं। आजकल पर्यूषण पर्व को अंतरराष्ट्रीय मान्यता मिल रही है। इन पर्वों में विभिन्न गतिविधियां जैसे पूजन, प्रवचन, धार्मिक अनुष्ठान, स्वाध्याय, प्रतियोगिता आयोजित कर युवा वर्ग को जड़ों की ओर मोड़ सकते हैं।

जीव दया, गोशालाएं, निःशुल्क यात्राएं प्याऊ खोलना, भोजन शाला, रक्तदान, उत्सव, रथोत्सव आदि प्रभावना के नवीन -नवीन कार्य भी युवाओं के आकर्षण का केंद्र बिंदु बनता है। यह कार्य आत्मिक संतुष्टि के साथ-साथ परोपकार की भावना का सृजन करते हैं।

युवाओं के पलायन का मुख्य कारण रोजगार है। किसी समय में नौकरी अधम मानी जाती थी जबकि आज बिल्कुल विपरीत स्थिति है। नौकरी, पैकेज, कैरियर की तलाश में युवा वर्ग परिवार समाज व धर्म से दूर हो जाता है। यदि समाज समृद्ध है तो नौकरी को हतोत्साहित कर स्वयं का व्यवसाय की ओर युवाओं को प्रेरित करना चाहिए। प्रशिक्षित युवा स्टार्ट अप्स करके अपने साथियों को रोजगार भी दे सकते हैं। पुश्तैनी व्यापार भी युवाओं को सुरक्षित भविष्य दे सकते हैं। अब यह समय है कि शिक्षा स्वयं के लिए हो नौकरी के लिए नहीं हो। यदि युवा पुश्तैनी व्यवसाय से जुड़ता है तो परिवार, समाज व धर्म बचा रहेगा। अन्यथा युवाओं को यूपीएससी परीक्षा में उत्तीर्ण कर नीति निर्माण में आगे आना चाहिए जिससे न केवल समाज की मुख्यधारा से जुड़ सकें बल्कि समय अनुकूल बदलाव के लिए समाज को तैयार कर सकें।

परिवार, समाज व धर्म की मूल कड़ी विवाह व्यवस्था है। अधिकांश देशों के युवा विवाह व्यवस्था को नकारने हुए ऐकाकी जीवन की पैरवी कर रहे हैं। लिव इन रिलेशनशिप को वरीयता दे रहे हैं। युवाओं में इस व्यवस्था के प्रति अविश्वास का कारण धोखाधड़ी, दहेज, एक्स्ट्रा मैरिटल अफेयर आदि हैं। युवा पीढ़ी के मन में इस व्यवस्था के प्रति विश्वास उत्पन्न करके ही परिवार समाज व धर्म परंपरा सुरक्षित रहेगी। विवाह समारोह का दिखावा अथवा प्री वेडिंग शूट नई पीढ़ी को, नवदंपति को अलग ही दुनिया दिखाती है जो हकीकत से बिल्कुल परे होता है। विवाह व्यवस्था परस्पर सहयोग, सम्मान, विश्वास व प्रेम आधारित बने।

युवा पीढ़ी साहित्य, कला, फिल्मों से आसानी से जुड़ाव महसूस करती है। बौद्धिक वर्ग धर्म व परंपरा को नए कलेवर में प्रस्तुत करें। कलाकार कला के माध्यम से धर्मों संस्कारों की सफलता को प्रदर्शित करें। श्वेतांबर जैन समाज इस क्षेत्र में उल्लेखनीय कार्य कर रही है। कला दीर्घाएं, तीर्थ यात्राएं, शोध प्रबंध अवश्य बढ़ावा देने योग्य है। सम्मेद शिखरजी में निर्माणाधीन गुणायतन इन सारे उद्देश्यों की पूर्ति में एक प्रभावी कदम है। धनाढ्यश्रेष्ठी वर्ग युवाओं को विभिन्न सामाजिक, धार्मिक, नैतिक विषयों पर फिल्म, लघु फिल्में बनाने के लिए वित्त प्रबंध में मदद करें।

संयुक्त परिवार युवा पीढ़ी के सपनों को आकाश प्रदान करते हुए भी उनके लिए घौंसले का कार्य करें ताकि वह हमेशा अपनेपन, स्नेह, ममता की तलाश में वहां लौटे। परिवार युवाओं को कोसने के स्थान पर उनकी समस्याओं को समझें और आश्रय प्रदान करें। समाज भटके, नशाखोरी में फंसे, कर्ज के जाल में उनझे, युवाओं के लिए पुनर्वास केंद्र खोलें ताकि वे पुनः अपने पैरों पर खड़े हो सके। समाज का रवैया दंडात्मक ना होकर सुधारात्मक बने।

युवा समाज की संपत्ति है। अतः इसके भटकाव को रोकना सामूहिक जिम्मेदारी है, जिसमें नेतृत्व, संत समाज, परिवार शामिल हैं। यदि युवा पीढ़ी सही पथ पर रहेगी तो परिवार, समाज, धर्म व परंपरा अविच्छिन्न चलती रहेगी। चंद्रगुप्त मौर्य ने स्वप्न देखा था की युवा बैल धर्म खींच रहे हैं। अतः निश्चित रूप से युवा परिवार, समाज, धर्म व परंपराओं को गंतव्य तक ले जाएंगे। आशावाद विकासशील मानवता का प्रतीक है। □

इत्यलम्।।।

उत्साह वर्धन करें, नई पीढ़ी का....

नाम– मोनिका जैन
पति– विवेक जैन
पता– गाडरवारा, जिला नरसिंहपुर (म.प्र.)

मचा हुआ हाहाकार छाया घोर अंधकार
धुंधली दिशाओं को प्रकाश की जरूरत है

अशांति को मिटाने और शांति को बनाने हेतु प्रकाश की नई क्रांति की जरूरत है।

युवाओं, इस सृष्टि को कल भी आपकी जरूरत थी और आज भी आपकी जागरूकता की आवश्यकता है।

आज का युवा कल की आशा की किरण है। हमारे देश का भविष्य युवाओं पर निर्भर है। युवाओं में न केवल जोश और उत्साह होता है, बल्कि उनमें नए विचारों की सृजनात्मकता व परिवर्तन लाने की दक्षता भी होती है। कुछ भी असंभव नहीं है। उनके लिए वे पानी में आग भी लगा सकते हैं। यदि दृढ़ निश्चय कर ले तो। और भारत में देश के युवाओं की बात ही क्या है यदि सही दिशा मिले तो हर क्षेत्र में अग्रणी हो सकता है भारत।

आज के युग में जब कुछ डिजिटल हो गया है, युवा वर्ग भटक सा गया है। वह सोशल मीडिया का गलत उपयोग कर नकारात्मक सोच को जन्म देने लगा है। वह अपने परिवार, संस्कार, समाज एवं धर्म से दूर होता जा रहा है। वह भूल गया है उसकी रगों में भारतीय खून दौड़ रहा है वह भगवान महावीर का वंशज है।

उसे पुनः सन्मार्ग पर लाना आज की आवश्यकता है, यह बहुत कठिन नहीं है बस कुछ प्रयासों के माध्यम से जो युवा भटक गए हैं उन्हें पुनः नया आकाश सृजन करना है। हर दिन नई आशा का संदेश ही लाता है। हर पल जो गुजर जाता, वापस नहीं आता है।

कारण : हमारे देश की कुल आबादी (१४० करोड़ लगभग) का ६५ प्रतिशत युवा वर्ग है, जो कि ३५ वर्ष से कम आयु के हैं। आज युवा वर्ग विदेश जाना पसंद

कर रहे हैं क्योंकि वहाँ उन्हें नौकरी आसानी से मिल जाती है। दूसरे देश भारतीयों को अधिक वेतन देते हैं क्योंकि भारतीय मेहनती होते हैं। ऐसे युवा अपनी सेवाएं अपने देश में नहीं दे पाते और विदेश जाकर वहीं की संस्कृति को आत्मसात कर लेते हैं। वे अपने जन्म देने वाले मां–बाप की भी नहीं सोचते कि यहां पर उनका ध्यान कौन रखेगा। एक बार विदेश जाने के बाद वे वापस भी नहीं आ पाते और गलत खान–पान, संस्कृति, आदतों का शिकार हो जाते हैं और अपने पथ से भटक जाते हैं। और हमारे संस्कृति, संस्कार धर्म एवं परिवार सबसे दूर होते चले जाते हैं।

हर बुद्धिजीवी नागरिक का कर्त्तव्य है कि वे अपने उच्च चरित्र के व्यक्तिगत उदाहरण से युवाओं के लिए रोल मॉडल का काम करें और अपने देश की जड़ों से जोड़ें।

भागती हुई युवा पीढ़ी परिवार से किस तरह जुड़ें–

परिवार प्रत्येक व्यक्ति की पहली पाठशाला होती है वह जब जन्म लेता है तो उसका सबसे पहला रिश्ता उसके परिवार से होता है। वह सब कुछ उसी परिवार से सीखता है जिसमें वह जन्म से रहता है।

आज युवा वर्ग अपने ही परिवार से अलग एवं दूर होता जा रहा है, जिसके लिए जिम्मेदार वह स्वयं नहीं अपितु परिवार का वह माहौल है जो ऐसे हालात उत्पन्न कर देता है कि वह अपने उसी परिवार से जिसमें वह पल एवं बड़ा हुआ है दूरियाँ बना लेता है।

परिवार से युवाओं को पुनः जोड़ने के निम्न प्रयास किए जा सकते हैं–

परिवार के हर सदस्य का आपसी प्रेम एवं सामंजस्य बना रहे इसके लिए परिवार में बुजुर्गों का आदर सम्मान होना चाहिए। जिस घर में बड़े–बुजुर्गों का आदर सम्मान होता है, जिस घर में बड़े–बुजुर्गों का मान सम्मान व सेवा होती है वह परिवार एक सुखद एवं खुशहाल परिवार की श्रेणी में आता है एवं युवा भी उनके प्रति आकर्षण रखते हैं। इनके आशीर्वाद से घर पल्लवित होते हैं।

परिवार से जोड़े रखने के लिए अपनी इच्छा एवं फैसले युवाओं पर न थोपें, उनकी बात को भी समझें एवं प्रत्येक कार्य के पहले सभी की राय लें।

सभी तीज त्यौहार एवं खुशी के मौके साथ में सेलिब्रेट करें, जिससे युवा वर्ग एवं बच्चे रीतिरिवाज जानें एवं समझें, उनकी रुचि विकसित होगी तो वे स्वयं आगे होकर तैयारियां करेंगे तो आपको भी खुशी मिलेगी। चाहे बच्चे कितनी भीदूर क्यों न हो वे आये अथवा न आये किंतु बड़ों को चाहिए उन्हें वे हर उत्सव या सेलिब्रेशन से पहले उन्हें निमंत्रित अवश्य करें उनके साथ वीडियो कॉल करें उन्हें फोटो शेयर करें। वे

दूर होकर भी आपके पास होंगे और दूरियां नजदीकी में बदल जाएंगी और वे समय निकाल कर अगले कार्यक्रम में जरूर ही आएंगे।

एक समय का भोजन परिवार के सभी सदस्य यदि मिलकर करें तो आपसी मतभेद दूर होते तथा रिश्तों में नजदीकियां दिखाई देती हैं। एक–दूसरे से अपनी बातें शेयर करें। सभी सदस्य माह में एक बार साथ में घूमने जाएं। एक–दूसरे के लिए गिफ्ट लाए। जन्मदिन एवं सालगिरह आदि में शुभकामना देना न भूलें। आप अपने परिवार का माहौल जितना खुशहाल रखेंगे युवा उतना ही परिवार से जुड़े रहेंगे एवं अपने आने वाली पीढ़ी को भी यह गुण विरासत में मिलेंगे।

'परिवार कोई चीज नहीं जिसे खरीदा जा सके।

यह वो एहसास है जो प्यार से बन पाता है।

यह तो ईश्वर का दिया अनमोल उपहार है।'

युवा पीढ़ी संस्कारों से किस तरह जुड़ें : यह तो हम सभी जानते हैं कि संस्कारों का बीजारोपण बचपन से प्रारंभ हो जाता है। नींव यदि मजबूत होती है तो मकान को गिराना असंभव होता है। संस्कारों का समावेश होना अत्यंत आवश्यक है। रुढ़िवादी विचारों को छोड़कर आज के समय के अनुरूप यदि आप उन्हें स्वतंत्रतापूर्वक जीवन जीने का सबक देंगे तो वे संस्कारों से जुड़े रहेंगे। आज मानवीय मूल्यों के विकास के लिए संस्कार केंद्र खोले जा रहे हैं। स्कूलों में व्यावहारिक ज्ञान भी अनिवार्य होना चाहिए। नई शिक्षा नीति में बच्चों के सर्वांगीण विकास पर ध्यान दिया जाना चाहिए।

बच्चों में नैतिक मूल्यों एवं हमारे क्या संस्कार हो इस पर चर्चा होनी चाहिए। अत्याचार, चोरी, लूटपाट, नारी का अपमान जैसे अमानवीय मूल्य, नशाखोरी जैसे घटनाएँ युवाओं को संस्कारविहीन कर रही है।

आवश्यकता है कि आज का युवा भारतीय सभ्यता एवं संस्कार को न भूलें एवं ईश्वर प्रदत्त इस जीवन को संस्कारों के साथ आगे बढ़ाएं। यदि हम संस्कारों को छोड़ेंगे तो पशुओं और मनुष्य में क्या फर्क रह जाएगा। अंदर के अवगुणों को दूर कर अच्छे गुण स्वयं में विकसित कर एवं नैतिकता, शिष्टाचार, आदर, विनम्रता एवं सहनशीलता का पाठ पढ़ें एवं प्राचीन ग्रंथों का अध्ययन करें। सभी से सहिष्णुता का व्यवहार रख कर ही संस्कारों को पुनर्जीवन दिया जा सकता है तथा आज की युवा पीढ़ी संस्कारवान हो सकती है।

युवा पीढ़ी को समाज से कैसे जोड़ें : अरस्तू ने कहा था मनुष्य एक सामाजिक प्राणी है, बिना समाज से जुड़े वह पशु के समान है। मानव संस्कारवान बनकर, अच्छे बुरे की समझ के साथ ही अच्छे समाज का निर्माण कर सकते हैं। युवा वर्ग अपनी स्ट्रीम

लाईन को देखते हुए समाज सेवा से जुड़ सकते हैं। युवाओं को समाज से सीखने को मिल सकता है। वह कई बार बड़ी-बड़ी संस्थाएं नहीं सिखा पाती। आज का युवा सोशल न होकर सोशल मीडिया पर व्यस्त दिखाई दे रहा है। युवा कर्त्तव्यों को भूल कर एक अलग दुनिया में खो गया है। यदि युवा मात्र पैसा कमाने और ओहदा पाने में ही लगा रहेगा सबके साथ मिलकर रहना, प्रेम एवं आपसी सहयोग की भावना से दूर हो जाएगा और शारीरिक एवं मानसिक व्याधियों से घिर जाएगा। आधुनिकता की इस आंधी में दौड़ रहे युवाओं से निवेदन है भारत की संस्कृति सोशल मीडिया पर सक्रियता की नहीं अपितु समाज से सक्रिय रहने की है। यदि अपने सामाजिक मूल्यों को जीवित रखना है तो युवा वर्ग को इसकी महत्ता समझकर आगे आना होगा एवं अपने समाज के प्रति दायित्वों का निर्वाह कर समाज से जुड़ने में ही जीवन की सार्थकता है। यदि आप एक कदम आगे बढ़ते हैं तो पूरा समाज आपके लिए चार कदम आगे बढ़ता है। उपेक्षा एवं उलाहना को नजरअंदाज कर सामाजिक कार्यों में अपनी सहभागिता दें। जो मजा साथ चलने में है वह अकेले में कदापि नहीं। यह बात यदि युवा समझ जाए तो वह समाज के साथ आगे बढ़ने सदैव अग्रसर रहेगा। हर सुख-दुख साझा करेंगे।

युवा पीढ़ी को धर्म के प्रति कैसे आकर्षित करें–

''न धन रहेगा न यौवन न शरीर रहेगा, न परिवार, न सगे संबधी रहेंगे। इस धरा का इस धरा पर सब धरा रह जायेगा'' सिर्फ हमारे सदकर्म ही हमारे साथ रहेंगे, जो इस लोक और परलोक तक हमारे साथ जाएंगे। हमारे ऋषि, मुनि एवं आचार्यों ने धर्म के मर्म को समझा और जन-जन को यह संदेश दे रहे हैं कि धर्म ही सहायी है। अन्यत्र कोई नहीं। करोड़ों देवी-देवताओं को पूजने वाले देश के युवा अधर्मी नहीं हो सकते हैं। वे धर्म से विमुख अवश्य हो गए हैं। उसके लिए कहीं न कहीं उनके आदर्श बने बुजुर्ग भी हो सकते हैं, जो इतना धर्म करते हैं किंतु उनमें मानवीय मूल्य दिखाई नहीं देते। धर्म को पाखंड या दिखावे की तरह नहीं अपितु अपने आचरण में लाना होगा। धार्मिक व्यक्ति विनयशीलता, विनम्रता एवं सदाचारी होना चाहिए। यदि हम बड़े अच्छा आदर्श प्रस्तुत करेंगे तो युवा वर्ग को अच्छा संदेश जाएगा। चौबीस घर धर्म के नाम की पताका फहराने की बजाए यदि सच्चा धर्म जैसे जीव दया, प्राणी मात्र के प्रति करूणा, सहिष्णुता एवं सहृदयता दर्शाये तो युवा वर्ग भी धर्म के प्रति आकृष्ट होंगे। धर्म राष्ट्र का प्राण है। आज युवाओं को अध्यात्म से जोड़ने के लिए आर्ट ऑफ लिविंग संस्था भी पहल कर रही है। हमें सिर्फ अपना धर्म नहीं अपितु, राष्ट्र धर्म भी निभाना होगा। इस तरह युवा अपने देश को स्वर्णिम

भारत बना सकेंगे। धर्म में वह शक्ति है जो पाषाण को भगवान बना देती है फिर युवा तो हमारे देश की रीढ़ की हड्डी है उन्हें धर्म से जोड़ना अनिवार्य है।

युवाओं को परोपकार से कैसे जोड़ें : किसी लाभ स्वार्थ या प्रतिफल की इच्छा के बिना दूसरों की मंगलकामना, लोक कल्याण, सबका हित देखना परोपकार है। आज युवा स्वयं में ही मदमस्त है। उसके पास दूसरों के लिए समय ही नहीं है किंतु परोपकार की भावना हमारे अंतर्मन से आती है। परोपकार करने पर जो आत्मिक शांति मिलती है वह अद्भुत है स्वयं के लिए तो सभी जीते हैं कभी दूसरों के लिए कुछ करके देखो। आपके किए गए पुण्य कार्य का फल कई गुना होकर हमारे खाते में आ जाता है। परोपकार कभी निरर्थक नहीं होता। यह बात यही युवाओं को समझाई जाए और उन्हें परोपकार से जोड़ जाए तो जन–जन का कल्याण संभव है। इसके लिए उन्हें कई दूर जाने की आवश्यकता नहीं है अपितु अपने परिवार में बुजुर्ग को यदि एक गिलास पानी भी आप दे तो भी परोपकार है। परोपकारी व्यक्ति की सर्वत्र पूजा होती है। कोई कितना भी पढ़ लिख ले, कितना भी पैसा कमा ले किंतु यदि ये मानवीय मूल्य न हो तो सब बेकार है, यह युवाओं को समझाना कि नदियाँ अपना जल स्वयं नहीं पीती वृक्ष अपने फल स्वयं नहीं खाते। सूरज की रोशनी सूरज स्वयं उपभोग नहीं करता इसी तरह युवा परोपकारी बने एवं इस सद्भावना से जुड़ें।

निष्कर्ष : आज युवा वर्ग आधुनिकता के रंग में अपने संस्कारों, नैतिकता, बड़ों का आदर सम्मान करना भूल सा गया है। हम सब मिलकर प्रयास करें युवा पीढ़ी को सही मार्ग दिखाएं ताकि आने वाला कल अच्छा हो जो युवा आगे आ उनका खुले दिलसे उत्साहवर्द्धन यदि समाज के वरिष्ठजन करें तो आज चार युवा आएंगे तो कल चौबीस और परसों तक चालीस और दिन प्रतिदिन बढ़ोतरी करते हुए देश का प्रत्येक युवा सद्कर्म के लिए आगे आएंगे आवश्यकता मात्र पहल करने की है तो क्यों न कोशिश हम ही करके देखें।

युवा देश का निर्माणकर्ता है। यदि समाज पिछड़ रहा है तो भी युवा जिम्मेदार है और यदि आगे बढ़ रहा है तो इसका श्रेय भी युवा वर्ग को ही जाता है। युवाओं से ही अपेक्षा है कि वे हमारे देश के संस्कार, संस्कृति धर्म एवं परिवार से जुड़ें एवं परोपकार जैसी भावना अपने हृदय में विकसित करें एवं देश को समृद्ध एवं शक्तिशाली राष्ट्र बनाने में अपना सहयोग दें। ▢

धन्यवाद

श्रीमती मोनिका जैन

धन नहीं, धर्म सन्तोष का कारण

नाम– दिनेश कुमार जैन 'आदि'
जन्म तिथि– 18/06/1987
पता– रूम नंबर 39, भिक्षु सदन, 210/214 पांजरा पोल नाका, भुलेश्वर, मुम्बई– 400004, महाराष्ट्र, भारत
शिक्षा– एम. टेक (मेकैनिकल), VJTI Mumbai
व्यवसाय– शिक्षक (असिस्टेंट प्रोफेसर)
विशेष उपलब्धियां– मुझे 10th, 12th, BE, M. Tech के लिए यंग जैना अवार्ड क्रमशः 2002, 2004, 2008, 2010 में मिला है। मुझे ICFAI, Sagar द्वारा बेस्ट यंग मैनेजर का अवार्ड भी मिला है।
Mail id - dineshigec@gmail.com, मोबाइल नंबर – 8898965512

परिवार, संस्कार, समाज, धर्म एवं परोपकार : युवा पीढ़ी के परिप्रेक्ष्य में

प्रस्तावना : विज्ञान के इस आधुनिक युग में बदलाव और आविष्कार बहुत हो रहे हैं। मनुष्य पशु पक्षी भी आधुनिकता से प्रभावित हो रहे हैं। पाश्चात्य संस्कृति की हवा दिन दुगुनी रात चौगुनी तरक्की कर रही है। पहले पाश्चात्य सभ्यता केवल बड़े शहरों तक ही सीमित थी। अभी विज्ञान की आधुनिकता और प्रदर्शन के लिए पाश्चात्य संस्कृति के दर्शन हो जाते हैं। युवा पीढ़ी भी पाश्चात्य संस्कृति की चपेट में आती जा रही है। बच्चे, बूढ़े और जवान अपने पूर्वजों के दिए हुए संस्कारों को भूलते जा रहे हैं। कुल की मर्यादा की परवाह न करते हुए आज की युवा पीढ़ी पाश्चात्य संस्कृति को अपनानी जा रही है। पहले कितना भी बड़ा परिवार क्यों न हो सभी साथ में रहते थे। आज भाई–भाई को भी साथ–साथ रहना और व्यापार करना कठिन है। समय के साथ–साथ लोगों की मानसिकता भी बदलती जा रही है। संस्कारों की कमी के कारण संबंधों में भी कमजोरी आ रही है।

संस्कारों का उच्च होना गौरव की बात हुआ करती थी। माता–पिता द्वारा दिए संस्कार बचपन से पचपन तक काम आते हैं। कहा भी जाता है। माता–पिता अपने बच्चों को घर पैसा भले ही न दे परन्तु शिक्षा और संस्कार अवश्य दें। घर–पैसा तो कोई भी बना सकता है। परन्तु संस्कार माता–पिता, शिक्षक, गुरु ही दे सकते हैं। माता–पिता को अपने बच्चों को बचपन में ही संस्कार दे देने चाहिए। युवा पीढ़ी के गाँव से शहर में पलायन के कारण संस्कारों पर भी प्रभाव पड़ा है। पहले संयुक्त परिवार होता था। अभी भी संयुक्त परिवार होते हैं परन्तु बहुत कम। संयुक्त परिवार में एक–दूसरे का ध्यान रखा जाता है। दादी–दादी, माता–पिता, ताऊ–ताई, चाचा–

चाची, भाई-बहिन सभी साथ-साथ खुश होकर रहते हैं। बड़ों के प्रति सम्मान और छोटों के प्रति प्यार यह संयुक्त परिवार में ही देखने को मिलता है। आज नौकरी के लिए अपने घर से दूर रहने के कारण संयुक्त परिवार वाले संस्कार बच्चों को नहीं मिल पाते हैं। बच्चे अपने दादा-दादी, चाचा-चाची, ताऊ-ताई के साथ भी नहीं रह पाते। जब एकल परिवार में माता-पिता और बच्चे रहते हैं तो दादा-दादी के प्रति पोता-पोती की ममता या प्रेम कम हो जाता है। वे अपने दादा-दादी का सम्मान भी सही ढंग से नहीं कर पाते। सही भी है क्योंकि उन्होंने अपने माता-पिता को ही दादा-दादी का सम्मान करते हुए नहीं देखा। जैसा बच्चे अपने घर में देखते हैं, वैसा ही करते हैं। यदि हम अपने माता-पिता की अच्छी तरह देखभाल करेंगे तो हमारे बच्चे हमारी देखभाल करेंगे। संस्कार बताने से ज्यादा दिखाने से आते हैं। यदि माता-पिता संस्कारित होंगे तो माता-पिता को देखकर बच्चे भी संस्कारित बन जाएंगे। हमारे जीवन में धर्म, समाज और देश का बहुत महत्व है। देश सुरक्षित है इसीलिए हम निर्भय होकर अपना जीवन यापन कर पा रहे हैं। समाज की परिभाषा आज के परिवेश में बदलती जा रही है। समाज में पंचों की व्यवस्था होती है। पंचों की बात सभी को स्वीकार होती थी। शादी-विवाह हो या समाज के उत्थान के कार्य सभी जगह पंचों का सम्मान होता था। कोई भी असामाजिक कार्य, अनैतिक कार्य और अशोभनीय कार्य करने से पहले विचार करता था, समाज से बहिष्कार न हो जजाए इसलिए वह गलत कार्य नहीं करता था। समाज भी सुख-दुख में, विवाह, जन्म, मृत्यु, बुढ़ापे में साथ देती थी। आज भी साथ देती है परन्तु युवा पीढ़ी समाज से क्यों जुड़ने का प्रयास नहीं करती। युवाओं का समाज के उत्थान में महत्वपूर्ण योगदान होता है। कई युवा समाज से जुड़कर बहुत अच्छे कार्य कर रहे हैं। सभी युवाओं को समाज से जुड़ना चाहिए।

आज विज्ञान ने धर्म को प्रभावित किया है। धर्म कुछ अलग नहीं एक प्रकार से विज्ञान ही है। वीतराग विज्ञान को ही धर्म कहते हैं। आज धर्म को सही सही समझाने वाले विद्वान बहुत कम हैं। धर्म समझाने के लिए पहले स्वयं को धर्म के बारे में पता होना जरूरी है। जैसे किसी शिक्षक को गणित पढ़ाना है। उसे स्वयं ही ढंग से गणित नहीं आता है तो वह चाहकर भी गणित नहीं पढ़ा पाएगा। धर्म भी वही पढ़ा सकता है, जिसे स्वयं धर्म आता हो और वह उसी धर्म के अनुसार आचरण करता हो। धर्म लम्बा, चौड़ा नहीं है बस इसे सही सही समझने की जरूरत है। जैसे गेहूं पीसने की चक्की होती है। उसमें बीच में एक कील रहती है। जब गेहूं पीसते हैं तो कील को छोड़कर अन्य सभी जगह गेहूं पिस जाता है। कील के पास गेहूं पिसता नहीं है। बस

यही कार्य हमारे जीवन में धर्म का ही है, जो मनुष्य या प्राणी धर्म की शरण लेता है बस वही अपना कल्याण कर सकता है। धर्म को अपने जीवन में अपनाने वाला कभी भी संसार में पिसता नहीं है। धार्मिक व्यक्ति को दुःख भी कम होता है। धार्मिक व्यक्ति सुख और दुख दोनों में समता रखता है। वह दुःख में दुःखी होकर नए कर्म नहीं बांधता है। सुख-दुख स्वयं के कर्मों का फल है, इसलिए अच्छे कर्म करता है। जैसे जल का स्वभाव शीतलता है, वैसे ही आत्मा का स्वभाव जानना-देखना है। शीतलता जल का और ज्ञान-दर्शनआत्मा का धर्म है। जो दस प्राणों से जीता है, उसे प्राणी कहते हैं। स्पर्शन, रसना, घ्राण, चक्षु, कर्ण (पांच इन्द्रियां), गण वचन काय (तीन बल) श्वासोंच्छवास और आयु ये दस प्राण होते हैं। इन प्राणों की रक्षा युवा पीढ़ी के साथ-साथ सभी को करनी चाहिए। इसके आगे अन्न को ग्यारहवां और धन को बारहवां प्राण कहा जाता है। मुझे लगता है। इस वैज्ञानिक युग में मोबाईल तेरहवां प्राण है। यदि किसी का मोबाइल खराब हो जाए या खो जाए तो उसके प्राण से ही निकल जाते हैं। उसे बहुत कष्ट होता है। युवा पीढ़ी को अपने प्राणों की रक्षा अवश्य करनी चाहिए क्योंकि मनुष्य-तिर्यंचों की आयु कम तो हो सकती है परंतु बढ़ नहीं सकती। इसलिए हमें जितनी आयु मिली है हमें उतनी आयु तक अच्छे-अच्छे कार्य करते रहना है।

हमें हमेशा परोपकार भी करते रहना चाहिए। स्वयं का उपकार तो सभी करते हैं हम मनुष्य हैं, हमें सभी पर उपकार करना चाहिए। निःस्वार्थ भाव से गाय, पेड़-पौधे नदी, झरने, अग्नि, वायु, पृथ्वी, जल, आकाश हमारे ऊपर उपकार करते हैं वैसे हमें भी देश के, समाज के और परिवार के लोगों के लिए परोपकार करना चाहिए।

आचार्य उमास्वामी जी ने हमें परस्परोपग्रहो जीवानाम् का सूत्र, तत्वार्थ सूत्र में परोपकार करने के लिए ही दिया है।

युवा पीढ़ी का बाल्यकाल : युवा पीढ़ी के बाल्यकाल से ही उसके पूरे जीवन का निर्माण होता है। बाल्यकाल में जो संस्कार मिलते हैं, वे संस्कार युवावस्था में और वृद्धावस्था में भी काम आते हैं। कहते हैं कोरे कागज पर लिखना आसान होता है। लिखे हुए कागज पर पुनः लिखना कठिन तो होता ही है। अगर हम पढ़ेंगे तो भी हमें सही सही समझ नहीं आएगा। एक सही क्रम का जीवन में होना आवश्यक है। जैसे विद्यार्थी पढ़ाई करके एक-एक कक्षा आगे पहुँचते हैं। वैसे ही हमें भी एक-एक कदम आगे बढ़ना है। मुनिश्री क्षमासागर जी महाराज कहते थे भले ही आटे में नमक के बराबर, विद्यार्थी जीवन में भी धर्म होना चाहिए। जो संस्कार विद्यार्थी जीवन में धर्म

के पड़ते हैं वे वृद्धावस्था में तो धर्म हलवा में शकर के बराबर होना चाहिए। धर्म करने का सही समय युवावस्था ही है। जो युवावस्थामें धर्म को अपनाता है। धर्म वृद्धावस्था में युवा का सहारा बनता है। आठ वर्ष का बालक सिद्धालय में भी जा सकता है, मुनि बन सकता है।

आठ वर्ष का बालक जिनेन्द्र भगवान का अभिषेक कर सकता है। कहने का तात्पर्य है। आठ वर्ष का बालक समझदार हो जाता है। आठ वर्ष से कम उम्र के बालक-बालिकाओं द्वारा किए पाप-पुण्य का फल माता-पिता को मिलता है। आठ वर्ष के उपरान्त उस बालक या बालिका को स्वयं अपने कर्मों का फल भोगना पड़ता है। इसलिए माता-पिता आठ वर्ष तक धर्म के संस्कार अपने बच्चों को दे दे। आठ वर्ष के बाद उन्हें धर्म और अच्छे कार्य करने के लिए प्रेरित करते रहें।

युवा पीढ़ी पर संगति का प्रभाव : संगति का जीवन पर बहुत प्रभाव पड़ता है। एक अच्छा व्यक्ति बुरी संगति से बिगड़ सकता है। और एक बुरा व्यक्ति अच्छी संगति से सुधर सकता है। मुनिश्री क्षमासागर जी कौआ और हंस की कहानी के माध्यम से हमें अच्छी संगति में रहने की प्रेरणा देते हैं। कौए की संगति के कारण हंस को अपने प्राण गंवाने पड़े। राहगीर को धूप न लगे इसलिए हंस ने पंख उसके ऊपर फैलाये थे। कौए को यह सहन नहीं हुआ, उसने राहगीर, जो पेड़ के नीचे विश्राम कर रहा था, के ऊपर बीट (विष्ठा) कर दी। राहगीर को लगा हंस ने बीट की होगी। उसने हंस को मार दिया। हंस ने भी जाते-जाते यही कहा बुरे लोगों की संगति नहीं करनी चाहिए।

आज की युवा पीढ़ी पर भी संगति का बहुत प्रभाव पड़ रहा है। अंतर्जातीय विवाह और नशाकारक (मद्य, धूम्रपान, गुटखा) पदार्थ का सेवन बढ़ता जा रहा है। विवाह के लिए विचारों, संस्कारों और परिवारों के रहन-सहन का मिलना आवश्यक है। विवाह दो व्यक्ति का नहीं दो परिवारों का संबंध है। एक सज्जन व्यक्ति की संगति दस दुर्जन व्यक्ति की संगति से ज्यादा अच्छी है। हम सब आदिनाथ प्रभु, महावीर प्रभु, श्रीराम जी के वंशज हैं। आर्य पुरुष हैं। हमारा आचरण आर्यपुरुषों जैसा श्रेष्ठ होना चाहिए। आदर्श श्रमण संत शिरोमणि आचार्यश्री विद्यासागर जी महाराज को आदर्श बनाकर उनके प्रवचनों के माध्यम से युवा पीढ़ी अपना उद्धार कर सकती है।

युवा पीढ़ी का वर्तमान और भविष्य : धर्म-अधर्म, सत्य-असत्य, अच्छाई-बुराई हमेशा से रही है। पहले अच्छे कार्य करने वाले अहिंसक व्यक्तित्व के लोग अधिक होते थे। वर्तमान में, जम्बूदीप के भरत क्षेत्र के आर्यखण्ड में, जहां भारत आदि देश विद्यमान है। अच्छे कार्य करने वाले अहिंसक व्यक्तित्व के लोग कम हैं। भाग्य और

पुरुषार्थ जीवन का आधार है। जो हमने पहले किया, वह भाग्य है जो आज कर रहे हैं वह पुरुषार्थ है। हम अतीत को बदल नहीं सकते हैं। अगर युवा पीढ़ी चाहे तो वर्तमान में संभलकर भविष्य को बदल सकती है। अगर धर्म करते हुए अच्छे कार्य करते हुए भी हमारे साथ गलत हो रहा है तो समझना चाहिए बहुत गलत होने वाला था कम गलत हुआ। एक बार दो मित्र थे। एक धर्म करता था और दूसरा पाप कार्यों में लिप्त रहता था। जो धर्म करता था पूजन पाठ करता था, वह गरीब था और दुखी रहता था। जो पाप कार्यों में लिप्त रहता था, वह अमीर था और सुखी रहता था। उन दोनों ने साधु महाराज के पास जाकर पूछने का निर्णय किया। मार्ग में चलते चलते धार्मिक मित्र को काँटा चूभ गया और पाप कार्य में लिप्त रहने वाले मित्र को दो सोने की मोहरे मिली। दोनों ने मुनि महाराज के सामने अपनी व्यथा कथा बता दी। अवधिज्ञानी मुनिमहाराज ने अपने अवधिज्ञान को लगाकर कहा। हे भव्य तुझे जो काँटा चुभा वह तेरे धर्म का ही फल है, अन्यथा तो तुझे सूली पर लटकाया जाना था। दूसरे मित्र को कहा तुझे यह दो सोने की मोहरे मिली है, यह तेरे अधर्म का फल है। उसे राज्य मिलने वाला था, जो तेरे पाप कार्यों से दो सोने की मोहरों में बदल गया है। यहाँ सभी को अपने अपने कर्मों का फल मिलता है। इसलिए युवा पीढ़ी को धर्म और न्याय नीति के साथ अपना जीवन व्यतीत करना चाहिए।

इस पृथ्वी पर सभी की आवश्यकताओं के अनुसार सामग्री उपलब्ध है। इसलिए सभी को आवश्यकताओं के अनुसार वस्तुओं का भोग उपभोग करना चाहिए। इच्छाओं की पूर्ति तो तीन लोक की संपदा से भी नहीं हो सकती। युवा पीढ़ी को संतोष धन के बारे में समझ पहले स्वयं को सुखी करना चाहिए। बाद में समाज और देश के लोगों को भी सुखी और समृद्ध करने का प्रयास करना चाहिए। आज की युवा पीढ़ी को सही गलत में अंतर समझ नहीं आता। भक्ष्य अभक्ष्य पदार्थों का ज्ञान भी युवा पीढ़ी को बहुत कम है। युवा पीढ़ी सिर्फ पैसे कमाने में लगी है। कोई देश में तो कोई विदेश में। पत्नी-पति दोनों पैसे कमाने में लगे हुए हैं। कहा जाता पैसा उतना ही आएगा जितना पुण्य होगा। कितने भी सदस्य पैसा कमाएं जितना पुण्य उतना ही पैसा आएगा। पहले दस सदस्यों वाले घर में एक सदस्य, कमाता था सभी आराम से रहते थे खाते थे। अभी विज्ञान के आधुनिक युग में प्रायः सभी कमाते हैं फिर भी आराम से नहीं रह पाते हैं। यदि पति पत्नी एकल परिवार में रहते हैं तो पत्नी को बच्चों को संस्कार देने और पालन पोषण करने के लिए नौकरी आदि नहीं करनी चाहिए। जब बच्चे बड़े हो जाएंगे तो बचपन में दिए संस्कारों की वजह से माता-पिता की सेवा करेंगे। पैसा तो जितना आना है, पुण्य की वजह से उतना आएगा ही।

विज्ञान को कैसे उपयोग में लाना चाहिए और जीवन का विकास कैसे होगा, यह धर्म हमें बताता है। युवा पीढ़ी को पाश्चात्य संस्कृति के कारण अपनी वेशभूषा नहीं बदलनी चाहिए। युवा पीढ़ी को वह अपनाना है जो हमारी उन्नति करें। भारत अतीत में अधिक उन्नत था। अब हमें लौटने की जरूरत है। हमें ऐसा विकास नहीं करना चाहिए, जो हमारी आने वाली पीढ़ी का पतन कर दें। युवा पीढ़ी को भारत को पुनः विश्वगुरु बनाने में योगदान देना चाहिए। इतिहास को बदला नहीं जा सकता है। परन्तु धर्म और परोपकार को अपनाकर वर्तमान को सुधारकर भविष्य को उज्ज्वल बनाया जा सकता है।

उपसंहार : सामाजिक परिवेश बहुत तेजी से बदल रहा है। आवश्यकताएँ भी बढ़ती जा रही है। जीवन की प्राथमिकताएँ भी बदलती जा रही है। पहले व्यवसाय, दैनिक कार्य और धर्म को लगभग समान समय दिया जाता था। ८ घंटे व्यवसाय ८ घंटे नींद, दैनिक कार्य और बचे हुए ८ घंटे धर्म के लिए उपयोग किए जाते थे। व्यवसाय के लिए सबसे उत्तम कृषि मध्यम व्यापार और जघन्य नौकरी है। आज मानसिकता बदल गई है। नौकरी को ही उत्तम समझा जा रहा है। इस नौकरी ने हमारे १०-१२ घंटे लगभग ले लिए। बचा समय नींद, दैनिक कार्य, मोबाइल ने ले लिया। बहुत कम लोग ही आज धर्म के लिए पर्याप्त समय निकाल पा रहे हैं। आज के परिवेश के अनुसार प्रतिदिन ४-६ घण्टे धर्म के लिए निकालना आवश्यक है। धर्म में श्रावक के छह कर्तव्य भी आ जाते हैं। पूजन अभिषेक स्वाध्याय प्रतिदिन करना चाहिए। दान और पूजा को श्रावक का मुख्य कर्तव्य कहा है। हमारे आचार्यों ने ऋषि मुनियों ने हम पर उपकार करके ग्रंथों की रचना की है। ऐसा कहते हैं वे २ घण्टे लगभग बचाने के लिए आहार करने भी नहीं जाते थे हमारा कर्तव्य है कि हम आचार्यों द्वारा रचित आगम शास्त्रों का स्वाध्याय करें। जो धर्म के लिए प्रतिदिन १० मिनट भी निकालते हैं तो उनका शारीरिक, मानसिक और आर्थिक विकास होता है, जो जितना ज्यादा समय धर्म को देंगे उतनी अधिक शांति और समृद्धि उनके जीवन में आएगी। हमारा बहुत पुण्य है जो हमारा जन्म भारत में हुआ है। जो धर्म का पालन भारत में हो सकता है वह भारत के बाहर संभव नहीं है। युवा पीढ़ी को भारत में रहकर धन कमाना चाहिए और धर्म से जुड़े रहना चाहिए। युवा पीढ़ी का धर्म के प्रति विशेष अनुराग होना चाहिए। कहते हैं मालिक वही अच्छा है जो अपने नौकर को मालिक बना दे। भगवान वही सच्चा है जो अपने भक्तों को भगवान बनने का रास्ता बता दें या भगवान बना दें। धर्म हमें सच्चे भगवान से जोड़ता है। मुनिश्री क्षमासागर जी महाराज कहते थे भगवान जब बनेंगे तब बनेंगे पहले एक अच्छे इंसान तो बन जाओ। □

दिनेशकुमार जैन 'आदि', मुम्बई–अम्बाह

जैन समाज और युवा पीढ़ी

नाम– इंजी. सुरेश कासलीवाल
DOB- 31/12/1939
BE(Hons), Electrical Engg, (1962) from Govt Engg College Jabalpur Retired as AGM BHEL, Bhopal (1998)
Present address- 158-A, Alkapuri Bhopal- 462 024
Mo. 945637357

समाज के सुधीजन अक्सर शिकायत करते रहते हैं कि समाज में उच्च परंपराएं, मर्यादित व्यवहार, शील, सदाचार की भावनाएं लुप्त हो रही है। युवा शक्ति समाज की रीढ़ होती है, जिससे समाज को बल मिलता है। समाज को बेहतर बनाने में सर्वाधिक योगदान युवाओं का ही होता है।

आज का युवा वर्ग सुविधा भोगी हो गया है। धर्म और संस्कृति के प्रति उसकी आस्था में कमी आ गई है। नई पीढ़ी टीवी, मोबाइल, फैशन की दीवानी हो गई है। बड़ी संख्या में हम शिक्षित युवा वर्ग को तेजी से बढ़ती उपभोक्ता और भौतिकवादी संस्कृति के बहाव में बहता हुआ पाते हैं। इस दुर्गति को रोकना है तो हमें इसके सही कारणों को समझना होगा।

हमारे देश ने आजादी के सात दशकों में बड़े परिवर्तन देखे हैं। दुनिया में वैज्ञानिक प्रगति तीव्र गति से हो रही है। जिसके परिणामस्वरूप औद्योगिक और आर्थिक बदलाव तेजी से हुए हैं। विकसित देशों के मुकाबले भारत का आर्थिक विकास शुरू में धीमी गति से हुआ। शिक्षित युवा आजीविका और आर्थिक उन्नति के लिए बड़ी संख्या में देश के बड़े शहरों में और विदेशों में जाकर बसने लगे। जैन समाज सबसे ज्यादा शिक्षित होने के कारण इनमें जैन युवाओं की बड़ी तादाद रही है। औद्योगिकरण और वैश्रीकरण के इस युग में भौतिक उन्नति के पीछे दुनिया में सभी वर्ग के लोग उपभोक्तावादी और सुविधा भोगी हो रहे हैं। कोई आश्चर्य नहीं जैन युवा भी इसी मानसिकता के चलते आज आर्थिक संपन्नता तो पा रहे हैं लेकिन अपने संस्कृति से दूर होते जा रहे हैं। उनमें धर्म और सांस्कृतिक मूल्यों के प्रति आस्था में कमी आई है। परिवार मे भी बिखराव आया है।

इस विषय पर थोड़ा चिंतन करने पर हम पाएंगे कि आज शिक्षा का मुख्य उद्देश्य कैरियर बनाना रह गया है। शिक्षा का व्यवसायीकरण हो गया है जबकि शिक्षा का

क्षेत्र सामाजिक सरोकारों से जुड़ा हुआ भी होना चाहिए, जहां चरित्र निर्माण होता है और इसी से राष्ट्र निर्माण होता है। हम मानते हैं कि जो शिक्षा विश्वविद्यालय में मिलने वाली है वह ज्ञानवर्धक और रोजगार मूलक ही हो सकती है। जबकि संस्कार मूलक शिक्षा प्राथमिक विद्यालय में मातृभाषा के माध्यम से ही दी जा सकती है। आज वस्तुस्थिति ये है कि इंग्लिश पब्लिक स्कूलों की भीड़ में हमारे संस्कार कहीं गुम हो कर रह गए हैं।

बच्चों का पहला विश्वविद्यालय उनका अपना परिवार होता है और उनके पहले शिक्षक और प्रोफेसर उसके अपने माता–पिता, चाचा चाची, भाई बहन अथवा अड़ोस पड़ोस के लोग होते हैं। लेकिन पिछले चार–पांच दशकों में हमने देखा कि दो–तीन वर्ष के शिशु को नर्सरी स्कूल में पहुंचा दिया जाता है और जहां ज्यादातर अंग्रेजी माध्यम से उनकी पढ़ाई शुरू हो जाती है। बच्चा एक कोरा कागज होता है, उस पर जैसा लिखोगे, लिखा जाएगा। बच्चा जब घर में अपने मॉम और डैडी के सामने या फिर पड़ोस के अंकल के सामने 'बाबा ब्लैक शिप' या 'जैक एंड जिल' जैसे पोयम सुनाता है तो मां–बाप का सीना फूल जाता है और वह उसको प्रोत्साहित करते जाते हैं।

इस व्यवस्था को बदलने की जरूरत है। इन नर्सरी स्कूल की जगह ऐसे शिशु मंदिर खोले जाएं जहां बच्चों को नैतिक शिक्षा के संस्कार मिले, धार्मिक एवं सांस्कृतिक मूल्यों की पहचान हो। ऐसे विद्या मंदिर में ही उन्हे सुसंस्कार प्राप्त होगे और भावी जीवन में अपने सांस्कृतिक मूल्यों से डिगेंगे नहीं।

जैन समाज आर्थिक दृष्टि से काफी संपन्न समाज है। समाज के कर्णधार अगर चाहे तो देशभर में हर जैन मंदिर के साथ में एक विद्या मंदिर भी बना सकते हैं जहां पर छोटे बच्चों को नैतिक तथा धार्मिक शिक्षा आधुनिक सुविधाओं के साथ मातृभाषा में दी जा सके, जिससे अभिभावकों को अपने बच्चों को नर्सरी स्कूल में भेजना न पड़े। इन पाठशालाओं में चौथी/पांचवीं कक्षा तक सभी विषयों का प्राथमिक ज्ञान मिलने के बाद विद्यार्थी हाईस्कूल कालेजों में आगे अपने रूचि के अनुसार शिक्षा प्राप्त करेगा तो समाज निश्चिंत हो सकता है कि वह भावी जीवन में अपने आदर्शों पर अडिग रहेगा।

हमारे समाज में आजकल बड़े–बड़े मंदिर बनाने में और पंचकल्याणकों में काफी धन खर्च हो रहा है। इसमें से कुछ प्रतिशत भी अगर इस कार्य में लगाया जाए तो यह हमारे युवा पीढ़ी के लिए तथा आने वाली पीढ़ियों के लिए भी एक अच्छा निवेश होगा।

हमारे देश में जैन धर्मानुयायियों की संख्या काफी कम है। हम कितनी भी कोशिश कर ले जो अनुपात आज है उसमें कोई फर्क पड़ने वाला नहीं है। हम भले ही अपने लोगों के बीच परिवार में अपनी संख्या बढ़ाने के बारे में कह सकते हैं। लेकिन हमें

यह देखना होगा कि हम अन्य समाजों के साथ में अपने मधुर संबंध बनाएं रखें तथा अपने व्यवहार से जैनेतर समाज को प्रभावित करने की कोशिश करें। हमारा प्रयास होना चाहिए कि विश्व में जैन धर्म के शाश्वत मूल्य अहिंसा, शाकाहार, प्रेम और बंधुभाव का प्रसार हो। ▫

निबंध प्रतियोगिता पुरस्कार वितरण समारोह के कुछ बिम्ब

पुरस्कार वितरण समारोह 14 अक्टूबर 2023 अमृता हॉस्पिटल फ़रीदाबाद.

उन्मुक्तता से आध्यात्म की ओर

नाम– सुनीता शर्मा सिद्धि
जन्म– 9-11-57
पता– A/282, मनीषा मार्केट के पास, शाहपुरा भोपाल
पिन कोड– 462039

आज देश को ऐसी प्रखर युवा पीढ़ी की आवश्यकता है जो सभ्य, सुसंस्कृत और एक जिम्मेदार नागरिक बनकर परिवार, समाज, राष्ट्र के प्रति अपने कर्तव्य का निर्वाहन सुचारू ढंग से कर सकें। अतः इसी परिप्रेक्ष्य में युवाओं को स्वछंद भौतिक जीवनशैली से दूर रखकर उनका सही मार्गदर्शन करने का प्रथम दायित्व परिवार का होता है। परिवार ही सर्वप्रथम अपनी संतान को सीखने परखने और अच्छे कार्य करने की शिक्षा देता है। यदि परिवार में माता-पिता के साथ-साथ अन्य सदस्यों के बीच आपसी रिश्तों में शांति, सौहार्द और मानवोचित गुणों का वातावरण होगा तो वह संतान को सुयोग्य समझदार बनाने में अवश्य ही सफल होंगे। एक आदर्श परिवार का प्रत्येक सदस्य अपनी युवा होती संतान को उनके अधिकार और कर्तव्य का सही-सही उद्देश्य या महत्व बताकर जब उनसे वार्तालाप या संवाद, कर सहमति और सहकार्य के लिए प्रेरित करने में अपनी अहम भूमिका निभायेंगे तो वह निश्चित ही एक योग्य संस्कारवान नागरिक के रूप में अपना सुंदर भविष्य बना पाएंगे। इसके अतिरिक्त जब परिवार में समय-समय पर दान पुण्य सेवा भाव के कार्य होते हैं तो बच्चों में भी उपकार-परोपकार की भावना जन्म लेती है और वह अहंकार को त्याग कर सहनशीलता के गुण को अपनाने लगते हैं। साथ ही अच्छा साहित्य और अच्छी संगत युवाओं को सद्बुद्धि प्रदान करती है। पारिवारिक सदस्यों के बीच आपसी तालमेल अच्छे बुरे की पहचान, बड़े-बुजुर्गों से सम्मान सूचक शब्दों में बातचीत करवाने एवं परिश्रम का पाठ पढ़ा कर उनका झुकाव आध्यात्म अथवा धार्मिक गतिविधियों की ओर लगवायेंगे तो युवा इस भागदौड़ की जिंदगी में धैर्यपूर्वक अपनी जीवन शैली व्यतीत कर पाएंगे। इसी तारतम्य में युवाओं को मादक पदार्थ, मांसाहारी भोजन एवं गलत मित्र मंडली से दूर रहकर शारीरिक, मानसिक सामाजिक, बौद्धिक और आध्यात्मिक चिंतन के प्रति जागरूक करने हेतु

महान विचारकों, चिंतकों, दार्शनिकों, बुद्धिजीवियों आदि के व्यक्तित्व का अध्ययन करवाना चाहिए। अपने युवाओं को पश्चिमी संस्कृति के अंधानुकरण से बचाने के लिए उनके समक्ष ऐसे आदर्श पात्रों के विषय में चर्चा करते रहना चाहिए, जिससे वह भी उनके पद चिन्हों पर चलकर अपने जीवन को सफल बना सकें। स्वामी विवेकानंद ने कहा था 'युवा सफल और अर्थ पूर्ण जीवन तो जीना चाहते हैं लेकिन अपना लक्ष्य प्राप्त करने में वह तन मन से पूरी तरह से तैयार नहीं होते' अतः परिवार में सभी का दायित्व है कि वह अपनी संतान की हर गतिविधि पर नजर रखें, उनसे वार्तालाप करते रहें।

आडंबर से भरी इस मशीनीकरण की दुनिया के पीछे भागते हमारे युवाओं को रोकने के लिए समाज में शिक्षकों का भी यह दायित्व है कि वह अपने अधीनस्थ विद्यार्थियों की मनोदशा का आंकलन कर उनमें प्रेम, सहयोग, सेवा त्याग, विनम्रता, दया आदि नैतिक गुणों को आत्मसात कराना चाहिए, क्योंकि परिवार के बाद युवा रूपी छात्र जीवन को श्रेष्ठ और समझदार बनाने की मुख्य जिम्मेदारी शिक्षकों की भी होती है। अतः उनके विषय अध्ययन के पश्चात ज्ञानवर्धक संदेश, नाटक या ऐसी रचनात्मक गतिविधियां करवाते रहनी चाहिए, जिससे भविष्य में यह छात्र आगे चलकर अपने सामाजिकरण के परिवेश को भली-भांति सीख समझ कर अपने जीवन को गतिमान बना सकें। **जब हमारे आसपास की मानवीय गुणों से युक्त संजीवनी बूटी, सुसंस्कार की मजबूत नींव, अध्यात्म, धर्म और नैतिकता से भरी सकारात्मक ऊर्जा की ज्योति युवा पीढ़ी के तन मन को आलोकित करेगी, तब वह अवश्य ही इस भागमभाग की जिंदगी से दूर रहकर अपने व्यक्तित्व को संवार सकेंगे।**

**उन्मुक्त संस्कृति से युवा पीढ़ी को बचाएं
आओ उन्हें अध्यात्म की राह दिखाएं**

—सुनीता शर्मा सिद्धि

संयुक्त परिवार, संस्कार व योग ही समाधान

नाम– सुनील दुबे वृक्ष मित्र
शिक्षा– बीए
पता– 16, सुरुचि नगर, कोलार रोड, भोपाल, म.प्र.– 462 003
जन्मतिथि– 5-8-1958
मोबाइल– 8989879442

यह वर्तमान समय की ज्वलंत समस्या है। दूर भागती हुई युवा पीढ़ी, वह भाग रही है, परिवार से, समाज से, संस्कारों से और धर्म तथा परोपकार से जो हमारे देश की आधारशिला है संस्कार, परिवार, धर्म और समाज।

रोम चीन सब मिट गए,

क्या बात है की हस्ती मिटती नहीं हमारी

युवा वह है जो अपूर्व शक्तियों, प्रतिभाओं और क्षमताओं का आधार स्तंभ होता है। उसमें उमंग, उत्साह, शक्ति, चंचलता भरी होती है। जो जीवन निर्माण के आधार होते हैं। युवाओं को सही मार्गदर्शन देकर देश समाज और राष्ट्र को सही ऊंचाई पर ले जाया जा सकता है।

आज की युवा पीढ़ी संयुक्त परिवार से, भारतीय संस्कारों से धर्म की मान्यताओं से और परोपकार से दूर हट रही है और श्रम शीलता, अनुशासन, ईमानदारी, मिलनसारिता, सहनशीलता, देशभक्ति यह सब गुण उससे दूर होते जा रहे हैं। विश्व शांति और सांस्कृतिक सद्भाव के संवाहक देश हमारा, आज आतंकवाद एवं उग्रवाद के विस्फोटों से ग्रस्त हो रहा है जातीय संप्रदायिकता, देश की अस्मिता पर खतरा बनी हुई है। समूचा राष्ट्र जो कभी 'सोने की चिड़िया' के नाम से विश्व में विख्यात था! यहाँ के युवा भ्रष्टाचार में लिप्त होकर अपराध कर रहे हैं। राष्ट्र निर्माण का लक्ष्य अंधेरी गली में गुम होता नजर आ रहा है। युवाओं का पूरा समय परिवार, परोपकार को छोड़कर इंटरनेट, कंप्यूटर, व्हाट्सएप, फेसबुक, वीडियो गेम के कमरों में बंद हो गया है। हिंसात्मक फिल्में देखकर वे हिंसक होते जा रहे हैं? और काल्पनिक संसार उन्हें लुभा रहा है। वे रातों रात अमीर बनना चाहते हैं 'सादा जीवन उच्च विचार' जो महात्मा गांधी का प्रेरक वाक्य था। वह युवाओं में आज दिशाहीनता के कारण बिखर गया है। राजा राम, भक्त प्रहलाद, नचिकेता, शिवाजी को जो संस्कार अपने परिवेश

से मिले थे, जिसमें उन्होंने इतने महान कार्य किए उन युवाओं में उच्छृंखलता, अवज्ञा, उद्दंडता, अनुशासनहीनता, अध्यापकों की अवज्ञा, परीक्षा में नकल, बिना टिकट यात्रा, लड़कियों से अभद्रता उनकी हत्या यह चहुँओर दिखाई दे रही है।

मुख्य चिंता का विषय है की उन्हें इन सब से कैसे जोड़ा जाए....

सर्वप्रथम आता है परिवार

परिवार समाज की धुरी है और इससे ही मिलकर राष्ट्र का निर्माण होता है। महिला परिवार की धुरी होती है और उसके आसपास ही समाज संस्कार समाहित है, अगर संयुक्त परिवार प्रथा समाप्त होती है, तो बालकों को दिशा देने वाली वरिष्ठ पीढ़ी उनसे दूर होती जाती है। अतः एकल परिवार के स्थान पर संयुक्त परिवार को विशेष प्रोत्साहन दिया जाए, जिससे वृद्धों को भी सहारा मिलेगा और समाज के युवाओं को उनका दिशानिर्देश भी मिलेगा।

परिवार के वरिष्ठ भी यह समझें कि आज की युवा पीढ़ी तकनीकी ज्ञान से उनसे चार कदम आगे हैं। स्वस्थ शरीर में स्वस्थ मस्तिष्क का निवास होता है योग और ध्यान शरीर को स्वस्थ भी रखते हैं और मस्तिष्क को सजग भी हमें युवाओं को योग की तरफ भी मोड़ना होगा स्कूल और कॉलेज में योग को अनिवार्य विषय के रूप में पढ़ाया जाए। उनके सहयोग से देश आगे बढ़ सकता है, तो उन्हें रोका ना जाए। साथ ही परिवार सुख–दुःख में अपने युवा वर्ग को डिप्रेशन और आर्थिक सहायता से सहयोग करें। उनके साथ सहानुभूति और प्रेम का व्यवहार करें। माता पिता बालकों को अकेला छोड़कर नौकरी पर चले जाते हैं, और खाली दिमाग शैतान का घर होने के कारण बच्चे पथभ्रष्ट हो जाते हैं।

संस्कार – मंगल पांडे, महारानी लक्ष्मीबाई, शिवाजी हमारे ही देश की संताने हैं।

रामप्रसाद बिस्मिल, अशफाक उल्ला खान, राजेंद्र नाथ लाहिड़ी, रोशन सिंह सभी नवयुवक थे और अपने आत्म बलिदान द्वारा देशभर में क्रांति की नई लहर फैलाने वाले शहीद ए आजम भगत सिंह मात्र 23 वर्ष के थे। विवेकानंद 32 वर्ष की आयु में बहुत कुछ समाज को दे गए और उन्हीं की बदौलत आज 12 जनवरी को युवा दिवस मनाया जाता है। उन्हें अपने परिवार परिवेश माता–पिता से संस्कार मिले थे। बौद्ध धर्म का प्रचार अशोक के पुत्र महेश और पुत्री संघमित्रा ने किया। अमेरिका आज विश्व का सबसे समृद्ध और सशक्त राष्ट्र माना जाता है। वहाँ की वैज्ञानिक और औद्योगिक क्रांति में जो परिवर्तन हुआ है, उसका श्रेय केवल युवाओं को जाता है।

युवा तुम ना जागोगे, तो कौन जागेगा?

स्वर्ग धरा को, कौन करेगा?

यह सब युवाओं के बलबूते पर ही हुआ है। जापान, कंबोडिया, डेनमार्क, चीन, क्यूबा जैसे देश जो घोर विपन्नता में घिरे हुए थे। वहाँ की युवा पीढ़ी ने अपने स्वार्थ को त्याग कर देश का विकास किया। तो हमें भी ऐसे ही संस्कार युवाओं को देना है। युवाओं में संस्कारों की स्थापना 'अश्वमेघ यज्ञ' जैसा महत्वपूर्ण कार्य हैं। यह बीज बोने वाला कार्य है, जिससे संस्कृति और संस्कारों की फसल उगेगी। वरिष्ठों की सूझबूझ से इसकी सुरक्षा, खाद, पानी की व्यवस्था करनी होगी। वे अभिमन्यु के समान गर्भ में ही अपने बालकों को संस्कारित करें और गर्भाधान संस्कार का महत्व समझें इससे पीढ़ी संस्कारित होगी।

समाज –

समाज युवाओं के सहयोग से ही विकसित होगा। अगर युवा यह सोचे की देश हमारा है और इसकी स्वक्षता समृद्धि का दायित्व भी हमारा है।

'युवाओं में इस भावना को दूर करना है कि बाप बड़ा ना भैया सबसे बड़ा रुपैया' समाज परिवार की अगली कड़ी है। मनुष्य सामाजिक प्राणी है और समाज में रहना और वह भी सभ्य समाज में उसके लिए उन्नति का रास्ता प्रशस्त करता है। शिक्षा संस्कारों की जननी है। डॉ. राधाकृष्णन ने कहा शिक्षा को मनुष्य और समाज का निर्माण करना चाहिए।

डॉ. एएस आंबेडकर शिक्षा के स्वरूप पर विचार करते हुए लिखते हैं.... 'शिक्षा का तात्पर्य व्यक्ति को सभ्य और उन्नत बनाना है शिक्षा समाज की व्यवस्था भी है और साथ–साथ समाज को जीने का ढंग भी सिखाती है।'

सामाजिक व्यवस्था मजबूत होना चाहिए। सहयोग, सहायता और आपसी सामंजस्य से समाज मजबूत होता है। समाज को युवाओं को संगठित कर सही दिशा में मोड़ना चाहिए! और संगठन में ही शक्ति होती है यदि समाज जाति, अमीर–गरीब, और विसंगतियों से भरा है। 'सबके खून का रंग लाल है यह भावना भरना है' जाति और धर्म के गलत संदेश से युवा भटक रहा है। वह अपनी उन्नति का मार्ग विदेशों में खोज रहा है जहाँ समाज के बंधन विवाह परिवार समाज सब बिखर जाता है। इस बिखराव को रोकने के लिए उसे अपने देश में ही उन्नति के रास्ते खोजने होंगे। उनकी योग्यता का समुचित भुगतान अगर अपने ही देश में हो जाए तो वे पाश्चात्य समाज की खोज में सात समुंदर पार नहीं भागेंगे और देश में रहकर नए अविष्कार करेंगे।

धर्म– ''मजहब नहीं सिखाता आपस में बैर करना हिंदू है हम, वतन है हिंदुस्तान हमारा'' कहने वाला देश आज धर्म के नाम पर बिखर रहा है। हमारे संविधान में भी प्रस्तावना में लिखा है कि देश धर्मनिरपेक्ष और किसी भी धर्म को आश्रय देने वाला

नहीं रहेगा और भारत का कोई भी राज्य धर्म नहीं होगा। हम अपने धर्म की धार्मिक किताबों को बच्चों को पढ़ाएं युवाओं को धर्म से जोड़े। और युवा भी धर्मभीरू होता है। ईश्वर और अल्लाह का संदेश समझकर धर्म की मुख्य बातों पर अमल करें तो हत्या और दुराचार जैसे वीभत्स कुकर्म रोके जा सकते हैं। उनके जन्मदिन पर उन्हें मंदिर ले जाएं पर्यावरण के लिए एक वृक्ष लगाएं और उसे पालने पोसने का कार्य उसे सौंपे तो वह भी पर्यावरण प्रदूषण को रोकने का कार्य करेगा। गीता का कर्म का संदेश, रामायण की पित्र भक्ति, पुराणों की सीख और कुरान में दान का महत्व बताएं ईश्वर एक है और वह सब जगह व्याप्त है।

परोपकार से जुड़ने के लिए जैन धर्म कोशिशें जितनी करता है अन्य धर्म भी इंद्रियों पर काबू रखें युवाओं को जितेंद्रिय बनाएं। गरीबों बेसहारा और वृद्धों की सहायता करें! बेजुबान जानवरों पर हमला ना करें! पैसे के लालच में पेड़ों की हत्या ना करें! और छोटे से छोटे जीव पर भी जो प्रकृति का संतुलन बनाकर रखते हैं! उनकी सुरक्षा करें। समाज की गंदगी को चील की तरह दूर करें, उल्लू की तरह अपनी नजर तेज करें, चींटी की तरह लगातार कोशिश करें, कुत्ते की तरह देश भक्ति स्वामी भक्ति का ध्यान रखें, कौवे की तरह सब मिलकर, बांटकर खाएं का उदाहरण दे सकते हैं। गौ माता और नदी को माँ समझ कर उसकी सुरक्षा करें और गौ हत्या के पाप से बचें। माता–पिता का आदर, मंदिर में दान यह सब हमारी संस्कृति और संस्कार में शामिल है! जो धार्मिक होता है वह अत्याचारी नहीं होता।

अपने कमाई का कुछ हिस्सा प्रतिवर्ष दान करेगा युवा तो, वह परोपकार से जुड़ा रहेगा। उपरोक्त प्रकार से भागती हुई युवा पीढ़ी जो मशीनी गति से दौड़ रही है उसमें ठहराव आएगा। इसमें परिवार समाज धर्म और संस्कार तथा परोपकार यह सब अहम् भूमिका निभाते हैं। गंगाजल हमें पवित्र नहीं करता हमारी भावनाएं हमें पवित्र करती हैं। जैसा खाएंगे अन्न वैसे ही आएंगे विचार। अतः शाकाहारी भोजन करें मांसाहार का त्याग करें जुआ, शराब और नशे की आदत से दूर रहें इससे भागती हुई युवा पीढ़ी की शक्ति को हम सकारात्मक मोड़ दे सकते हैं। इसके लिए हमें एक दिन नहीं लगातार कोशिश करनी होगी। और कोशिश करने वालों की कभी हार नहीं होती।

हम सब मिलकर हाथ बढ़ाएंगे और युवाओं की ताकत को परिवार, समाज और धर्म की ताकत बनाकर उनके उग्र वेग को बाँध बनाकर उससे भारी बिजली मतलब उर्जा का संग्रह करेंगे।

जिसका उपयोग देश और समाज की समृद्धि के लिए होगा। ❑

समाज व संत सद्पथ दर्शायें

नाम– रज्जन जैन
पता– ए–36, विद्या नगर, होशंगाबाद रोड, (दीपशिखा अस्पताल के पास), भोपाल, मध्यप्रदेश पिन – 462 026
मोवाईल– 8989405415
E-mail rajjanjain@rediffmail.com
जन्म तिथि– 31/03/1944
शिक्षा– एम. काम, सेवानिवृत्त अधिकारी, 'इफको' फर्टिलाइजर, नई देहली

समस्त भू–मंडलवासी, मानवीय लालसाओं एवं भौतिकता की चकाचौंध से पीड़ित हैं? बेतहाशा भूमि क्षरण एवं नैसर्गिकता का दोहन, जलवायु प्रकोप का कारण बना है तो दूसरी ओर राष्ट्राध्यक्षों की विस्तारवादी महत्त्वाकांक्षाओं ने वसुंधरा पर युद्ध का तांडव मचा रखा है? इस विभीषिका मे सामाजिक परिवेश छिन्न भिन्न है एवं युवापीढ़ी हताश?

धार्मिक उन्मादों ने अनेकान्तवाद की धज्जियां बिखेर दी है। धर्म की आड़ में मानवता सिसक रही है। कट्टरवाद ने मानव को हिंसक बना दिया है। जीव हिंसा तो अनादिकाल से होती थी पर अब मानव हिंसा भी क्रूरतापूर्ण होने लगी है और हमारी युवापीढ़ी खामोश?

उपरोक्त परिस्थितियों में यह जानते हुए भी कि मोह कषाय एक अंधा कुआ है, अभिभावक गण आंकठ मोह में डूबे हुए हैं, वे अपने–अपने बच्चों की शिक्षा पर उनके पाश्चात्य खान–पान पर, अंधाधुंध खर्च करने से स्वयं को, न ही, युवाओं को, रोक पाने में, असहाय से बन गए हैं, उनको अच्छी शिक्षा मिले, इस महत्त्वाकांक्षा में, बच्चों को अपने परिवार से दूर रख, छात्रावासों में निवास करवाना उनकी मजबूरी सी बन गई है? फलस्वरूप, उनके बच्चे/बच्चियां जिद्दी, आलसी वं संस्कारहीन, आचरण में ढल रहे हैं? संतुलित आहार की मर्यादा भूल कर, अधिकतर बच्चे/बच्चियां उत्कृष्ट शिक्षा ग्रहण करने के उपरान्त देश–विदेशों के महानगरों में नौकरशाह बने हुए हैं? लड़कियां तो लड़कों से एक कदम आगे हैं। उन्हें ऊंचे पद एवं उच्च वेतनमानों पर, कुछेक महानगरों में ही नौकरियां मिल रही हैं। उनके स्तर के विवाह योग्य लड़के न मिल पाने के कारण, अधिकतर बच्चियां लिव इन रिलेशनशिप में रह कर अविवाहित जीवन–यापन कर रही है। अकेलेपन से पनपी स्वतंत्रता ने युवाओं/युवतियों को गैरजिम्मेदार एवं लापरवाह बना दिया

है। कुवारेपन के शारीरिक संबंधों से उपजे अवैध मातृत्व को आधुनिक चिकित्सा पद्धति ने नष्ट-भ्रष्ट करने के अनेक उपाय सुलभता से उपलब्ध करवा दिये हैं? परिवार के साथ रहने का वे सब एहसास भूल गये हैं, अभिभावकों के साथ रहने के अच्छे-बुरे, सुख-दुख की भावनाओं वे वंचित हुए जा रहे हैं? लग्नशील एवं मेहनतकश होने के कारण शिक्षित लड़कियों को नौकरियां मिलने के अधिक अवसर मिल रहे हैं, इसके विपरीत युवा लड़के, ग्रामीण क्षेत्रों, कस्बों तथा छोटे शहरों में मजबूरीवश निवास कर, कम वेतन/ पदों पर नौकरीपेशा है या फिर, अपने पैतृक व्यवसाय पर निर्भर हो अपना जीविकोपार्जन कर रहे हैं? ऐसे स्थानों में निवासरत लड़कों से विशिष्ट शिक्षा प्राप्त लड़कियां विवाह ही नहीं करना चाहती, क्योंकि ऐसे स्थानों में उन्हें भौतिकता की चकाचौंध भरा आडम्बर नहीं मिलता, इन स्थानों में मनोरंजन के साधनों का भी अभाव रहता है। अभिभावकों की सेवा व उनके अनुशासन में रहना, उन्हें सहन ही नहीं होता? अभिभावकगण, उनकी स्वतंत्रता में बाधक है, ऐसी सोच, युवाओं में दिनोंदिन बढ़ रही है? वर्तमान हालात यह है कि इन नगरों में निवासरत अविवाहित युवाओं की संख्या दिन-प्रतिदिन बढ़ती ही जा रही है। फलस्वरूप, अनेक परिवार, छोटे-छोटे नगरों से पलायन कर बड़े-बड़े शहरों में बस रहे हैं। श्रावकों के अभाव में कस्बों में बने जिनालयों के जिनविम्ब बड़े शहरों के मन्दिरों में स्थानांतरित हो, प्रतिष्ठित हो रहे हैं। अविवाहितों की संख्या बढ़ने से जैन समाज की जनसंख्या दिनोंदिन घटती जा रही है। यह विकट समस्या आज जैन समाज के सामने विकराल रूप ले रही है। हमारा युवा वर्ग इस ओर दिशाविहीन है?

आधुनिक शिक्षा प्रणाली खर्चीली एवं केवल महानगरों में ही उपलब्ध है, महानगरों के, शिक्षा संस्थानों का व्यवसायीकरण हो गया है, सुविधाजनक रहन सहन एवं धनाढ्य परिवारों के बच्चों की संगत ने युवा पीढ़ी को व्यसनी एवं आरामतलबी बना दिया है। परिवार से दूर सुदूर रहने से वे संस्कार विहीन बन गए हैं। परिवार-समाज के प्रति क्या और कैसी संवादनाएं एवं रुचि होनी चाहिए, इन सबके प्रति उनकी भावनाएं मृतप्राय है। रसोई रसविहीन हो गई है। अभक्ष भोज्य पदार्थों के रसास्वादन से तामसिक प्रवृत्तियां उनमें पनप रही है। अच्छे पदों पर आरूढ़ हो, धनार्जन हेतु, ऑफिस से घर या होटलों के खान-पान में ही वे सारा जीवन व्यतीत कर रहे होते हैं? वैवाहिक जीवन में भी पति-पत्नी की दिन प्रतिदिन की आपसी नोक झोक में ही समय बीतता है। वंश वृद्धि बोझ एवं माता-पिता की सेवा मजबूरी सी बन जाती है? आज के युवा पीढ़ी की कमोवेश संसार के समस्त

देशों में यही स्थिति है ? न तो उन्हें, परिवार, समाज; धर्म या परोपकार से कुछ लेना देना है। केवल और केवल स्वयं का हित या धनार्जन फिर, देश प्रेम की भावनाएं तो बहुत दूर की बात है ?

आखिरकार हम आज की भागती हुई युवा पीढ़ी को परिवार, संस्कार, धर्म, समाज एवं परोपकार के प्रति कैसे सजग करें ? कुछेक बिन्दु पर मैं सुझाव दे रहा हूँ—

अध्ययनरत युवाओं के उपलब्ध समय का उपयोग

महानगरों के शिक्षा संस्थानों में अध्ययनोपरान्त उनके उपलब्ध समय को उपभोग करने का तंत्र समाज को विकसित करना चाहिए, ऐसे तंत्र से, उनके खाली समय का उपयोग सार्थक कार्यों जैसे समाज, धर्म, मानवता की सेवा में उपभोग होगा, जो उन्हें फिजूल की बुरी संगतों से उन्हें बचायेगा एवं उनके खाली समय का उपयोग करने से उन्हें कुछ न कुछ आमदनी भी प्राप्त होगी। समाज द्वारा संचालित, धर्मशालाओं, चिकित्सालयों अनेकानेक सामाजिक संस्थाओं, निजी पाठशाला, महाविद्यालयों, छात्रावासों में, अनेकानेक प्रकार से अल्पकालिक सेवाओं का, अवसर, मानदेय देकर, उनके बचे हुए समय का, उपभोग कर किया जा सकता है। संतों की, मुनियों की वैय्यावृत्ति अनेक प्रकार के धार्मिक आयोजनों, प्रवचन सभाओं में, उन्हें स्वयंसेवक बना कर, व्यवस्था बनाये रखने के उद्देश्य से उनकी सेवाएं ली जा सकती है। इस उद्देश्य की पूर्ति हेतु एक पंजीकृत संस्था बनाई जानी चाहिए, जो ऐसे समस्त युवाओं के विवरण सूचीबद्ध करें, जिसमें उनके उपलब्ध समय का सम्पूर्ण विवरण हो। उनके कार्यों के एवज में प्रति घंटे मानदेय देने एवं शर्तों का भी प्रावधान हो ? उनकी सेवाएं लिए जाने के पूर्व उक्त संस्थान ही उनके किए जाने कार्यों का अल्पकालिक प्रशिक्षण देकर उन्हें प्रशिक्षित भी करेगी। मानदेय या अंशकालिक दरे प्रति घंटे की दर से शीर्षस्थ संस्था निर्धारित करेगी एवं जो संस्था उनकी सेवाएं लेंगी, वह ही उनका भुगतान करेगी। सेवा शुल्क दस प्रतिशत पृथक से शीर्षस्थ संस्था को देय होगा ? ऐसा तंत्र विकसित करने के लिए सेवानिवृत्त समाज के अधिकारी, निस्वार्थ समाजसेवियों एवं बुजुर्गगणों को आगे आना चाहिए, जिनके अनुभव का फायदा युवाओं को सुनियोजित लयबद्ध करने में मिलेगा ही दूसरी ओर समस्त प्रकार के धार्मिक, सांस्कृतिक, सामाजिक, धर्म सभाओं, मुनियों की वैयावृत्ति आदि–आदि कार्यों को प्रभावशाली एवं व्यवस्थित ढंग से संचालित किया जा सकेगा ?

अन्तर्जातीय विबाह

जैन समुदाय की कन्याएं एकाग्रचित्त हो तन्मयता से, अध्ययन करती है, वे शिक्षित हो अपने अपने लक्ष्य को प्रवीणता से, हासिल कर लेती है। इसके अनेक उदाहरण हैं। बहुद्देशीय, देशी शासकीय-अशासकीय एवं निजी संस्थाओं में उनके हेतु, रोजगार मिल जाने की मांग भी बहुत है, इसका मुख्य कारण उनमें पनपे संस्कार एवं लक्ष्य के प्रति समर्पण होता है, वे अपने माता-पिता के संरक्षण में, जब तक रहती हैं तो उनकी दिनचर्या अनुशासित रहती है। संस्कार, तन्मय होकर लग्नपूर्वक रसोई एवं गृहकार्य, में जुटे रहना इनकी प्रवृत्ति सी बन जाती है। व्यसनों से परे जीवन-यापन करने की, भावना बनी रहती है, पर जैसे ही वे अपने परिवार से दूर चली जाती है, बाहरी संगत से वे धर्म, संस्कार, संयम, रसोई एवं गृहकार्य सब विस्मृत कर देती है। दिगर समाज के सहकर्मियों के प्यार में फंस कर वे अपने-अपने अभिभावकों को अन्तर्जातीय विवाह के लिए मजबूर कर देती है। जैन समाज की लड़कियां इस कुचक्र में ज्यादातर उलझ रही है? इससे बचने का एक ही उपाय है कि उनके विवाह कम उम्र में ही करवा दिये जाये या उन्हें अपने पैतृक निवास से बाहर पढ़ने हेतु ही न भेजा जाकर, उनको अभिभावकीय अनुशासन में व्यवसायी बनाया जाये? विशेष परिस्थितियों पर उनसे जिन प्रभु के समक्ष शपथ भरवा ली जाये कि वे बुरी संगत से बचेगी, अन्तर्जातीय विवाह नहीं करेगी, परिस्थितियों की विवेचना कर सजातीय नवयुवकों से छोटे नगरों में भी विवाह करने में नहीं हिचकिचायेगी?

यह भी बड़ी बिडम्बना है कि अधिकतर हमारे समाज की लड़कियां मुस्लिम नवयुवकों द्वारा फैलाये लव जिहाद के जाल में फंस रही है, मुस्लिम समाज के नवयुवक तामसिक भोज्य सामग्री का रसास्वादन करवाने को उन्हें बाध्य कर देते हैं, लड़कियों के कुआरेपन का शोषण, उनको शारीरिक सुख की मृगतृष्णा, एक सोची समझी साजिश के कुचक्र में उन्हें फंसाया जाकर, उनका शोषण किया जा रहा है। मुस्लिम समाज में उनको शामिल कर, निकाह उपरान्त उन्हें बदहाली में छोड़ दिया जाता है। युवा लड़कियों की शारीरिक भूख शान्त करने के लिए बलिष्ठ एवं तामसिक प्रवृत्ति वाले नवयुवक ही अधिक सामर्थ्यवान होते हैं। जिस समाज में ऐसे नवयुवक होते हैं उन्हें उनके अभिभावक, उनका समाज, उनका धर्म। 72 हूरे मरणोपरांत भी मिलेगी, इसकी शिक्षा उन्हें शैशवकाल से ही देते हैं। कन्याओं से निकाह महज वासना की पूर्ति एवं बच्चे पैदा करने की एक मशीन समझी जाती है। इस भावनाओं के नवयुवकों की कुदृष्टि अपनी बलिष्ठता के बल पर हमारे समाज की कन्याओं को मोह जाल में फंसा लेती है? जबकि, जैन समाज में वासना का

पाठ सिखाना लज्जा और संकोच माना जाता है। तामसिक भोजन का त्याग पर हमारा धर्म टिका है और कन्याओं का विभिन्न रूप, बेटी, बहू, माता, पूजनीय एवं आदरणीय माना जाता है। शारीरिक संबंध भी संयमित एवं मर्यादाओं से परिपूर्ण होते हैं? जैन आगम वीतरागता का आधार स्तंभ है जबकि आधुनिक युग राग ही राग का रोग फैलाता है, हमारी युवा पीढ़ी को इस रोग से बचाने का केवल एक उपाय है कि अन्तर्जातीय विवाह करने वाले पुत्र पुत्रियों एवं उनके अभिभावकों का समाज से बहिष्कार हो? या फिर ऐसे, अन्तर्जातीय विवाहों की समाज मान्यता दे, जो जोड़ें वीतरागता के पथ का अनुपालन करने का वचन जैन आचार्यों के समक्ष लेकर लिखित शपथ पत्र विधिक रूप से भरे? अर्थात, अभिभावक गण आदिवासी या अन्य दिगर जाति, सम्प्रदाय की अविवाहित कन्याओं से विवाह करने की अनुमति दे, आखिरकार, हमारे समाज से दिगर समाज में ब्याही कन्याओं को अभिभावकगण विवाहोपरान्त भी निष्कासित तो नहीं कर रहे हैं? समाज को इस दिशा में कठोर अनुशासन बनाए जाने के लिए, विचार–विमर्श कर निर्णय लेना ही चाहिए?

जिन विम्ब प्रतिष्ठा/दान बोलिया

लगभग हर जैन मतालम्बियों के घरों में सुबह होते ही टेलीविजन के माध्यम से देश के अनेकानेक मंदिरों के अभिषेक के प्रसारण होने लगे हैं। ऐसे प्रसारणों का उद्देश्य दान प्राप्त करने का ही होता है? लेखक का आशय दान देने से रोकना नहीं है? जहां तहां पंचकल्याणक हो रहे हैं, जिन विम्ब स्थापित करने की भावनाएं जगाई जाती है, क्या इससे धर्म प्रभावना बढ़ रही है या आज की युवा पीढ़ी इसे कुछ दूसरी नजर से समझ रही है? इसका आंकलन होना चाहिए। जहां तक यह लेखनी कहती है कि ऐसा समय आयेगा, जब जैन समाज की जनसंख्या घट जायेगी और जिन विम्बों की संख्या मंदिरों में अधिक हो जायेगी? धर्म भावनाओं से बढ़ता है न कि प्रतिष्ठा या अहंकार वश की गई दान बोलियों से? आचार्य गणों, मुनियों के नगर आगमन पर पंचकल्याणकों के जुलूसों पर, जिस तरह ढोल, नगाड़े के साथ, शोभा यात्रा निकाली जा रही है, इन आडम्बरों से क्या हमारी युवा पीढ़ी रागी नहीं बन रही है? दिगर समाज इन दान बोलियों, भव्य आडम्बरों, भव्य जिनालयों के निर्माण से हमारे समाज से द्वेष रखने लगा है। हमारे तीर्थों के आसपास अवैध कब्जे होने का मुख्य कारण भी हमारे आडम्बर है, इसका सीधा प्रभाव हमारे युवाओं पर पड़ता है? वीतरागता का प्रचार–प्रसार आज की चकाचौंध भरे समाज में फैलाना या सिखाना, यह एक गम्भीर विचारणीय प्रश्न है?

मंदिरों में उच्च वेतनमान पर व्यवस्थापक

लगभग–लगभग हर मंदिरों, संस्थानों में बहुत ही कम वेतनमान पर पुजारी/ माली की नियुक्ति की जाती है। मंदिर के व्यवस्थापक उनके गुजारे लायक वेतन और सुविधाएं भी नहीं दे पाते ? अधिकतर मंदिरों में माली जैनेत्तर गुणों से अवगत नहीं होते जो व्यसनों में लिप्त होते हैं।

सुझाव है कि प्रत्येक मंदिर, तीर्थ स्थानों, सामाजिक संस्थानों में उच्च वेतनमान पर जैन युवा पीढ़ी को भर्ती की योजना बनायी जाये, ऐसे व्यवस्थापक की नियुक्ति क्षेत्रों के रखरखाव के अतिरिक्त समाज के अनेकानेक सामाजिक एवं परोपकारी कार्यों की भी देखरेख कर उन्हें नियंत्रित करने में समर्थ हो सकेंगे ? इन व्यवस्थापक से हमारा समाज उपरोक्त वर्णित सुझावों पर भी सेवाएं ली जा सकेगी, जिसे हम प्रभावी ढंग से लागू भी कर सकेंगे ?

शीर्षस्थ संस्था जैन पंचायत का गठन

पूरे विश्व में जहां जहां भी जैन संस्थाएं, मंदिर, तीर्थ स्थान हैं, सभी संस्थाओं की देखरेख, प्रशासनिक व्यवस्थाएं हेतु कार्यकारिणी पृथक–पृथक हैं, अधिकतर जगहों पर अध्यक्ष द्वारा मनमानी व्यवस्थाएं लागू की गई है। फलस्वरूप युवा पीढ़ी दिग्भ्रमित है, स्पष्ट यही होता है कि जैन समाज बिखरा समाज है एवं समाज पूंजीपतियों की गिरफ्त में मुनियों एवं आचार्यों के दिशा निर्देश पर संचालित है, जबकि जैन आगम मे स्पष्ट है कि मुनिगण, आचार्य गणों की सुरक्षा एवं उनके दिन प्रतिदिन के कार्यकलापों की जवाबदेही समस्त समाज की ही है। समाज को एक संविधान, एक नियम, एक दिशा निर्देश से एक सर्वोच्च जैन पंचायत की शीर्षस्थ संस्था का गठन करना चाहिए, जिसकी शाखाएं समस्त मंदिर, तीर्थ स्थानों, सामाजिक संस्थानों में हो, उन सबका वित्तीय प्रबंधन भी एक हो अर्थात सभी शाखाओं की संग्रहित राशि पहले शीर्ष संस्था में आये। तदैव खर्चों का नियंत्रण भी शीर्ष संस्था ही करें, भव्यता, वीतरागता का संदेश नहीं देती।

हम संगठित होंगे, तभी हमारी युवापीढ़ी अनुशासन में रहकर जैन आगमानुसार स्वयं का, धर्म का, संस्कारित होकर परिवार और समाज एवं देश प्रेम से अनुरक्त हो, परोपकार से जुड़ाव सकेगी ?

समाज को जैन सहायता के सम्पर्क जाल, सोशल मीडिया के माध्यम से समस्त देश–विदेश में फैलाना चाहिए, जिसका उद्देश्य जैन युवाओं/युवतियों को समग्र सहायता/सुझाव एवं आपातकाल में सहयोग प्रदान करना हो ? ❑

रज्जन जैन

माँ का आँचल महत्त्वपूर्ण पथप्रदर्शक

नाम– देशना जैन
पिता– राजेश जैन
पता– जैन मंदिर के पास, शास्त्री वार्ड, सागर (म.प्र.) पिन– 470 002
मोबाइल– 8435120141
जन्म तिथि– 04/06/2001
शिक्षा– B.Sc. B.Ed.
व्यवसाय– पाठशाला की अध्यापिका, TGT Science Teacher
Mail I'd- deshnay6@gmail.com
रुचि– book reading, e&ploring new places, capturing nature in mobile
विशेष उपलब्धियां– तत्त्वार्थ सूत्र लेखन प्रतियोगिता में सांत्वना पुरस्कार।

आज हम आधुनिकता की दौड़ में निरंतर भाग रहे हैं, और हमें हमारा लक्ष्य भी नहीं पता कि हम किस और भाग रहे। इस दौड़ में हम इतना आगे निकल आए हैं कि हम अपने परिवार, धर्म और समाज से दूर हो रहे हैं। इसका सीधा प्रभाव हमारे संस्कार और परोपकार के भावों पर पड़ता है। आधुनिकता युवा को लक्ष्य तक तो ले जाती परंतु हम युवाओं की समस्या का समाधान तो परिवार के सदस्य ही करा पाते हैं। जिस भी प्रकार से हो परंतु हमें अपने व्यस्ततम जीवन से प्रतिदिन कुछ समय अपने परिवार के साथ बिताना अत्यंत आवश्यक है क्योंकि हम स्वयं से अपने कामों से इतना उलझ जाते हैं कि हम अपने स्वयं के स्वास्थ्य के साथ खिलवाड़ कर लेते हैं। अपने परिवार के साथ समय बिताने से हम सकारात्मकता की ओर जाने लगते हैं और नकारात्मकता को दूर करने में अत्यंत महत्वपूर्ण कार्य अगर कोई करता है तो वह सिर्फ हमारा अपना परिवार ही है। हम सभी के परिवार में और जीवन में हमारी माँ बहुत अहम भूमिका निभाती है, वह हमारे बर्ताव को देखकर ही हमारी परेशानी का अंदाजा लगा लेती है, और माँ की गोद में सिर रखकर सोने में जो आनंदानुभूति होती है उसे शब्दों में वर्णित करना मुमकिन ही नहीं है, पल भर में हमारी सारी समस्या, थकान सब दूर हो जाती है। परिवार की तरह ही समाज हमारे जीवन का अहम पहलू है। समाज में हम रहते हैं तो समाज के साथ हमारा संबंध स्थापित होना अत्यंत जरूरी है, क्योंकि हमें जब भी किसी प्रकार की सहायता/समर्थन चाहिए होगा तो वह तो केवल हमें हमारे आसपास रह रही समाज से ही तो मिलेगा, परंतु आज के समय में समाज अपने कर्तव्यों के प्रति उतनी सजग नहीं होती जितना उसे होना चाहिए, वरण आज की समाज युवाओं

पर उनके चरित्र पर ऊंगली उठाने व गलत सलत टीका टिप्पणी करने को तत्पर्य रहती है। अगर समाज का युवाओं के प्रति यह व्यवहार ऐसा ही रहा तो युवा समाज से पूर्णतः दूर हो जाएंगे। युवाओं के साथ परस्पर व्यवहार होना जरूरी है। अगर हम चाहते हैं कि कोई हमारी इज़्ज़त करे तो बदले में हमारा भी फर्ज बनता है कि हम भी उस व्यक्ति के प्रति अच्छा व्यवहार करें।

जैसे-जैसे हम परिवार से दूर होते हैं वैसे-वैसे हम अपने संस्कारों से भी दूर होने लगते हैं, क्योंकि हमारा परिवार ही है जो हमें संस्कारित करता है, हमें सभी के साथ करने योग्य उचित व्यवहार, बातचीत भी हमारे परिवार के दिए संस्कार ही है, संस्कारों के समावेश से संस्कृति का निर्माण होता है। आज के समय में यह उचित संस्कृति अत्यंत महत्वपूर्ण हो गई है, अपनी इच्छाओं की पूर्ति में भागता युवा अपने धर्म और संस्कृति को भूलता जा रहा है, हम उस भारत देश के वासी हैं जो स्वयं में संस्कृतियों का भंडार है और अपनी विभिन्न संस्कृतियों के लिए जाना जाता है।

युवाओं को धर्म एवं संस्कृति से जोड़ने के लिए उन पर इन्हें अपनाने का कोई दबाव नहीं डालना चाहिए बल्कि उनके समक्ष इन्हें सरलतम और उपयोगी ढंग से प्रस्तुत कर इन्हें अपनाने से होने वाले सकारात्मक बदलाव से परिचित करा कर लुभाना पड़ेगा। जैसे सामान्यतः हम प्रतिदिन मंदिर जाने का नियम उन पर लादने की बजाए हमें उन्हें यह समझाना होगा कि जब हम मंदिर जाते हैं तो हम वहाँ केवल भगवान के दर्शन करने नहीं जाते बल्कि जब हम मंदिर जाते हैं तो हमारे मन मस्तिष्क में एक सकारात्मक ऊर्जा का संचार होने लगता है और यह सकारात्मक ऊर्जा हमें दिनभर के लिए पूर्णतः रीचार्ज कर देती है, इसी प्रकार संस्कृति दृष्टिकोण से भी हमें इसी प्रकार का संबंध स्थापित कर इन्हें अपने जीवन में लाना चाहिए।

भागती हुई दुनिया आज हमें सभी से दूर लेकर जा रही है, हम अपने परिवार को अपना उचित समय नहीं दे पा रहे हैं जबकि हम जानते हैं कि परिवार हमें हमेशा साथ देगा, परंतु हम सिर्फ विपत्ति में ही उन्हें याद करते हैं, इसका मुख्य कारण यह भी है कि हम आज की आधुनिक पीढ़ी के हैं और हमारे परिवार के अधिकतम सदस्य थोड़े पुराने विचारों वाले और तकनीकों से दूर हैं तो इससे जनरेशन गैप हो जाता है जो धागे में लगी गठान के समान है जो किन्हीं दो मोतियों को एक-दूसरे के पास आने में बाधा का कार्य कर रहा है, हमें इस बाधा को बड़े ही प्रेम के साथ हटाना है, और जैसे ही हमारा हमारे परिवार के साथ उचित संबंध

स्थापित होने लगता है तो बस वैसे ही फिर हमारे समाज के साथ संबंध और दायित्वों का भी पालन होने लगता है।

आज के युवा सिर्फ प्रलोभन देख कर ही कोई भी कार्य करने आगे आते हैं बस वह प्रलोभन ऐसा होना चाहिए कि वह उन्हें सद्पथ की ओर आकर्षित करें, जिससे युवा वर्ग स्वयं अपनी खुशी से परिवार व समाज के साथ अपने संबंध स्थापित करे, साथ ही अपनी संस्कृति व धर्म का भी पालन कर सके। □

–देशना जैन

निबंध प्रतियोगिता पुरस्कार वितरण समारोह के कुछ बिम्ब

पुरस्कार वितरण समारोह 14 अक्टूबर 2023 अमृता हॉस्पिटल फ़रीदाबाद.